U0042073

當代最重要地球成長極限預言經典
三十週年增訂版

成長的極限

Limits to
Growth
The 30-Year Update

唐妮菈・米道斯、喬詹・蘭德斯、丹尼斯・米道斯 著
Donella Meadows　　Jorgen Randers　　Dennis Meadows

高一中 譯

Limits to Growth：The 30-Year Update by Donella Meadows, Jorgen Randers and Dennis Meadows
Copyright © 2004 by Dennis Meadows
Traditional Chinese edition published by arrangement with Chelsea Green Publishing Co, White River
Junction, VT, USA www.chelseagreen.com

企畫叢書 FP2146X

成長的極限

當代最重要地球成長極限預言經典，三十週年增訂版
Limits to Growth: The 30-Year Update

作　　　者　唐妮菈·米道斯（Donella Meadows）、喬詹·蘭德斯（Jorgen Randers）、
　　　　　　丹尼斯·米道斯（Dennis Meadows）
譯　　　者　高一中
責 任 編 輯　朱仕倫
行　　　銷　陳彩玉、林詩玟
業　　　務　李再星、李振東、林佩瑜
封 面 設 計　陳文德

副 總 編 輯　陳雨柔
編 輯 總 監　劉麗真
事業群總經理　謝至平
發 　 行 　 人　何飛鵬
出　　　版　臉譜出版
　　　　　　城邦文化事業股份有限公司
　　　　　　台北市南港區昆陽街16號4樓
　　　　　　電話：886-2-25007696　傳真：886-2-25001951
發　　　行　英屬蓋曼群島商家庭傳媒股份有限公司城邦分公司
　　　　　　台北市南港區昆陽街16號8樓
　　　　　　客服專線：02-25007718；25007719
　　　　　　24小時傳真專線：02-25001990；25001991
　　　　　　服務時間：週一至週五上午09:30-12:00；下午13:30-17:00
　　　　　　劃撥帳號：19863813 戶名：書虫股份有限公司
　　　　　　讀者服務信箱：service@readingclub.com.tw
　　　　　　城邦網址：http://www.cite.com.tw
香 港 發 行 所　城邦（香港）出版集團有限公司
　　　　　　香港九龍九龍城土瓜灣道86號順聯工業大廈6樓A室
　　　　　　電話：852-25086231　傳真：852-25789337
　　　　　　電子信箱：hkcite@biznetvigator.com
新 馬 發 行 所　城邦（新、馬）出版集團
　　　　　　Cite（M）Sdn. Bhd.（458372U）
　　　　　　41, Jalan Radin Anum, Bandar Baru Seri Petaling,
　　　　　　57000 Kuala Lumpur, Malaysia.
　　　　　　電話：+6(03)-90563833　傳真：+6(03)-90576622
　　　　　　電子信箱：services@cite.my

一 版 一 刷　2007年1月
二 版 一 刷　2024年4月

城邦讀書花園
www.cite.com.tw

ISBN　978-626-315-473-5（紙本書）
EISBN　978-626-315-472-8（EPUB）

圖書館出版品預行編目資料

成長的極限／唐妮菈·米道斯(Donella Meadows)，喬詹·
蘭德斯(Jorgen Randers)，丹尼斯·米道斯(Dennis
Meadows)著；高一中譯. -- 二版. -- 臺北市：臉譜出版，
城邦文化事業股份有限公司出版：英屬蓋曼群島商家庭傳
媒股份有限公司城邦分公司發行, 2024.04
　　面；　公分. --（企畫叢書；FP2146X）
譯自：Limits to growth : the 30-year update
ISBN 978-626-315-473-5（平裝）

1. CST：經濟史 2.CST：經濟發展 3.CST：環境經濟學
4.CST：環境保護

550.9　　　　　　　　　　　　　　　　　113000895

|導　讀|
從成長的極限到永續系統發展

顏敏仁

　　何飛鵬社長邀請我寫這篇導讀時，《成長的極限》（*The Limits to Growth*）系列書籍已被翻譯成近40種語言，全球銷售一千多萬本，被譽為20世紀最具影響力書籍之一。1972年出版的本書源自傑伊・佛烈斯特（Jay W. Forrester）教授創立的MIT System Dynamics Group系統科學研究，由羅馬俱樂部（Club of Rome）支持其研究及出版。17位科學家運用佛烈斯特的世界模型原型為基礎提出World3電腦模型，分析描述地球環境與經濟社會從1972年到2100年的可能未來景象並提出警示建議，由唐妮菈・米道斯（Donella Meadows）、丹尼斯・米道斯（Dennis Meadows）、喬詹・蘭德斯（Jorgen Randers）及威廉・貝倫斯（William Behrens）代表撰文出版成為世界第一本以電腦科學分析環境風險的報告。同年聯合國提出《人類環境宣言》。

　　想像50年多前這本書帶給世人什麼震憾？世界頂尖科研團隊提出，在有限的地球資源條件下，若依人類追求經濟成長的慣性發展趨勢，以及環境社會解方的行動時間延遲，將可能不自覺導致超過地球限度的開發（overshooting）而讓資源失衡崩潰。

本書運用科學數據分析描繪的12種未來發展可能景象，不只是成長趨緩或停滯而已，還有全面毀滅式的環境經濟社會崩潰。這樣的論述在追求經濟成長的1970年代堪稱非常反直覺的驚天論述，有其支持者，也有大量的批評接踵而來。包含諾貝爾經濟學獎得主在內的許多批評者無法理解其分析的依據，也不相信其推論，甚至認為是不負責任的危言聳聽。

出版20年後的1992年，作者群更新內容以《超過限度》（*Beyond The Limits*）之名重新出版，同年聯合國召開首次全球環境及發展高峰會，宣布《聯合國氣候變化綱要公約》（UN Framework Convention on Climate Change, UNFCCC）與《生物多樣性公約》（Convention on Biological Diversity）；30年後的2002年，作者群再更新實際發生數據研究出版《成長的極限》三十週年增訂版，再與聯合國世界永續發展高峰會議同步，跨入21世紀倡議永續社會；40年後的2012年，聯合國通過「永續發展目標」（Sustainable Development Goals, SDGs），乃至於2015年193個會員國全數簽署《巴黎協定》（Paris Agreement）執行1992年的相關環境公約。本書出版50週年時，世界頂尖科學期刊《自然》（*Nature*）發表專文呼籲科學家們應該停止對成長極限的爭論而共同全力為經濟環境永續發展努力。

有「東方諾貝爾獎」之稱的唐獎永續發展獎得主、歷任三屆聯合國祕書長特別顧問的國際知名經濟學家傑佛瑞‧薩克斯（Jeffery Sachs）是聯合國千禧年發展目標（MDGs）、永續發展目標（SDGs）及《巴黎協定》重要推手。曾公開表示《成長的極限》是50年前他就讀哈佛大學經濟系時的指定必讀名著，對其影響啟發深遠。

時至今日，國際經濟社會已廣為倡議SDGs及ESG等等永續

發展行動與政策實踐，甚至是產官學各界領導人必修知識與國民
素養教育。再讀這本引領思潮，橫跨兩世紀的經典之作，我們可
以用什麼視角來品析及反思學習呢？

以對話取代對立：研究方法學

　　本書所引發的跨世紀跨領域對話，可以從研究方法學的特
性來理解。古有云：事實勝於雄辯。對於已經發生的事件及
資料加以科學分析歸納，是為研究方法中的歸納法（inductive
reasoning）。這種方法的好處是依據取得資料幫助吾人從經驗中
學習，以及傳遞知識。然而，對於還沒有發生的未來可能，歸納
法則可能受到限制或僅能以過去相關資料有限度的推測未來趨
勢。演繹法（deductive reasoning）則是一種運用行為邏輯與科
學分析推論未來可能發展的研究方法，可依據邏輯幫助吾人規畫
未來情境並分析可能性。若是從科學研究角度，要隨著時代持續
進步，最好是同時有從經驗學習的能力以及展望未來的能力，亦
即歸納法加上演繹法的持續運用。反之，若將歸納法vs演繹法
直接二選一，便容易產生對立觀點。

　　若要能夠開放式對話，其實我們需要理解的是歸納法強調
「資料」（data），演繹法重視「規則」（rule）。這兩種研究方法
並沒有直接衝突，而是關注點不同。持各種不同研究方法及論述
立場的人們之間沒有不合，而是需要對話及互相理解彼此想法。
分析已發生的事件及資料需重視精準度及解釋力；而對於未來看
法的對話，我們既然拿不到「未來」的資料，便需要更重視行為
邏輯結構的分析（structural analysis）而避免不知其所以然而為
之的黑箱（black box）預測。如此大家才有機會一起探討各種未

來可能的行為模式及發展趨勢。因此，作者持續的對外聲明，他們沒有要直接對未來做預測（prediction），而是希望勾勒規畫各種行為模式下的可能未來情境（scenario planning），以做為政策及個人選擇參考。

以平常應對無常：系統動態學

　　許多人看到本書描繪21世紀可能成長超過限度並導致崩毀的反直覺景象，非常難以相信亦或是恐懼無常。然而本書卻有條有理的說明，不論是呈現持續成長、成長趨緩、超過限度並出現振盪、超過限度並導致崩毀等等看似反直覺的各種未來情境，都有World3模型中可以解釋各種行為模式的結構性原因。這樣的分析方式正是典型的系統動態學（System Dynamics, SD）。相較於傳統的線性思考方式，SD重視系統思考（Systems Thinking）及因果回饋環路關係，考慮作用時間延遲，並運用電腦模型分析系統運作結構模式來推論未來發展趨勢。經歷各種複雜系統研究分析與歸納學習各種非線性動態趨勢變化後，系統科學家習以為常的運用SD分析方法將一般人認為動態趨勢變化的「無常」理解為可以探究其結構性原因及對策的「平常」。因此，作者在書中強調的「調整系統結構」（change the structure of the system）等等論述。雖然文字上並不親民，卻也是典型的系統科學家用語及系統思維。

　　SD重視脈絡分析，從心智模式（Mental Model）、系統思考、電腦模擬與未來情境分析，到對行為模式的反思學習，其持續追根究柢的科學專業，以及對未來保持開放思考的態度正是精髓所在。因此，當系統科學家在情境分析的過程中發現有非常不

利的未來可能時，會防範未然提出早期警訊，呼籲要調整系統結構並儘早採取對策，便不難理解。系統動態學的應用也能有效協助規畫建立有利於未來發展的各種系統。

主動選擇勝過被動無奈

　　這不是無奈，這是我們的選擇。本書提到世界面臨的不是一個預先注定的未來，而是一個選擇，亦即在不同的心智思考模式之間所做的選擇。

　　面對成長的極限與可能的崩潰，作者仍然採取積極的思考方式，建議人類從面臨成長極限的經濟模式反思典範轉移到永續系統（Transitions to a Sustainable System），為長存發展之道。因此作者提出了許多可能協助人類邁向永續系統的作法。惟面對未來發展，值得我們重視的並不僅於作者所建議的作法，亦或是再次爭論作者所提方法的精準度，而是我們是否能夠用非常審慎的態度、以科學方法為基礎來關注分析真實環境威脅與經濟及社會需求，進而可能找到兼容並進的永續發展路徑。作者也表示其研究是在試圖找出各種可能的未來，而不是要單一預測未來。他們鼓勵讀者多學習、多思考、並做出個人的選擇。

　　思索面對未來發展，心智模式非常重要。永續發展需奠基於人類自我覺察的視界與能力。挪威前首相、唐獎永續發展獎第一屆得主布倫特蘭（Gro Harlem Brundtland）所領導的聯合國環境與發展委員會（United National Commission on Environment and Development）在1987年發布著名報告：〈我們共同的未來〉（*Our Common Future*），為「永續發展」提供經典定義：「永續發展係指能滿足當今需求，卻不犧牲未來世代滿足其需求」。在

諸多學者、倡議人士的持續努力下，永續發展成為一種理性看待世界的系統性思考，有了結合物理環境、工程系統、社會經濟文化背景的分析框架。永續發展試圖理解世界經濟、全球社會和地球的實體環境等三個複雜系統的互動。而為了實現永續的經濟、社會及環境目標，也必須達成政府和企業的良善治理。

邁向永續系統的未來展望

教育與自覺非常重要，我們主動選擇的行為改變與經濟社會轉型，是邁向永續系統的未來展望。聯合國倡議推動的永續發展教育（Education for Sustainable Development, ESD）已將系統思考、自我覺察、未來情境策略規畫等能力列入未來人才核心能力培育綱領。2023年《聯合國氣候變化綱要公約》（UNFCCC）第28屆締約方大會（COP28），更是首度盤點全球近200國氣候行動，正視具體實踐。

羅馬俱樂部沒有停止其主動選擇權和科學精神，在《成長的極限》出版50年後，發布了核心主張聲明，希望協助大眾正確瞭解該書所欲傳遞的訊息。並邀請原作者丹尼斯·米道斯和喬詹·蘭德斯再撰寫出版《極限與超越》（*Limits and Beyond*）一書，回應他們50年期間對相關重大議題的持續考證與反思學習報告。羅馬俱樂部仍持續出版其他以科學探索永續發展未來路徑的書籍報告。

MIT System Dynamics Group持續推廣系統科學研究並成立永續發展倡議單位。國際系統動態學會（System Dynamics Society）在全球五大洲許多國家及區域設立分會，以推廣相關教育及產業社會服務。在臺灣，系統思考能力的培養已列入教育部

頒布的十二年國民教育課綱（108課綱），系統動態學的核心管理科學技術已經國科會核定成立全國第一個ESG產學技術聯盟。

SDGs與ESG等永續發展行動與相關政策已經在具體實踐過程中，如本書所建議的方針「In transition to a sustainable system」，以科學基礎和建設性的對話，大家一起集思廣益地球與人類發展典範轉移邁向永續系統。最後呼應本書以及聯合國的倡議及努力，「Towards sustainable system development from the limits to growth」，從成長的極限到永續系統發展的積極作為，是我們共同的未來。

（本文作者為國立政治大學教育學院教授暨數位賦能與永續發展研究中心主任、國際系統動態學臺灣分會主席）

序　言

背景

　　本書《成長的極限：三十週年最新增訂版》乃為同一系列書籍中的第三版。第一版於1972年問世[1]。其後，我們於1992年發行了修訂版，書名為《超過限度》[2]，內容討論第一版《成長的極限》中設想的各種狀況於頭二十年內的發展情形。現今這本三十年後的更新版則重述我們原先分析的內容精華，並概述我們過去三十年來所獲得的重要資料和研究心得。（編按：此書撰於2004年。）

　　我們於1970年在麻省理工學院斯隆管理學院的系統動態組（System Dynamics Group）展開《成長的極限》一書的出書計畫；此項計畫於1972年大功告成。我們的計畫小組使用系統動態理論和電腦模型作業，來分析世界人口成長和物質經濟成長的因果關係。我們探討了許多問題，諸如：現今的政策會將我們帶向永續發展的未來，還是崩毀的下場？如何創造能滿足全人類需求的經濟制度？

　　我們受羅馬俱樂部（由傑出商人、政治家和科學家所組成的非正式國際組織）的委託，對這些問題進行研究。研究經費則由德國的福斯汽車基金會（Volkswagen Foundation）提供。

　　當時由任教於麻省理工學院的丹尼斯‧米道斯所成立及領導

的計畫小組，花了兩年時間從事初始的研究工作。此一小組的成員如：

Alison A. Anderson, PhD（美國）	Erich K.O. Zahn, PhD（德國）
Ilyas Bayar（土耳其）	Jay M. Anderson, PhD（美國）
Farhad Hakimzadeh（伊朗）	William W. Behrens III, PhD（美國）
Judith A. Machen（美國）	Steffen Harbordt, PhD（德國）
Donella H. Meadows, PhD（美國）	Peter Milling, PhD（德國）
Nirmala S. Murthy（印度）	Roger F. Naill, PhD（美國）
Jorgen Randers, PhD（挪威）	Stephen Schantzis（美國）
John A, Seeger, PhD（美國）	Marilyn Williams（美國）

我們所建立的 World3 模型仍為整個計畫的基礎；此一模型有助於我們整合與成長有關的資料和理論[3]。有了此一模型，我們可以研擬出有關世界發展的各種合理的設想狀況。在第一版的《成長的限度》中，我們使用 World3 模型提出十二項設想狀況。

《成長的極限》在好幾個國家中成為暢銷書，最後翻譯成近四十種語言。《超過限度》也被翻譯成許多種文字，並普遍成為大學的教科書。

1972 年：成長的極限

《成長的極限》指出，21 世紀中，地球的生態限制（與資源的使用與廢物的排放有關）將對全球的發展造成重大影響。這本書警告道，人類可能得挪用龐大的資本和人力以克服此種限制，而造成 21 世紀的某個時間點上，開始出現平均生活品質下降的

情形。不過，書內並沒有明確點出是哪種資源的匱乏或哪種廢物的排放，可能需要我們挹注超過現有的資本來加以處理，而導致成長的停頓。其原因不外，在我們這個由龐大且複雜的人口／經濟／環境系統所構成的世界，根本無法以科學方法做出如此精細的預測。

《成長的極限》呼籲我們透過科技、文化及制度的改變，來進行深度的、積極主動的社會改革，以避免人類的生態足跡（ecological footprint, 維持人類生活所需的土地面積，以公頃計）增加到超過地球所能承載的程度。這本書雖然指出地球面臨的挑戰十分嚴峻，卻以樂觀的語氣再三強調，假如我們能夠及早採取行動，將可大幅降低人類逼近（或超越）地球生態極限所造成的損害。

《成長的極限》列舉的十二種設想狀況，說明了人口成長及自然資源的使用是如何與各式各樣的極限進行互動。事實上，成長的極限有許多不同的形態。我們的分析工作置重點於地球自然資源的極限；這些極限呈現出自然資源會耗竭，及地球吸收工業和農業廢棄物的能力有限的事實。我們在World3模型中的每一項逼真的設想狀況中都發現，這些極限會在21世紀的某個時間點，迫使自然資源的成長因而終止。

我們當時的分析並未預見突然出現的極限──也就是說，並沒有「前一天還好好的，第二天就被束縛至動彈不得」的情形。在我們的設想狀況中，人口與自然資源的擴張，是以漸進的方式迫使人類挪用愈來愈多的資本，以處理由各種限制引發的問題。最後，因為挹注於處理這些問題的資本太龐大，導致工業產出無法維持進一步的成長。當工業走下坡後，社會將無法再維持其他經濟領域（如糧食、服務業及其他的消費模式）愈來愈大量的產

出。而在這些經濟領域停止成長後，人口也隨之停止成長。

　　停止成長的現象可能有很多形式。其中一種就是崩毀：人口數量和人類幸福程度的下降出現失控的情形。World3模型中的設想狀況，援引各種不同的原因來描述這種崩毀現象。停止成長的現象也可能是人類對地球的承載能力做出妥善調適的結果。我們若能對現行政策提出具體的重大改革計畫，將可使用World3模型研擬出能井然有序地停止成長，並使人類因而可長時期享有相當幸福生活的設想狀況。

停止成長

　　1972年時，對我們而言，停止成長的現象似乎是一件相當遙遠的事。《成長的極限》一書中，所有的World3設想狀況都顯示，人口和經濟的成長很可能持續到2000年以後。即使是最悲觀的設想狀況都認為，人類的物質生活水準將可一路增加到2015年。這本書將停止成長的現象設定在其出版的五十年之後。果真如此，人類似乎有充裕的時間可思考對策，做出選擇、甚至於採行全球性的改正措施。

　　當我們在撰寫《成長的極限》時，心中懷抱的希望是，經過妥善的思索後，我們的社會將會採取改進措施，以降低發生崩毀現象的可能性。崩毀現象並不是我們所樂見的未來景況。人口和經濟產值急遽下降到地球自然體系可以支撐的程度時，衛生變差、衝突、生態浩劫和嚴重的不平等現象，勢必隨之而至。死亡率快速攀升，加上消費量的急速下降，將導致人類足跡（human footprimt）失控而致崩毀。我們可以做出妥善的選擇並採取適切的行動，以避免這種江河日下的失控狀態；我們可以努力減少人

類對地球的需求，以解決能源耗用過度的問題。就後者，我們可以藉由有效降低人口出生率並力求以可長可久的方式達成物質消費的公平分配，俾逐漸向下修正生態足跡。

　　值得重述的是，成長不必然會導致崩解。只有在過度成長導致我們對地球資源和廢物吸收系統（sinks）的需求擴大到超過地球所能支持的程度時，崩解才會接踵而至。1972年時，地球的承載能力似乎仍可以輕鬆的應付人口和經濟的成長；當時我們在研究長期選擇方案時，認為還有安全成長的空間。

1992年：超過限度

　　1992年，我們對原先的研究內容進行二十年之後的更新工作，並將結果撰寫成《超過限度》一書。在這本書中，我們對1970-90年間的全球發展進行研究，並以此一研究成果更新《成長的極限》及World3電腦模型。《超過限度》重述了原本的研究資料，我們在這本書中做出的結論是：二十年的歷史充分支持了我們在二十年前提出的結論。但這本1992年出版的書倒是提出一項重大的新發現。我們在書中指出，人類的所作所為已經超過地球所能承載的極限。此一事實非常重要，因此我們將它反映在本書的書名上。

　　1990年代初期，愈來愈多的跡象顯示，人類正進一步走向無法永續發展的境地。舉例而言，據報導，熱帶雨林正遭到過度的砍伐；有人推測穀物的產量可能趕不上人口增加的速度；有人認為氣候日趨溫暖；而且，不久前出現的臭氧層破洞令人擔憂。但對大多數人而言，這些因素並無法證明人類已經使得地球環境不堪負荷；這點我們不表同意。依我們的看法，在1990年代初

期，已經無法靠明智的政策避免過度成長；過度成長已然成為事實。當時主要的工作在於設法使世界「退回」永續發展的狀態。然而，《超過限度》一書仍然以樂觀的口氣，援引許多設想狀況說明如何透過明智的全球政策、科技與制度的改革、正確的政治目標及個人的熱忱，減輕過度成長所造成的損害。

　　《超過限度》一書於1992年出版，世界上相關國家也在這年於里約熱內盧（Rio de Janeiro）召開首次的全球環境及發展高峰會。此一高峰會的召開，似乎證明了全球社會終於決定以嚴肅的態度面對重要的環保問題。但我們現在已看出人類並沒有達成里約高峰會的目標。2002年於約翰尼斯堡（Johannesburg）召開的「里約加10」會議，其成果更是乏善可陳；當時五花八門的意識形態和經濟爭議，以及爭取狹隘的國家、企業和個人利益的舉動，差點癱瘓了這次會議[4]。

1970-2000年：人類生態足跡的成長

　　過去三十年已經出現許多正面的發展。為了解決人類生態足跡不斷成長的問題，世界各國採用新的科技，消費者改變購買習慣，新的制度應運而生，相關的多國協定也已簽訂。在某些地區，糧食、能源和工業生產的速度都遠超過人口的成長速度。在這些地區內，大部分都比以往更富裕。人們收入的增加，造成人口成長率的下降。今天，人們的環保意識已遠較1970年時來得高。世界上大部分國家都設有環境事務部，而且環保教育十分普及。在富有的國家中，工廠的煙囪和排流管所釋出的污染物已大為減少，且許多大公司積極提升其生態效率（eco-efficiency）並獲至卓越的成效。

　　這些明顯的進步，使得我們難以論斷1990年左右的過度成長現象。更糟的是，我們欠缺與過度成長有關的基本資料，甚至於基本的詞彙。我們花了二十多年時間才建立足以讓我們在討論成長極限問題時能言之有物的概念架構——如用以區分國內生產毛額（GDP）與生態足跡成長的架構。此外，我們的社會仍在設法瞭解**永續性**（sustainability）一詞的概念；布倫特蘭委員會（Brundtland Commission）創造此一用詞已經十六年了，但其意義仍然模糊且被濫用得厲害[5]。

　　過去十年，許多新的研究資料支持了我們在《超過限度》中的看法：世界已經處於過度成長的模式中。如今情況日益明顯：全球的人均穀物產量在1980年代中期達到高峰；漁獲量大幅增加的前景已不復存；天然災害造成的代價愈來愈大，而爭奪淡水資源和礦物燃料的行動也日趨激烈，甚至引發衝突。儘管科學界的共識及氣象資料都指出，人類的活動正造成全球氣候的改變，但是美國和其他大國的溫室氣體排放量仍不斷的增加中。許多地區已出現經濟持續衰退的情形。1990-2001年間，有五十四個國家（占全球人口12%）的人均國內生產毛額已有十幾年呈現下滑的趨勢[6]。

　　過去十年來，我們有了新的詞彙和新的量化量度方法，可用以討論資源過度耗用的問題。舉例來說，馬希斯・韋科納吉爾（Mathis Wackernagel）和他的同事對**生態足跡**進行測量，並將之與地球的「承載能力」做比較[7]。依他們的定義，生態足跡係指提供地球社會資源（穀物、飼料、木材、漁產和城市占地）及吸收其排放物（二氧化碳）所需的土地面積。韋科納吉爾將生態足跡和可用土地做一比較後，斷定現今人類資源的使用已經比地球的承載能力高出20%（見**圖 P-1**）。依照這種量度方式，人類已於

1980年代達到永續性的極限，現在，則已超過限度達20%。

可悲的是，雖然科技和制度都有了進步，但人類生態足跡仍然在擴大中。由於人類**早已**步入無法永續發展的境地，使得上述現象益發顯得嚴重。但普羅大眾對此一困境的認知卻極其有限。要爭取到政治支持，以推動個人價值觀的改變，並制訂適切的政策來扭轉現今的趨勢，期使生態足跡縮小到地球能長期承載的範圍內，將需要相當長的時間。

接下來會發生什麼事？

地球面對的挑戰可簡述如下：為了達成永續性，人類必須提高世界上窮人的消費能力，同時縮小人類的整體生態足跡。我們

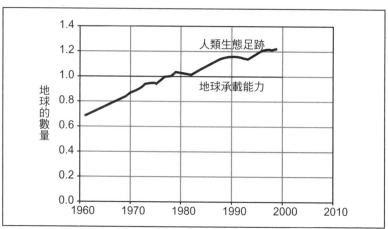

圖 P-1　生態足跡與地球承載能力的關係

圖中顯示自 1960 年以來，每年提供人類使用的資源及吸收廢物排放量所需的地球數量。我們將人類的需求與現成的供應來源（我們所擁有的一個地球）做一比較。自 1980 年代以來，人類的需求已超過大自然的供應量；1999 年時，人類耗用的資源已超過限度 20% 左右。

必須追求科技的進步、個人的改變和更長遠的計畫眼光。我們必須跨越政治疆界，展現更真誠的相互尊重與關懷，及更慷慨的與他人分享資源。即使在最理想的狀況下，要達到這種境界也需要數十年之久。現代的政黨無一能在追求此一目標上獲得廣大的支持，當然，更得不到有錢有勢的人之支持；這些人可藉由減少自己的生態足跡讓窮人有追求成長的空間。然而事實上，地球的生態足跡正日益擴大中。

因此，對於地球的前途，我們遠比1972年時來得悲觀。大體上而言，人類將過去三十年的時間浪費在無謂的辯論上；對全球的生態挑戰我們雖然有心處理，實際的行動卻顯得有氣無力。我們再也沒有三十年的時間可以踟躕不前。假如我們不願見到人類超過限度的活動於21世紀時導致世界的崩解，勢必要做出許多改變。

在達娜・米道斯於2001年年初逝世之前，我們曾允諾會完成她所鍾愛的《成長的極限》一書三十年後的更新版。但在出書的過程中，我們三位作者再度發現彼此的希望與期望大不相同。

達娜是永遠的樂觀主義者。她關懷世界，對人類深具信心。她畢生的工作繫於一項信念：假如她能將充分的正確資訊提供給世人，那麼他們終將會追求明智、有遠見、合乎人道的解決方案——亦即，他們採取的全球政策將可扭轉人類超過限度的活動（若做不到，至少可將世界從危險邊緣拉回來）。達娜為此一理想鞠躬盡瘁。

喬詹・蘭德斯是個憤世嫉俗的人。他認為人類會為了追求短期目標而增加消費、工作機會和財務投資，最後因此自食惡果；人類會忽視愈來愈明顯而強烈的訊息，直到一切都為時已晚。他悲觀的認為，人類社會自甘放棄原本可以擁有的美好世界。

　　丹尼斯‧米道斯是他們兩個人的折衷體。他認為最後總會有人採取行動以避免地球崩毀的惡運。他預期世界最後會選擇一個相當具有永續性的未來，人類只有在出現嚴重的全球性危機後，才會被迫採取為時嫌晚的對策。而在長期延宕之後所獲致的改進成效，將遠不如及早採取行動的效果。因為，在此一過程中，地球上許多寶貴的生態資源將遭到破壞；許多前景看好的政治和經濟選擇方案將胎死腹中；長時期的嚴重不平等現象、社會的日趨傾向軍事化及層出不窮的衝突，將成為司空見慣的事。

　　要將這三種觀點融合成有關地球前途的單一共識，是件不可能的事，但我們三人對希望看到的前景倒是相當一致。達娜在《超過限度》的最後一章中對未來滿懷希望的陳述，在經過略加更新內容後，充分道出我們希望看到的改變。我們現在將這章的標題定為「過渡到永續性狀態的方法」。我們要傳達的訊息是：假如我們努力不懈地推廣我們的理念，則世人將會出於對現在和未來地球大家庭成員（含人類與其他生物）的疼惜和尊重，而逐漸選擇一條走向未來的正確道路。我們熱切盼望他們能及早依此方針採取行動。

成長的極限是正確的概念嗎？

　　我們經常被問道，「《成長的極限》所做的預測是否正確？」請注意，這是媒體的口吻，我們是不會這樣問的！我們仍認為我們的研究是在找出各種可能的未來。我們並沒有要預測未來。我們描述了人類在邁向2100年的途中可能面對的各種設想狀況。然而，回想一下過去三十年的經驗倒是很有意義。那麼，自從1972年3月華府地區一家沒沒無聞的出版社推出薄薄的平裝本

《成長的極限》以後，接下來發生了什麼事？

　　起初，大部分經濟學家、工業家、政治人物以及第三世界的代言人，均憤慨的高聲指責「成長極限」的觀念；但最後事情的發展證明全球生態限制的觀念並不荒謬。自然資源的成長的確有其極限，而這種極限對於我們追求目標所採行的政策之成敗，有著莫大的影響。歷史告訴我們，人類社會無法以明智、有遠見、具有利他性，而且會讓某些重要的參與者（players）短期內處於劣勢的方法，來處理有關「極限」的問題。

　　自1972年以來，資源過度耗用和廢物排放問題已經形成許多次危機，並引起媒體的熱烈報導及社會大眾的注意，還因而喚醒了政治人物。重要國家石油產量下滑、同溫層內臭氧層變薄、全球氣溫上升、廣大人口長期處於捱餓狀態、關於有毒廢棄物處理場設置地點的爭執愈來愈激烈、地下水水位下降、物種大量消失及森林面積不斷縮小等，只不過是上述問題中的犖犖大者。針對這些問題，有識之士展開大型的研究工作、召開國際會議並簽訂全球性的相關協定。所有這些作為均顯示，我們的基本結論是正確的：自然資源成長的限制，是我們21世紀全球性政策的一個重要的面向。

　　對於重視數字的人，我們可以告訴他們，嚴謹的World3設想狀況在經過三十年後，仍然準確得嚇人。2000年時世界上的人口數量（從1972年的39億人增加到大約60億人）和我們在1972年時從World3的標準運作中所推斷的數量相同[8]。而且，當時的設想狀況所顯示的全球糧食產量增加的情形也與歷史非常吻合（全球每年穀物的產量從1972年的18億噸增加到2000年的30億噸）[9]。這種與歷史符合的現象，是否就證明我們的模式正確無誤？當然不是。但它的確說明了World3並非全然荒謬，此一模型

的各項假設和我們所獲的結論，到今天仍然值得大家好好思考。

　　我們應該記住一點：我們不必電腦操作World3模型，就可以瞭解此一模型的基本結論。地球系統有三項明顯、持久且常見的特性：極限會被突破，社會對接近極限的現象反應遲鈍，以及人類永無休止地追求成長。而我們能提出有關世界可能崩解的重要論述，只是因為我們瞭解這些特性所產生的行為動態模式，並不是因為我們迷信World3繪出的各種曲線。凡是受到上述特性支配的系統都很容易步上過度成長和崩毀的道路。World3模型的主要假設係由能夠產生極限、成長及延宕現象的因果機制所組成。由於此種機制也存在於真實世界中，因此，世界正朝著一條與《成長的極限》中各種設想狀況相符合的路徑演進，也就不足為奇了。

為什麼要出版這本新書？

　　假如這本書中的論點和先前的兩本書大同小異，我們何必費神出版《超過限度》的更新版呢？我們的目的是要以更容易讓人理解的方式重述1972年提出的論點，並添增過去二十年中蒐集到的案例和資料進一步支持這些論點。此外，我們還希望使用過我們先後兩本書的許多教師能有更新的資料來和學生進行討論。《超過限度》一書對於未來的觀點仍然很有價值，但對21世紀的教師而言，指定學生閱讀一本資料表製作時間停留在1990年的書籍，似乎有所不妥。

　　我們撰寫這本書還有其他理由。我們希望再一次：

● 強調人類的活動已經超過限度，而採行明智的政策將可以

大幅度降低因而造成的損害和苦難。

● 提供相關資料和分析結果，反駁到處充斥的、所謂人類正
沿著正確路徑邁入 21 世紀的政治聲明。

● 促使世人思考他們的行為與選擇所可能造成的長期後果，
並爭取他們的政治支持，以利採取適切行動，降低過度成
長造成的損害。

● 讓新世代的讀者、學生和研究人員能注意 World3 電腦模
型所展現的意義。

● 顯示自 1972 年以來人類在瞭解成長的長期因果關係方面
獲致的進步。

設想狀況和對未來的預測

我們撰寫和出版這本書的目的**不**在於預測 21 世紀實際上會
發生什麼事。我們**並未**預測某種特定的未來會成為事實。我們只
不過是提出了一系列的設想狀況：21 世紀世界演進的十種不同
狀況。我們這麼做是要鼓勵讀者多學習、多思考、並做出個人的
選擇。

我們不認為以現有的資料和理論，能夠對新的世紀中世界會
發生什麼事做出精確的預測。我們倒是認為，現今的知識能讓我
們排除各種不切實際的未來狀況。擺在我們眼前的事實，已經排
除了許多人預期未來仍可享有持續成長的想法──這種一廂情願
的想法具有吸引力但並不正確、可堪自慰但不切實際。假如我們
的分析結果能促使地球社會的普羅大眾重新思考地球自然資源的
極限，並對此種會在我們的未來生活中扮演重要角色的極限有多
一分瞭解和尊重，則其效用大矣。

書籍與過渡到永續

　　要爭取永續性，書籍所能展現的力量似乎稍嫌薄弱。但我們的著作卻令人刮目相看。《成長的極限》和《超過限度》賣了數百萬本。第一本書帶頭引發廣泛的辯論，第二本書重新激發了相關辯論。我們在環保運動的萌芽時期提高人們對環保議題的認知和關切。許多學生在讀了《成長的極限》一書後，選擇新的生涯目標並致力於研究環保與永續性相關問題。這些都是很有意義的事。

　　但是我們的著述有許多未臻理想的地方。《成長的極限》和《超過限度》兩本書的主要目標，在於引起人們注意全球生態環境中逾越限度的現象，並鼓勵社會對於有人將追求成長當作解決大部分問題的萬靈丹一事提出質疑。我們確實使「成長的極限」成為普遍的術語；然而，此一詞語常遭誤解，而且現今其意義總是被過分簡化。大部分的批評者認為，我們之所以擔憂「極限」的問題，是因為我們相信礦物燃料或其他資源很快就要耗竭。事實上，我們擔憂的不僅止於此；我們擔心現今的政策會因無法有效預先防範及處理生態極限的問題，而導致地球遭到過度消耗後終致崩解。

　　我們認為，人類的經濟活動現在已超過許多重要的限度，而此一現象在未來的數十年中會益形嚴重。我們在前兩本書中未能清楚地表達此一憂慮。當時我們根本未能促使「超過限度」的觀念成為公共辯論的正式議題。

　　將我們與過去三十年來積極推廣自由貿易概念的人（主要為經濟學家）做一比較，是件很有意義的事。和我們不同的是，他們有辦法將他們的概念變成家喻戶曉的語詞；他們說服許許多多

政治人物為自由貿易辯護。不過，當自由貿易政策導致個人或地區必須付出直接代價（如失業）時，他們也會面對人們對他們的理念徹底喪失信心的窘境。當然，也有很多人誤解因為追求自由貿易目標所衍生的成本與利潤的整體關係。對我們而言，在21世紀中，生態過度消耗的概念遠比自由貿易概念重要得多，但後者在爭取大眾注意和重視方面顯然遙遙領先。本書代表我們想彌合此種差距的一項新意圖。

過度成長與價格暴跌

若社會沒有對未來做好充分的準備，就會發生社會福利過度成長，隨後又開始下降的現象。舉例而言，當我們沒有現成的資源可替代日益減少的石油儲量、漸漸消失的野生魚類和愈來愈貴的熱帶木材時，一旦這些資源開始出現耗竭的現象，我們將會喪失原本享有的福利。而在過度耗用的過程中，如果資源的基礎受到侵蝕和破壞，問題將更形嚴重。接下來，社會可能經歷崩潰之痛。

在世紀交替之際，確實曾出現過全球性過度成長後開始崩潰的活生生事例：全球股票市場的「網路泡沫」（dot-com bubble）。這次的網路泡沫雖然發生在金融界而不是在自然資源領域，但仍可用來說明本書內所討論的利害關係動態。此處，投資者的信心就是一種易受侵蝕的資源。

簡言之，事情的經過如下：股價從1992年到2000年3月之間出現大幅攀升的情形，事後看來，當時股價已經到達完全無法支撐下去的最高峰。接下來，有整整三年的時間股值一路下滑，直到2003年3月跌到谷底。其後，股價開始反彈回升（起碼到

2004年元月份我們正在撰寫這本書時，仍呈上揚趨勢）。

就像未來人類的活動超過某種資源的限度或廢物排放的限度時，所可能出現的情形一樣，當時股價長時間上提期間，並未讓人有「情勢艱困」的感覺。相反的，每當股票指數達到新高時，只見得一股狂熱的浪潮席捲全世界。特別值得注意的是，即使在股價已到無以為繼的地步（回想起來，在1998年時可能已經出現此種情形），這種亢奮的情緒仍持續發酵。只有在股價高峰消失已久且歷經數年的暴跌期之後，投資者才會開始接受「泡沫」（相當於我們所說的「超過限度的現象」）的確存在的事實。股價一旦暴跌，任誰都無法阻擋此種江河日下的勢頭。在股價持續下跌了三年後，許多人開始懷疑這種趨勢將伊于胡底。投資者的信心至此已蕩然無存。

說來遺憾，我們認為地球資源的使用和廢物的排放，會經歷和網路泡沫一樣的過度成長和崩解的過程，雖然此一過程的時間尺度將遠大於網路泡沫。成長階段總是會受到歡迎和喝采的，即使此一階段早已進入無法永續存在的境地（我們瞭解此點，因為這種情形已經發生了）。崩解會驟然而至，令每一個人大感意外。而當崩解現象持續數年後，我們可以愈來愈清楚的看出，其實在崩解之前已出現無以為繼的情形。再經過一段更長的時間後，幾乎沒有人會認為這種衰退的趨勢將有結束的一天；幾乎沒有人會認為我們將再度擁有充足的能源和魚類資源。但願到頭來他們的想法是錯的。

未來的展望

成長的極限曾經是未來很遙遠的事；現在這方面的跡象隨處

可見。崩解的概念曾經是令人不可思議的想法；現在此一概念已開始成為公共辯論的議題——雖然它仍然是一項渺茫、假設性的學術概念。我們認為，要再經過十年，過度成長的結果才會清楚的呈現出來；再過二十年，過度成長的事實才會普遍為人承認。本書提出的諸多設想狀況顯示，21世紀的頭十年仍將是成長時期——三十年前《成長的極限》中的設想狀況也指出這點。因此，有關從1970-2010年的發展狀況，我們的看法與批評者尚相去不遠。要等到2020年，才能明確地判定誰對事情的瞭解比較深入。

　　我們計畫於2010年，也就是第一本書出版四十週年時，再度更新此一研究報告。屆時，我們預期會有豐富的資料檢視過度成長的事實。我們將能提出有力的資料證明我們以往的觀點是正確的；但我們也可能不得不承認，依資料顯示，科技和市場已經將地球的極限往上提升到遠高於人類社會的需求程度。全球人口即將下降、經濟馬上要面臨衰退的命運；但世界也可能要為未來好幾十年的成長期做準備。總之，在我們能著手撰寫這份報告之前，讀者們對於人類生態足跡成長的因果關係，必須建立起自己的看法。我們希望現在已編寫完成的這本書，能在這方面對讀者有所助益。

2004年2月

丹尼斯・米道斯，於美國新罕布夏州德罕

喬詹・蘭德斯，於挪威奧斯陸

|第一章|
超過限度

假如人類曾經善用智慧和機會，或許未來的世界就
不會像以往那麼糟。……但我們對未來仍然可以有
合理又務實的期盼。

——奧雷利歐·沛希，1981 年

超過限度（overshoot）是指在不自覺的情形下，做出超越某
種限度的舉動。我們每天都會經歷這種超過限度的情況。當你猛
然從座椅站起來時，可能會暫時喪失平衡感。假如你在淋浴時，
把瓦斯開得太大，可能會被熱水燙傷。在結冰的路上開車，可能
會因為車子打滑而闖越停車號誌。你可能在聚會中喝酒過量，超
出身體能代謝的程度，而致第二天早上醒來頭痛欲裂。營造公司
偶爾會蓋了太多公寓，導致供過於求，而被迫賠本出售，最後可
能破產收場。漁船的數量也常常造得太多，而漁船隊的規模擴大
後，漁獲量大幅超過限度，造成漁源枯竭，結果是大批漁船被迫
閒置港口內。化學公司生產的氯化物，數量之多已超過上大氣層
所能安全吸收的程度。未來數十年，臭氧層仍將有遭到破壞的危
險，除非同溫層內含氯化合物的濃度能持續下降。

超過限度的情形，不論規模小至個人，大至整個地球，全都

牽涉到三個相同的起因。第一，要有成長、加速和急遽改變的現象。其次，要有某種形態的限制或障礙，系統在超越此一限制（障礙）後繼續發展下去，恐有危險之虞。第三，在努力促使系統不致超越限度的觀念和作為中，存在著延宕或錯誤的情形。此乃為產生「超過限度」現象的三個充分必要條件。

超過限度是一種普遍的現象，其存在的形式何止千百種。而三個起因中的改變可能是有形的，如石油使用量增加；可能屬於組織性的，如人的增加；也可能屬於心理層次的，如個人的消費目標不斷提高；或以財務、生物、政治或其他面向呈現出來。

限制因素也是形形色色：可能是固定空間構成的限制，時間的限制，或一個系統內的物理、生物、政治、心理及其他特性先天存在的限制。

延宕的情形同樣也有許多方式。造成延宕現象的原因可能為疏忽、資料錯誤、資料過時、反應遲鈍、官僚體系顢頇或內訌、系統做出反應的理論依據錯誤，或某種動力阻止系統迅速停止活動。舉例來說，當汽車駕駛人未能察覺結冰的路面已降低車子的煞車摩擦力時；當合約商基於時價（current prices）做出工程建造決定時（此種工程要在二、三年後才會對市場發揮影響力），當漁船的船東以現今漁獲量資料、而非未來漁源繁殖速度的資料決定其捕魚行動時，當化學物質要經過數年的時間才會從其使用地轉移到可能對生態系統造成嚴重損害的地點時，就構成了延宕效應。

超過限度的情形大多不會造成危害。一個人不會因為許多行為超越了限度而處於容易受到危害的環境中。大部分形態的過度現象因為發生的頻率很高，故當可能具有危險性時，人們將學會避開它或降低它造成的不良後果。舉例而言，你在走進淋浴間之

前會先用手試探水溫。有時候，超過限度的行為是有害的，但我們會迅速採取矯正措施：大部分人在酒吧暢飲到深夜後，第二天早上會設法睡久一點。

　　然而，某些超過限度的情形偶爾可能會釀成大禍。地球人口和物質經濟的過度成長即可能給人類帶來災難。此乃本書討論的重點。

　　這本書從頭到尾，都在設法瞭解並描述人口和經濟的成長已然超過地球承載能力的情形，以及其中的因果關係。做這樣的研究，牽涉到的議題非常複雜。我們所需的資訊常常不夠精確和完整。現有的科學知識尚不足以讓研究人員獲致共識，更遑論政治人物。儘管如此，我們需要有個術語來表達「人類對地球的要求」與「地球提供人類需求」之間的關係。基於此一目的，我們將在書中使用**生態足跡**一詞。

　　這個詞語是韋科納吉爾和他的同事於1997年為地球委員會（Earth Council）從事研究時所推廣的術語。當時，韋科納吉爾仔細計算了提供世界各國人口消耗的自然資源，以及吸收這些資源所產生的廢物所需的土地面積[1]。他使用的這個術語及其學術研究方法，後來被世界自然基金會（World Wide Fund for Nature, WWF）採納；從此該基金會在其發表的《地球生命力報告》（*Living planet Report*）中[2]，每半年統計一次世界上一百五十多個國家的生態足跡資料。這些資料顯示，自1980年代末期以來，人類每年使用的資源都超過地球所能再生的資源。換句話說，地球社會的生態足跡已經超過地球所能提供的限度。現在有非常多資料可支持此一結論。我們將在第三章中做更深入的討論。

　　這種超過限度的現象可能造成極其危險的後果。此一狀況非

常獨特，人類因而受到各式各樣從未見過的全球性問題的衝擊。我們欠缺處理這些問題所需的眼光、文化規範、習慣和制度；而且，其所造成的損害，在許多情形下，是要好幾百年甚或好幾千年才能加以消除的。

但超過限度的現象不必然會導致災難，結果可能有兩種：一為某種形式的崩毀狀況，另一種為人類改變發展方向、採取改進措拖並謹慎放慢步調。我們以這兩種可能性來探討人類社會和支持人類社會地球之未來走向。我們認為，採取改進措施是可能的，此一措施可將全人類帶向有利的、具永續性、物資充裕的未來。我們也認為，假如不盡快採取重大改進措施，必然會發生某種形式的崩毀現象；而這種崩毀現象將是許多人在有生之年可以親眼目睹的。

茲事體大，我們要如何探討這些問題呢？過去三十年來，我們和諸多同事致力於瞭解有關人口和生態足跡成長之長期因果關係。我們使用四種方法研究這些問題，就像透過四種鏡片，以不同的方式聚焦於問題上，就像透過顯微鏡和望遠鏡的鏡片會看到不同的影像一樣。前三種方法受到廣泛使用且很容易描述：(1)有關全球系統的標準科學和經濟理論，(2)有關世界資源和環境的資料，(3)有助於我們整合這些資料並推斷其意涵的電腦模型。本書相當大部分內容是透過這三面「鏡片」檢視問題。書中描述了我們如何運用這些方法，以及我們透過這些方法看到了什麼景況。

我們的第四種方法是我們的「世界觀」，也就是我們內心世界中用來觀察現實狀況的一套有系統的思維、態度、價值觀——亦即一套標準。每一個人都有自己的世界觀，它影響了人們看事情的角度和對事情的理解。世界觀就像一片濾鏡，它讓符合人們

對世界本質的期望（常常是下意識的期望）之資訊進入心中，卻不理睬那些對他們的期望構成挑戰或不符的資訊。當人們透過這片有色玻璃向外看時，他們會**看穿它**，而不會**看到它**——世界觀就是具有這樣的特性。向已經和你抱持相同世界觀的人描述世界觀，實多此一舉；向和你抱持不同世界觀的人描述世界觀，則困難重重。但我們必須記住一項重要的事實：人們寫的每一本書、設計的每一個電腦模型、發表的每一項公開聲明受到他們個人世界觀影響的程度，決不亞於任何「客觀的」資料或分析結果。

我們難免受到自己的世界觀所影響。但我們會盡全力向讀者說明此一世界觀的精髓。我們長於斯的西方工業社會、我們所受的科學和經濟學訓練，以及我們在世界各地工作和旅行的經驗，塑造了我們的世界觀。但我們的世界觀最重要的部分，也就是與其他世界觀最不同的地方，在於我們的系統觀點。

和任何觀點（例如從山頂俯瞰）一樣，系統觀點可以讓人們看到他們從別的觀點未能注意到的事情，但也可能擋到他們觀察其他事物的視線。我們所受的訓練，重點在於動態系統——也就是會隨時間流轉而改變且彼此相互關聯的物質與非物質要素所構成的系統。我們的訓練教我們將世界看成是一系列發展中的行為模式，如成長、萎縮、振盪、超過限度等；此外，還教我們將注意力集中在整體因果關係上，而非集中在系統的組成片段上。我們將人口、經濟和環境的諸多相關要素看成是**一個地球系統**，其中存在著無數的互動關係。我們在這些互動關係中看到資源的匯集和流動、回饋現象和發展門檻；所有這些因素，都會影響系統於未來的行為以及我們為改變此一行為所可能採取的措施。

系統觀點絕非我們觀察世界的唯一有效方法，但我們發現此一方法特別具有啟發性。它讓我們能以新方法處理問題，並發現

以往未能察覺的選擇方案。現在我們打算在此與讀者分享此一方法的某些概念，因此，讀者可以看到我們所看到的，而且可以自己做出有關世界現狀的結論及有關未來的選擇。

　　本書的結構依循我們全球系統分析的邏輯。我們已經提出基本論點。超過限度的現象源自三項因素：(1)快速的改變，(2)改變有其限度，以及(3)在察覺此等限度及控制改變方面犯下錯誤或行事延宕。我們將依這三項因素的先後次序探討全球的狀況：首先討論產生全球性快速改變的驅動力，接著討論地球所存在的限度，進一步再討論人類社會瞭解這些限度並做出反應的過程。

　　我們在下一章將先討論改變的現象。現在，我們面臨人類有

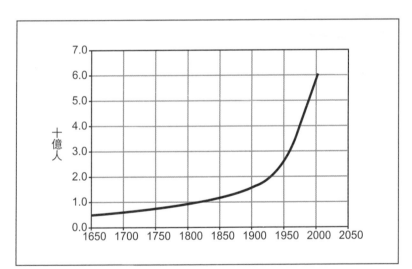

圖 1-1　世界人口成長趨勢

自工業革命以來，世界人口一直呈現指數成長的趨勢。請注意曲線的形狀及隨時間的推移而出現的改變，這些現象乃指數成長的標誌。現在人口成長率在下降中，然而圖中曲線上升幅度趨緩的情形，我們只能勉強辨識。2001年世界人口成長率為每年 1.3%，依此比率人口將在五十五年後增加一倍。

（資料來源：PRB; UN; D.Bogue.）

史以來最徹底、最快速的全球性改變。這種改變主要是由人口數量和物質經濟的指數性成長所致。兩百多年來，世界社經體系的行為主要在於追求成長。舉例而言，圖1-1顯示人口成長的趨勢；雖然出生率已經下降，但人口成長仍呈現上揚的態勢。圖1-2顯示，工業產出雖然因油價上漲、恐怖活動、爆發傳染病及其他短期因素的影響而偶有下降的情形，但整體而言仍然呈現持續攀升的趨勢。工業生產的速度超過人口成長的速度，導致平均物質生活水準的提高。

人口和工業的成長，造成地球系統的許多特性出現改變。例如，許多污染指數的上升。圖1-3顯示一項嚴重的污染事例，也

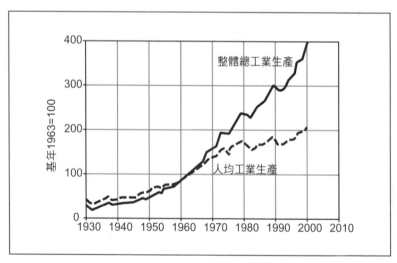

圖1-2　世界工業生產趨勢

和基年（制訂指數的年份）1963年的情形相較，世界工業生產明顯呈現指數成長的趨勢，雖然油價暴漲和金融業不景氣，曾導致成長出現起伏的情形。過去二十五年的成長速率平均為每年2.9%，依此速率，二十五年後整體工業生產將增加一倍。然而人口的成長使得人均工業生產的成長速率偏低：每年只達1.3%，需要五十五年才能增加一倍。（資料來源：UN; PRB.）

就是大氣層中二氧化碳（溫室效應氣體）的堆積。此種現象主要是人類使用化石燃料和砍伐森林的結果。

本書內還有許多附圖，分別用以說明糧食產量、城市人口、能源消耗、物質使用，及人類於地球上的各式各樣活動的概況。並非每件事都依同樣的方式、同樣的速率在成長中。我們可以從**表1-1**看出，各種成長速率之間是有很大差異的。某些成長速率雖然已經下降，但因基礎變數十分龐大，故每年仍然出現明顯成長的情形。當數值很小的下降百分比乘上遠較以往為大的基礎數量時，會發生成長率雖下降但仍然出現絕對成長（absolute increment）的情形。**表1-1**內的十四個項目中就有八項這樣的例子。過去半個世紀以來，人口數量、人類的有形財產及人類使

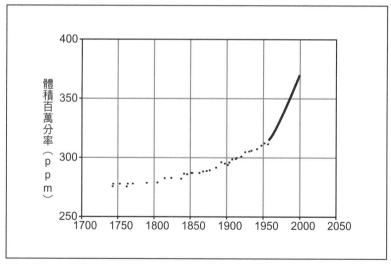

圖1-3 大氣層中二氧化碳的濃度

大氣層中二氧化碳的濃度，已經從大約270ppm上升到超過370ppm，而且還在持續增加中。人類使用化石燃料和摧毀森林，是二氧化碳濃度增加的主要原因。後果是地球氣候的改變。（資料來源：UNEP; U.S. DoE.）

表 1-1　1950-2000 年人類某些活動和生產能力的全球成長概況

	1950	25年間	1975	25年間	2000
人口（百萬）	2,520	160 %	4,077	150 %	6,067
經註冊的交通工具（百萬）	70	470 %	328	220 %	723
石油消耗量（百萬桶／每年）	3,800	540 %	20,512	130 %	27,635
天然氣消耗量（兆立方呎／每年）	6.5	680 %	44.4	210 %	94.5
煤消耗量（百萬公噸／每年）	1,400	230 %	3,300	150 %	5,100
發電量（百萬瓩）	154	1040 %	1,606	200 %	3,240
穀物產量（百萬公噸／每年）	131	260 %	342	170 %	594
小麥產量（百萬公噸／每年）	143	250 %	356	160 %	584
稻米產量（百萬公噸／每年）	150	240 %	357	170 %	598
棉花產量（百萬公噸／每年）	5.4	230 %	12	150 %	18
木質紙漿產量（百萬公噸／每年）	12	830 %	102	170 %	171
鐵產量（百萬公噸／每年）	134	350 %	468	120 %	580
鋼產量（百萬公噸／每年）	185	350 %	651	120 %	788
鋁產量（百萬公噸／每年）	1.5	800 %	12	190 %	23

（資料來源：PRB; American Automobile Manufactures Association; Ward's Motor Vehicle Facts & Figures;, U.S. DoE;UN;FAO;CRB.）

用的物質和能源流量，已增加2、4、10倍，甚或超過此數，然而，人類仍然希望未來能繼續追求成長。

　　一般人支持追求成長的政策，因為他們認為成長會給他們帶來更多福利，政府則把追求成長當成解決一切問題的方法。在富國中，人們認為追求成長乃為確保就業機會、社會向上提升和技術進步的必要條件；於窮國中，追求成長似乎是脫離貧窮的唯一方法。許多人認為，必須靠成長提供保護和改善環境所需的資

源。政府和企業主莫不卯足全力提高生產力及追求更大幅度的成長。

基於這些理由，成長被視為該慶祝的事。我們只要想想以下的同義詞，如**發展、進步、進展、成就、改善、繁榮、成功**等，當會有所領會。

以上所談的是成長的心理和制度上的原因。此外，成長還牽涉到從事系統研究的人所稱的**結構性**原因，也就是人口／經濟系統組成要素之間存在著相互關係的根本原因。第二章將討論這些成長的結構性原因並描述其意涵。屆時我們會說明，為什麼成長是支配世界系統的最重要行為。

成長可以解決許多問題，但是也製造了不少問題。之所以如此，是因為有極限的存在，此點是我們第三章要討論的主題。地球本身是有其限度的。有形物質，含人口、人類所擁有的汽車、房屋和工廠等，是不可能無限度成長的。但成長的極限並不等於人口、汽車、房屋、或工廠數量的極限（起碼兩者沒有直接的關係）。成長的極限乃是**生產率**（throughput）的極限——也就是維持人類、汽車、房屋和工廠正常運作所需能源和原料持續不斷生產的限度；也是人類在不超過地球生產或吸收能力的情形下，獲取資源（穀物、草料、森林、魚類）和排放廢物（溫室效應氣體、有毒物質）的速率限率。

人口和經濟依賴地球上的空氣、水、糧食、原料和化石燃料，這些資源會將廢物及污染物還給地球。資源流動的源頭包含礦床、地下水層及土壤中的養分；終點則含大氣層、地表水域及廢物掩埋地。自然界的成長極限，就是地球的**源頭**提供物質和能源的能力，以及地球的**終點**吸收污染和廢棄物的能力之限度。

在第三章，我們將探討源頭和終點的現況。屆時我們會援引

資料提出兩個觀點,其中一個觀點道出好消息,另一個觀點則帶來壞消息。

壞消息是,很多重要資源來源已快耗盡或品質愈來愈差,而且廢物吸收系統的負荷已滿,甚或有「滿溢」的現象。**人類經濟活動的生產量,以現今的生產率而言,是無法持續太久的。**許多源頭和終點都已飽受壓力,已經開始透過成本增加、人口負擔加重和死亡率上升等現象來抑制成長。

好消息是,**我們用不著現今的高生產率,即可讓全世界的人民享有良好的生活水準。**降低人口數量、改變消費模式,或採用更多能有效利用資源的技術,都能縮小生態足跡。這些都是我們做得到的。人類的知識足以一方面維持其所需的適量貨品和服務,一方面大幅減輕地球的負荷。理論上,有許多方法可將人類生態足跡縮小至其極限範圍內。

但理論不會自動變成實務。我們並未做出能夠縮小生態足跡的改變和選擇,起碼,我們的行動不夠快,無法減輕源頭和終點日益沉重的負荷。我們未做出必要的改變和選擇,是因為沒有直接的壓力要我們這麼做,更因為落實這些改變和選擇需要很長的時間。這點是本書第四章的主題。我們在第四章中討論有關人類社會過度發展的警訊。此外,我們也檢視了人類及其制度做出反應的速度。

我們在第四章中使用了World3電腦模型。此一電腦模型使

我們能將許多資料和理論組合起來，將成長、限度、反應遲鈍等因素全納入考量，而建構出一個明確又嚴謹的整體狀況。它成了我們以現今的知識來推斷未來結果的一種工具。我們以電腦模擬地球系統的可能演進模式，並將結果呈現在讀者眼前；此種模擬係假設：人類並沒有做出重大的改變、沒有特別用心思考未來的問題、沒有在問題惡化之前加以解決或對不良跡象加以改進。

在這些模擬中，幾乎每一項設想狀況的結果都顯示，地球的經濟和人口會因過度成長而導致崩毀。

但並非所有設想狀況都指向崩毀的下場。在第五章中，我們將舉出最佳的事例說明人類有能力規畫未來、察覺限度的存在，並在趨近災難之前懸崖勒馬。我們描述了國際社會對1980年代有關同溫層內臭氧層問題日益惡化的消息所做出的反應。此一事例很重要，其原因有二：第一，這件事強有力的反駁了普遍存在的一種憤世嫉俗的看法，即人民、政府和企業界絕對不可能攜手合作，共同解決需要靠遠見和自律加以處理的全球性問題。第二，這件事具體的說明超過限度的現象所具備的三種特性：快速的成長、極限的存在，以及反應遲緩的情形（科學和政治界都有此情形）。

同溫層臭氧層耗竭以及人類對此做出反應的經過，就目前看來，顯然是一件成功的案例，但我們要在數十年後，才能為整件事的成敗蓋棺論定。因此，這件事有警世的作用，它說明了一項事實：靠著不完整的知識、延遲出現的跡象，以及一個具有驚人動力的系統，想要在地球上諸多緊密交纏的系統內，將複雜的人類行動導向永續存在的狀態，真教人不知如何下手。

在第六章，我們使用電腦處理此一問題，目的不在於預測現行政策**將會**導致什麼樣的後果；而在於探討假如我們做出各種改

變，**可能會**產生什麼結果。我們將包含了人類巧思的某些假設置入World3模型中。我們將研究焦點放在問題的解決上——以許多人深具信心的科技和市場兩項手段來解決問題。有關人類這兩項了不起的反應能力之重要特性，已經被納入World3模型中，但我們將在第六章做更深入的討論。我們探討的重點是，假如世界社會開始對資源進行嚴格的分配以強化污染管制、水土保持、人類衛生狀況、物質回收情形，並大幅提高資源使用效率，將會有什麼樣的結果。

　　我們從World3所產生的設想狀中發現，上述的措施很有助益，但其本身仍力有未逮，因為科技和經濟措施本身不夠完美，且會出現延宕現象。這些措施的落實需要時間、資本、原料和能源流（energy flow），而且可能難以招架人口和經濟的成長。科技的進步和市場的彈性，是避免世界崩解並將世界帶向永續性的必要條件，但光靠這兩項作為仍不足以成事。我們必須拿出更多辦法。這是第七章的主題。

　　在第七章，我們使用World3模型探討：假如工業界能以智慧取代聰明，事情會有怎麼樣的發展。我們假設世界對**足夠**一詞下了兩種定義——分別與物質的消費和家庭的大小有關——並據以採取行動。這些行動，加上我們在第六章中假設的技術改變，或許將讓世界有能力永續供養模擬中的80億人口。這80億人口都可以達到大約相當於現今歐洲低所得國家的生活水準。如果我們有關市場效率和技術進步的假設是合理的，則地球將可無限期的供應此一模擬世界所需的物質和能源。我們會在這章中說明，超過限度的情形是可以退回到永續成長的狀態的。

　　在現代成長掛帥的文化，永續性是大家陌生的概念，因此我們花了點時間在第七章定義此一概念，並概述一個永續世界可能

是什麼模樣，以及**不見得是**什麼模樣。我們不認為一個永續世界會讓任何人過著貧困的生活；相反的，我們倒認為這樣的世界可以讓全人類都擁有物質上的安全感。我們不認為一個永續社會必然是停滯不前、乏味、千篇一律或僵化的。這樣的社會不必然是，且很可能不會是中央管制或威權體制社會。這樣的世界可能有時間、資源和意願去矯正其錯誤，從事創新活動，以及確保地球生態系統的生生不息；可能會專心致志提高生活品質，而非盲目擴大物質消費和自然資源的產量。

最後的第八章，內容與其說是資料或電腦模型推演出來的結果，還不如說是我們幾位作者心中的模型所構思的產物。該章說明了我們個人認為現在應採取的行動。我們的 World3 世界模型對未來的看法同時有悲觀和樂觀的一面。就這件事而言，我們幾位作者的意見分歧。丹尼斯和喬詹認為，平均生活品質的下降乃不可避免的事，甚至於全球人口和經濟也會被迫下降。唐妮菈則窮其一生都認為，人類會發展出建立一個美好、永續性社會所需的洞察力、制度和倫理。然而，即使我們之間存在著不同觀點，但我們三個人對於如何面對挑戰卻有一致的看法。第八章將討論這點。

我們必須採取行動將地球和社會所受的損害減到最低。第八章第一節為這些行動訂出優先次序；第二節描述用來協助地球社會邁向永續性的五種方法。

不論未來的景況如何，我們確信其主要特性將會在往後的二十年中顯現出來。地球的經濟現在已超過可以永續發展的程度，我們再也沒有時間可以做大頭夢，以為地球的生產力是永無止境的。我們瞭解，要做出調整是件非常艱巨的工作。這項工作所需進行的重大革命，激烈程度將不亞於農業革命和工業革命。

我們瞭解，要解決貧窮和就業問題是非常困難的，而迄今為止，成長是世界解決此等問題的唯一希望之所繫。但我們也瞭解，對成長的依賴是種不切實際的希望，因為這種成長無法長期持續下去。在一個資源有限的世界，盲目追求物質成長，最後只會使大部分問題益形惡化。事實上，我們有可能找到解決問題的更好方法。

我們三十年前所寫的《成長的極限》大部分內容仍然正確。但過去三十年來，科學和社會不斷演進，我們三位作者都學到許多新的知識並擁有新的觀點。新的資料、電腦、和我們自己的經驗全都告訴我們，自從1972年首度討論「成長的極限」議題以來，人類通往未來世界的可能道路已經變窄。我們原本提供給全人類的富足生活水準，現在已不可得；我們原本可能加以保護的生態系統已經滅絕；原本可能給未來世代帶來財富的天然資源已消耗殆盡。但我們仍有許多選擇方案，至為重要的選擇方案。圖1-4顯示我們認為現今仍然存在的許多可能性。這張圖是將九項電腦設想狀況所繪出的人口和人類福祉曲線加以重疊而成；稍後我們將會在書中討論這些設想狀況[3]。

有各式各樣的途徑會通往可能的未來世界。未來可能出現突然崩解的狀況，也可能出現順利過渡到永續性的情形；但就是不可能出現無限度的物質成長，這點不是資源有限的地球應選擇的道路。我們唯一的選擇是透過人類明智的決定、人類的科技及人類的組織，將支持人類活動的物質生產量降低到能永續維持的狀態，否則就讓大自然藉由糧食、能源或原料短缺的情形，或者愈來愈有害的環境，來迫使人類做出明智的決定。

1972年，我們在《成長的極限》一書的開場白中引用了當時聯合國祕書長吳丹（U Thant）的一段話：

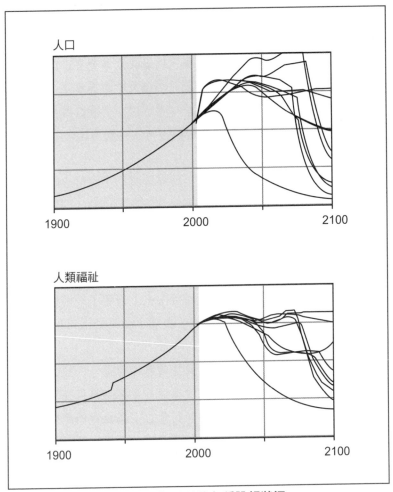

圖 1-4　有關全球人口和人類福祉的各種設想狀況

本圖將 World3 的所有設想狀況曲線重疊起來，顯示出兩個重要變數：人口和平均人類福祉（以人均所得和其他幸福指數的組合做為量度標準）的各種可能發展途徑。大部分設想狀況顯示出下降的趨勢，但某些設想狀況反映一個社會擁有穩定的人口數量，和高度且具永續性的人類福祉。

　　我不想小題大作，但依據本人身為聯合國祕書長所接觸到的資料，我只能說，聯合國的會員國只剩十年的時間可以捐棄前嫌並建立起全球夥伴關係，以遏止武器競賽、改善人類環境、解除人口爆炸的壓力並同心協力從事發展工作。假如在未來十年內無法建立這種全球夥伴關係，我非常擔心我提及的這些問題會嚴重到我們的能力無法控制的地步[4]。

　　現在，三十年過去了，這種全球夥伴關係仍然付之闕如。但有一項共識已逐漸形成：人類正陷於其所無力控制的問題中，而大量的新資料和研究結果，都支持這位聯合國祕書長所提出的警告。

　　舉例而言，1992年，來自七十個國家、超過一千六百位科學家（其中有一百零二人是諾貝爾獎得主）簽署了一份報告，名為「世界上科學家對人類的警告」，表達了和吳丹相同的憂慮：

　　人類和大自然正沿著相互對撞的路徑前進。人類的活動對環境和重要的自然資源造成嚴重而且經常為無可挽回的損害。我們現今的許多作法若未受到制止，將對我們希望見到的未來人類社會和動植物世界構成嚴重的危害，且可能因而改變生態，使得世界無法繼續以我們所知的方式供養生命。假如我們要避免這種對撞的下場，進行徹底的改變乃為刻不容緩的事[5]。

　　連2001年世界銀行（World Bank）的報告都支持吳丹的警告，這份報告指出：

……環境惡化的速度令人憂心，而於某些領域，此種現象正在加速進行中。……在整個開發中世界，環境問題使人民、經濟和社會都付出了嚴重代價，而且對人們賴以成長甚或生存的基礎構成威脅[6]。

吳丹的看法對嗎？這個世界的問題是否已經超過任何人所能控制的範圍？他是否把話說得太早？以下1987年世界環境與發展委員會（World Commission on Environment and Development）口氣篤定的聲明是否符合實情？

人類有能力進行永繼發展——能確保滿足現在的需求又不致損及未來世代滿足他們本身需求的能力[7]。

沒有人能信心滿滿的為你回答這些問題。然而，每個人都迫切需要深思熟慮以找出上述問題的答案。這些答案可解釋事情的發展狀況，可引導個人的日常行動和抉擇。

我們邀請讀者加入以下我們對過去三十年來累積的資料、分析和見解所進行的討論。如此一來，讀者將擁有基本的概念，可據以建立自己對地球未來的看法，並做出適切的選擇以引導自己的生活。

｜第二章｜
驅力：指數成長

當我發現自己對指數函數的瞭解未免失之幼稚時，
內心頗覺驚恐。……雖然我向來都知道，生物界喪
失多樣性、熱帶雨林遭砍伐、北半球森林枝葉枯萎
病蔓延及氣候改變等相互關聯的問題，其嚴重性是
呈指數成長，但一直到今年，我才真正領會，這些
問題所構成的威脅是以多快的速度惡化中。

——湯姆斯·洛夫喬伊（Thomas E. Lovejoy），1988 年

　　造成超過限度現象的第一個原因是成長、加速和急遽改變。
一個多世紀以來，地球系統的許多領域都一直在快速成長中。舉
例來說，人口、糧食生產、工業生產、資源消耗和污染物的產生
都在成長中，而且速度愈來愈快。這些領域的成長情形，依循了
數學家所稱的**指數成長**模式。

　　這種模式極為普遍。**圖2-1**和**圖2-2**顯示兩個非常不同的例
子：一為每年大豆的產量，一為居住於經濟落後地區的城鎮人口
數量。氣候急遽變化、經濟發展時好時壞、技術變革、傳染病或
國內動亂等因素，或許會對圖中相當平順的曲線造成小幅度的起
伏，但整體而言，指數成長乃為自工業革命以來人類社經體系的

主要發展模式。

　　這種成長模式有著令人驚訝的特性，使我們不易掌握。因此，我們在進行長期選擇方案的分析之前，將先對「指數成長」一詞定義、描述其原因，討論支配其發展過程的因素。我們這個有限星球上的物質發展勢必有終止的一天。問題是，這一天什麼時候會到來？什麼因素造成成長的衰退？在成長停止後，人類和地球生態系統會落得何種下場？要回答這些問題，必須先瞭解造成人口和經濟不斷在成長的道路上向前邁進的系統結構。此一系統是World3模型的核心，而我們認為，也是地球社會的一項明顯特徵。

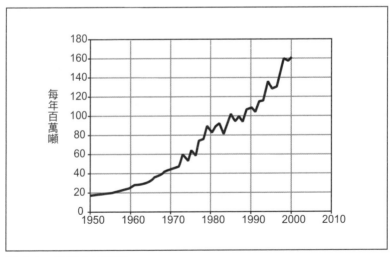

圖 2-1　世界大豆產量

自 1950 年以來世界大豆產量逐年增加，平均每十六年增加一倍。（資料來源：Worldwatch Institute; FAO.）

指數成長的數學意涵

　　拿一大塊布來，對摺後，厚度會增加一倍；再對摺，厚度變成原來的四倍；再一次加以對摺；接下來，第四次加以對摺，則此時這塊布的厚度已成為原來的十六倍──也就是大約0.4吋厚。假如你繼續將這塊布對摺二十九次，也就是總計對摺三十三次，你認為這塊布會變得多厚？不到1呎？介於1至10呎？介於10呎至1哩？

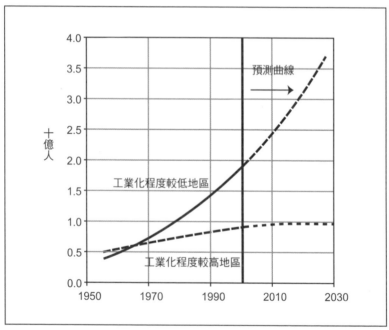

圖 2-2　世界上居住於城鎮地區的人口

過去半個世紀中，地球上經濟落後地區的城鎮人口數量呈指數成長的現象，但工業化程度較高地區的人口數量幾乎呈線性成長的現象。落後地區城鎮人口平均每十九年增加一倍。此種趨勢預料將持續數十年。（資料來源：聯合國）

當然，你不可能將一塊布對摺三十三次。但假設你做得到，那麼，這一大塊布的長度將可以從波士頓延展到法蘭克福——大約3400哩，也就是5400公里[1]。

指數成長——倍增、倍增再倍增的過程——十分驚人，因它會以很快的速度產生極龐大的數量。指數成長所產生的數量是會愚弄人的，因為大部分人認為成長是一種線性增加的過程。當**某一數量在某段時間內出現定量的成長時**，我們稱之為**線性**成長。假如一群工人每星期鋪設一哩公路，這條公路的增長就屬於線性成長。假如一個小孩每年將7美元存入撲滿內，他的積蓄就會呈線性增加。換句話說，每年鋪柏油的數量不受已建造完成的路段之長度所影響，每年增加的儲蓄也不受撲滿內已有的金錢數量所影響。當某一因素經歷線性成長過程，則在**一定的時期內其增加的數量永遠是相同的**，並不會因為此一因素已經累積多大數量而有所變化。

當某一數量的增加程度與其現有量的多寡成正比時，我們稱之為**指數**成長。在一個酵母細胞菌落中，每個酵母細胞每十分鐘分裂成兩個細胞，則此一酵母菌落就是在進行指數成長。因為每單一細胞在經過十分鐘後會變成兩個，再十分鐘變成四個，接下來會變成八個、十六個……。原已存在的酵母細胞愈多，在單位時間內新增加的酵母細胞數量就愈多。

如果一個公司的銷售總額逐年增加某個百分比，這家公司的業積就會呈指數成長。**當某一因素經歷指數成長過程時，其增加的數量會隨時間的推移而成長**，取決於原本已經累積的數量之多寡。

我們可以思考為100美元本金增值的兩種方法，來瞭解線性成長與指數成長的重大差別。你可以將錢存入銀行孳息；或將錢

放進撲滿，然後每年將一筆固定金額存進撲滿。假如你將100美元存入銀行，銀行的年利率為7%，而且以複利計算，讓利息所得在你的帳戶內不斷累積，依此方式，你的金錢投資將出現指數成長的情形；換句話說，帳戶內的存款，每年都會孳生利息。雖然年利率固定為7%，但實際增加的金額會不斷成長。第一年年底，增加的金額為7美元。第二年的利息將是107美元的7%，也就是7.49美元，使得你在第三年年初的存款成為114.49美元。再過一年，利息將增加到8.01美元，存款總額為122.50美元。到第十年年底，你的銀行存款已增加到196.72美元。

假如你在撲滿內有100美元，每年再存入7美元，則你的金錢將呈線性成長。第一年年底，撲滿內有107美元，和你在銀行第一年年底的存款總額相等。在第十年年底，撲滿內的存款為170元，比銀行存款少，但只少一點點。

起初，兩種不同的存錢方法得到的結果非常相近；但時間一拉長，持續的指數累積效應會變得極其明顯（見圖2-3）。二十年後，撲滿內為240美元，銀行存款已將近400美元。在第三十年年底，撲滿內金額的線性成長產生了310美元存款；而年利率7%的銀行存款，總額正好超過761美元。也就是說，經過三十年，以每年7%增量的指數成長所產生的數額是線性成長數額的兩倍以上，雖然一開始這兩種儲蓄方法的本金完全相同。到第五十年年底，銀行存款已經是撲滿存款的6.5倍以上，總數額超過2500美元！

幾百年來，指數成長所產生的結果令人著迷。波斯帝國有一則故事是這麼說的：有一位聰明的朝臣將一個精美的西洋棋棋盤呈獻給國王，但他請求國王以1粒米來換棋盤上的第一個方格，2粒米換第二個方格，4粒米換第三個方格，依此類推。

　　國王恩准了他的請求，命令屬下從糧倉搬出稻米。第四格需要8粒米、第十格需要512粒米、第十五格需要16,384粒米、第二十一格這位朝臣可獲得超過100萬粒米；到了第四十一格，國王必須提供1兆（10^{12}）粒米。依這種方式，國王根本不可能繼續付出稻米一直到第六十四格為止，因為這個時候將全世界的稻米搬來都不夠用！

　　有個法國的謎題說明了指數成長的另一個面向：指數成長的數量會突然間迫近某一固定極限。假設你有一口池塘。有天，你發現池塘中長出了一株睡蓮。你知道這種植物每天會長大一倍。你也瞭解，任令這株睡蓮自然生長，三十天後，池塘內就會布滿睡蓮，屆時水中其他生物的生長將受到阻礙。但一開始，這株睡蓮看起來是那麼嬌小，所以你決定不要為此事煩惱。你打算在這些睡蓮覆蓋了半個池塘時再採取行動。如此一來，你有多少時間

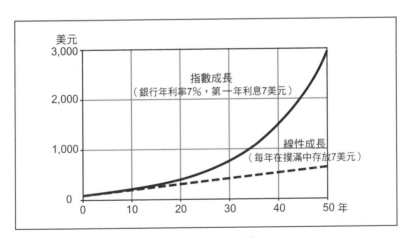

圖 2-3　存款的線性成長與指數成長之比較
假如在撲滿內存放 100 美元，每年再存進 7 美元，則存款會呈線性增加，如虛線所示。假如將 100 美元存入銀行，以年利率 7% 計算，這 100 美元會呈指數成長，大約每十年存款總額將增加一倍。

可以阻止池塘遭到破壞？

　　答案是，你只有一天的時間！第二十九天，池塘被覆蓋了一半。隔天──經過睡蓮的最後一次倍數成長後──整個池塘將完全被睡蓮遮蔽。你要等到池塘被覆蓋過半再採取行動，此一決定原本看似合理。在第二十一天，睡蓮只覆蓋了池塘面積的0.2%；二十五天，也只不過覆蓋了3%。但是，到頭來，你所採取的對策只讓你有一天的時間拯救池塘[2]。

　　從以上的例子我們可以看出，指數成長加上行事延宕，就可能造成超過限度的現象。有相當長的一段時間，這種成長模式看似不起眼，好像不會發生問題。但突然間，改變的速度愈來愈快，直到最後一或兩次的加倍成長出現在眼前，我們已經沒有時間可做出反應。睡蓮池塘最後一天出現的明顯危機，並非睡蓮成長過程中的任何改變造成的；在整個月中，睡蓮的成長速率完全維持不變。然而，這種指數成長所累積的龐大數量，會突然形成無法處理的問題。

　　你個人也可能會經歷這種從「微不足道」突然變成「超過限度」的情形。設想你在一個月的第一天吃1粒花生，第二天吃2粒花生，第三天吃4粒花生……，依此類推。起初，你購買和食用的花生數量微不足道。但距離月底還早，你的銀行存款和個人的健康就已經受到嚴重的影響。你這種以指數成長方式進食（也就是每天進食量增加一倍）的行為可以持續多久？第十天，你必須吃掉的花生還不到1磅，但到了這個月的最後一天，你這種持續不斷的逐日加倍進食的模式，將迫使你購買和食用超過500噸的花生！

　　上述實驗並不會造成嚴重的傷害，因為當你想到有一天可能要面對堆積如山的花生時，你自然會踩煞車。在這個例子中，採

取行動和察覺事態嚴重之間，不會有明顯的時間延宕問題。

　　依據純粹的指數成長公式，一個數量會在某一固定時期內加倍成長。就酵母菌落而言，其細胞數量每十分鐘會增加一倍。把錢存進年利率7%的銀行，大約十年存款會增加一倍。而在睡蓮和花生的實驗中，兩者的數量每天增加一倍。在指數成長的現象中，成長率的百分比和數量增加一倍所需時間，兩者之間存在著一種簡單的關係。亦即，數量增加一倍所需時間，約略等於72除以成長率的百分比[3]。表2-1說明了此種關係。

表 2-1　數量增加一倍所需時間

成長率（每年成長的百分比）	數量增加一倍大約需要的時間（年）
0.1	720
0.5	144
1.0	72
2.0	36
3.0	24
4.0	18
5.0	14
6.0	12
7.0	10
10.0	7

　　我們還可以舉奈及利亞的例子，說明數量持續倍增的後果。1950年時奈及利亞的人口約3600萬人，2000年時大約為1億2500萬人。在20世紀的後五十年裡，該國的人口增加了將近四倍。據報導，2000年該國的人口成長率為每年2.5%[4]。依我們上

文所提及的簡易算法，也就是將72除以2.5所得的29（年），即其人口每增加一倍所需的時間。假如此一人口成長率維持不變，則未來奈及利亞的人口成長情形將如**表2-2**所示。

表2-2　以年外推估計奈及利亞人口成長情形

年	人口　（百萬人）
2000	125
2029	250
2058	500
2087	1000

2000年時奈及利亞的人口是1950年時的四倍。假如在2000年以後該國的人口成長率維持不變，則在2000年出生的小孩活到八十七歲時，將可看到該國人口又增加了**七倍**。換句話說，於21世紀末，奈及利亞的人口將是2000年時的八倍，是1950年時的二十八倍。屆時，奈及利亞這個國家將擠滿10億人！

奈及利亞已是世界上許多處於捱餓狀態且環境日益惡化的國家之一。顯然該國人口不能再變成現在的八倍了！製作像表2-2這樣的計算圖表，唯一的目的是要說明數量加倍成長所需時間的演算情形，並說明**在資源有限的有限空間裡，指數成長絕對不可能長時間持續進行**。

既然如此，為什麼這種成長模式今天仍在世界上進行中？而我們能拿出什麼辦法阻止它？

World3 模型的一項重要假設是，就結構上而言，人口和資本有能力呈指數成長。這樣的假設並不武斷。因為全球社經體系的明顯特性以及改變所呈現的歷史軌跡均支持此一假設。人口和資本的成長會造成人類生態足跡的擴大，除非人類的消費偏好有重大的改變，而且使用能源的效率有大幅的提升。然而，這兩項改變都尚未出現。人口和資本工廠（capital plant，泛指工業生產能量），及兩者所使用的能源和原料，都一直呈指數成長中，且持續時間起碼已有一個世紀──雖然過程並不平順、不單純，且不乏由其他回饋圈所造成的強烈衝擊。

世界之複雜不僅只如此，World 3 亦然，我們稍後會明白這點。

世界人口成長情形

1650 年，世界人口約 5 億人，並以每年 0.3% 的速度增加，依此速度，大約二百四十年會增加一倍。

1900 年，世界人口已達 16 億人，並以每年 0.7-0.8% 的速度成長，大約一百年會增加一倍。

到 1965 年，人口總數達 33 億人，成長率已經增加到每年 2%，大約三十六年就會增加一倍。因此，自 1650 年以來，世界人口不只是呈指數成長，簡直可以說是呈**超**指數成長──成長率本身也在成長。不過這種人口快速成長的原因是可喜的：死亡率下降。出生率也下降，但下降的幅度略小於死亡率。因此，人口暴增。

1965 年後，死亡率持續下降，但是平均出生率下降得更快（圖 2-4）。雖然到 2000 年，世界人口從 1965 年的 33 億人增加到

剛剛超過60億人，但**成長率**從每年2%下降到1.2%[5]。

　　人口成長率的突然改變，著實令人吃驚。其所代表的意義是，文化因素和技術因素都出現重大變化；前者使得人們開始選擇他所希望的家庭大小，後者使得他們能有效的落實所做出的選擇。1950年代，全球每一婦女平均生育5個子女，1970年代降到2.7人。在21世紀來臨之際，歐洲每對配偶平均有1.4個小孩，此一比率遠不及更新人口所需的人口成長率。依現在的推斷，歐洲人口將從1998年的7億2800萬人下降到2025年的7億1500萬人[6]。

　　此一生育率下降的情形，並不表示全世界人口成長的趨勢已

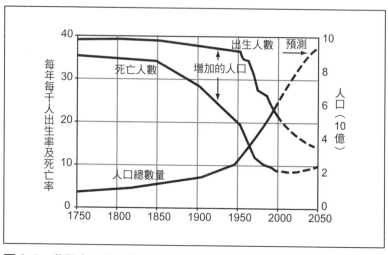

圖 2-4　世界人口數量變化情形

出生人數與死亡人數之間的差距決定了人口成長率。大約到1965年為止，人類的平均死亡率下降的速度比出生率下降的速度還要快，因此人口成長率呈上升的現象。自1965年以後，平均出生率下降的速度高過死亡率，因此人口的成長率呈現大幅度下降的情形——雖然人口數量的增加持續呈指數成長。

停頓，或不再呈指數成長，僅僅表示人口倍增所需時間已經拉長（從成長率為每年2%時的三十六年，增加到每年1.2%時的六十年），且還可能進一步變長。2000年全世界人口實際增加的數量比1965年還多，雖然成長率已降低。**表2-3**顯示原因為2000年時較低的成長率乘以累積下來的更龐大人口數量所得的結果。

表 2-3　世界人口增加情形

年	人口 （百萬）	×	成長率 （每年的百分比）	=	增加的人口數量 （每年百萬人）
1965	3,330	×	2.03	=	68
1970	3,690	×	1.93	=	71
1975	4,070	×	1.71	=	70
1980	4,430	×	1.70	=	75
1985	4,820	×	1.71	=	82
1990	5,250	×	1.49	=	78
1995	5,660	×	1.35	=	76
2000	6,060	×	1.23	=	75

（資料來源：聯合國）

　　世界人口每年增加的數量，於1980年代末期的確有停止成長的現象。但2000年所增加的7500萬人仍相當於這年九個多紐約市的人口數量。更精確地說，由於絕大部分新增人口都在南方，這一年增加的人口數量相當於菲律賓全國人口數量──或十個北京市或六個加爾各答市的人口數量。因此，就算我們樂觀的預期人口出生率會進一步下降，但放眼未來仍可看到人口大量增加的情形，其中以工業化程度較低國家為最（**圖2-5**）。

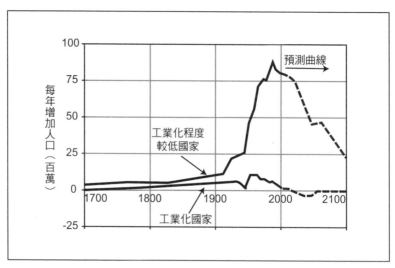

圖 2-5　每年世界人口增加的情形

直到最近，世界人口增加的數量仍逐年攀升。依聯合國的預測，由於工業化
程度較低國家人口出生率迅速下降，世界人口增長的情形不久後將急遽下
滑。（資料來源：UN; D. Bogue.）

　　下圖顯示支配人口系統的主要回饋結構。

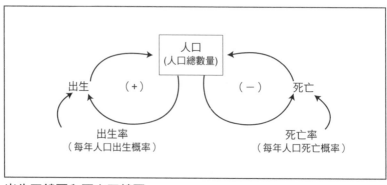

出生回饋圈和死亡回饋圈

　　左邊的正回饋圈可造成指數成長。人口愈多，每年出生的人數就愈多。右邊為**負回饋圈**。正回饋圈產生成長失控的現象；而負回饋圈則會調節成長速度，將一個系統控制在可接受範圍內，或使之回復到穩定狀態，系統總量因此會隨時間的推移而維持在約略固定的數值上。負回饋圈會使某一要素的改變所造成的結果繞著回饋圈運行，直到轉回原點並使先前的改變朝**反方向**進行為止。

　　每年的死亡人數等於總人口數乘以平均死亡率──死亡平均概率，出生人數等於總人口數乘以平均出生率，人口的成長率則等於出生率減死亡率。當然，出生率和死亡率都不是一個定值，而是取決於收入、教育、醫療保健、家庭計畫技術、宗教、污染程度，以及人口的年齡結構等等經濟、環境和人口因素。

　　有關出生率和死亡率**如何**演變及全球人口成長率為何正在下降，最普遍的理論──也是我們在 World3 模型中所採用的理論──稱為**人口過渡論**（demographic transition）。依此一理論，在工業化前的社會中，出生率和死亡率都很高，但人口的成長很緩慢。當營養和醫療服務改善後，死亡率開始下降；而出生率則隔了一兩個世代後才開始下降。兩者之間的差距，造成人口的快速成長。最後，當人類的生存和生活形態演進到完全工業化的社會形態後，出生率也下降了，人口成長率因而趨緩。

　　圖2-6顯示6個國家的人口變化情形。從中讀者可以看出老牌工業化國家的人口出生率和死亡率都呈緩步下降的情形，瑞典是最好的例子。而且，其出生率和死亡率之間的差距從來不會太大，每年的人口成長率也從未超過2%。在整個人口過渡期間，北方大部分國家的人口都有明顯的成長，其中最大的成長幅度為五倍。到2000年，只有少數國家的人口出生率超過足以

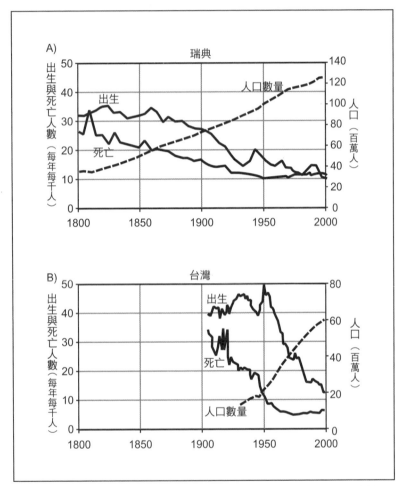

圖 2-6　工業國家（A）和工業化程度較低國家（B）的人口過渡情形

於人口過渡期間，一國會先出現死亡率下降的情形，接著出生率開始下降。
瑞典的人口過渡歷經將近兩百年，而整個過程中其出生率一直與死亡率非
常相近。在這段人口過渡時期，瑞典的人口增加不到四倍。日本則是在不
到一世紀即完成人口過渡的一個例子。1900 年代末期的工業化程度較低國
家，人口出生率與死亡率的差距遠較現今工業化國家來得大。（資料來源：N.
Keyfitz and W. Flieger; J. Chesnais; UN; PRB; UK ONS; Republic of China.）

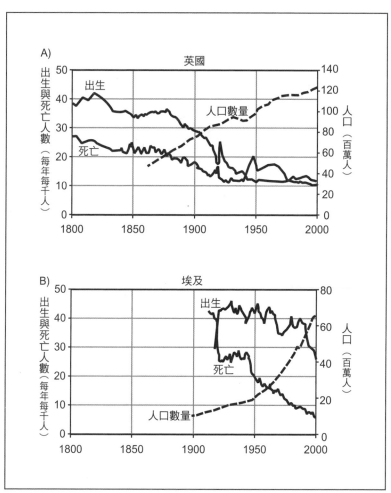

圖 2-6　工業國家（A）和工業化程度較低國家（B）的人口過渡情形
（續）

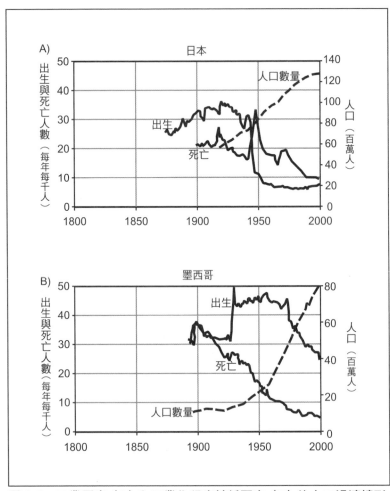

圖 2-6　工業國家（A）和工業化程度較低國家（B）的人口過渡情形
（完）

更新人口的程度，因此未來大部分國家都將面臨人口下降的情形。而少數國家人口之所以還在成長，係因為移民和人口動勢（demographic momentum，達到生育年齡的年輕人比超過生育年齡的中老年人多）兩項因素所致。

在南方，人口死亡率開始下降的時間較晚，但速度更快，因此出生率與死亡率之間出現很大的差距。此一地區經歷過遠高於北方所必須面對的人口成長率（北美洲的情形是個例外，因其吸納了大量來自歐洲的移民）。現在，南方有許多國家的人口已經成長十倍，而且還在成長中。這些國家的人口過渡完成之日尚遙遙無期。

對**為什麼**人口過渡和工業化之間存在明顯的關聯，人口學家有著不同的看法。人口變化的驅動力不單是收入增加這項因素，事情沒那麼單純。舉例而言，**圖2-7**顯示世界各國人均所得（以每年人均國民所得毛額〔GNI〕[7]計算）與人口出生率的相互關係。從中可看出高所得與低出生率之間有著明顯的關係。但也有非常特殊的例外，像中國以其人均所得的水準而言，卻有低得反常的出生率。而中東和非洲某些國家雖然人均所得都不高，卻有高得反常的出生率。

一般認為，與出生率下降有最**直接**關係的因素，不是經濟規模的大小或富裕的程度，而是經濟的改善對所有家庭成員（尤其是婦女）的生活造成實際影響的程度。例如教育與就業狀況（尤其是對婦女而言）、家庭計畫、嬰兒死亡率低，以及所得與機會的分配非常平等等因素，都是比人均國民所得毛額更重要的預測因素[8]。

從中國、斯里蘭卡、哥斯大黎加、新加坡、泰國和馬來西亞等等國家的人口變化情形可以看出，若大部分的家庭成員能具有

讀寫能力、享有基本的醫療服務，而且能做好家庭計畫，則即使
所得偏低，仍然能夠使出生率下降。

　　World3 模型中包含許多會抑制出生率的因素。我們假設，
更富裕的經濟會提供更優質的營養和更佳的醫療保健服務，因而
降低死亡率。還會改善家庭計畫並降低嬰兒死亡率，因而降低出
生率。我們假設，工業化會提高養育子女的成本並降低子女可直
接帶給父母的經濟利益，因而縮小人們所希望的家庭大小。我們

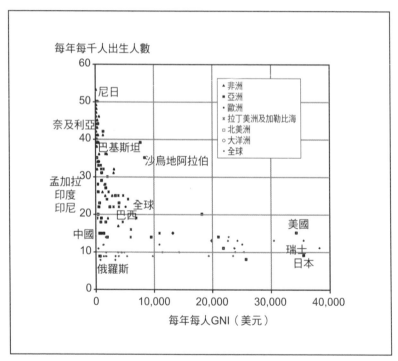

圖 2-7　2001 年的人口出生率和人均國民所得毛額
當一個社會變得更富裕後，人口出生率通常會下降。世界上最窮的國家中，
人口出生率從每年每千人出生人數二十人到超過五十人。最富裕的國家中，
無一出生率超過每年每千人二十人。（資料來源：PRB; World Bank.）

還假設，短時期內所得的增加，將讓家庭能在其所希望的子女人數的範圍內，養育更多子女；而短時期內所得無法增加，則會造成相反的結果[9]。

換句話說，此一模型提出有關長期人口過渡的假設，並探討短期所得的增加和減少造成的調節作用。此一模型先強化人口呈指數成長的趨勢，接著以壓力、機會、科技和工業革命的慣常作為等因素來緩和這種趨勢。

於新舊千禧年交替之際的「真實世界」中，人口仍然呈指數成長，雖然成長率是在下降中。造成成長率下降的原因很複雜，不是光靠人均所得就可以說明的。經濟成長並不能保證可以增進人類的福祉、讓婦女有更大的選擇空間或降低人口出生率，但絕對有助於達成這些目標。世界上最低的人口出生率的確是出現在最富有的國家中，雖然有某些值得注意的例外情形存在。職是之故，設法瞭解World3模型內以及現實世界中有關經濟成長的因果關係，就益發顯得重要了。

世界工業成長

有關經濟事務的公共討論，常出現觀念混淆不清的情形，原因在於大家未能將金錢與金錢所代表的實物區分開來[10]。此處，我們有必要將兩者區分清楚。**圖2-8**顯示我們如何以World3模型闡述經濟，如何在本書內討論經濟，以及為什麼我們認為在自然資源浮現限度之際討論經濟問題別具意義。我們強調的是**物質經濟**（physical economy），也就是受地球資源限制的實物經濟，而不是**貨幣經濟**。後者是社會創造的產物，不受地球自然法則的限制。

　　此處所稱的**工業資本**係指實際的硬體——用來生產製成品的機器和工廠。（當然，其運作需要有勞工、能源、原料、土地、水、科技、資金、管理、自然生態系統和生物地質化學流〔biogeochemical flows〕的支持。我們將在下一章回過頭來討論這些生產輔助因素。）我們將工業資本所製造的實物產品（消費品與投資貨物）流稱為**工業產出**。

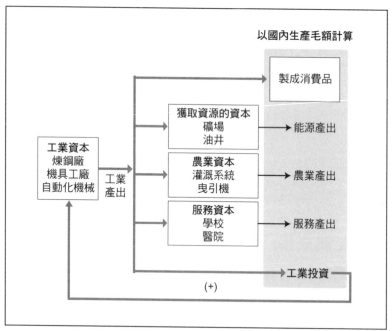

圖 2-8　World3 模型中的經濟有形資本流

工業產出的生產與分配是 World3 模型中模擬經濟動態的兩項重要因素。工業資本數量決定了每年工業產出的數量。工業產出分配於五個部門的情形取決於人們的目標與需求。有些工業資本供人消費，有些流向資源部門以獲取新的原料，有些流向農業部門以開發土地並增加土地的產值，有些投資於社會服務部門，其餘則再投資於工業部門以緩和折舊率並進一步增加工業資本的數量。

　　有些工業產出以裝備或醫院、學校、銀行和零售商店本身的建築物的形式存在，我們稱之為**服務資本**（service capital）。服務資本也有自己的產出流，此種產出流具有無形的、實質的價值，如醫療照護和教育。

　　工業產出的另一種形式為**農業資本**（agricultural capital），如牽引機、穀倉、灌溉系統、收割機等；此種資本會創造農業產出，以糧食和纖維為主。

　　有些工業產出包括了鑽探機、油井、開礦裝備、輸油管、幫浦、儲油槽、煉油廠和熔爐。所有這些裝備和設施均屬於**獲取資源的資本**（resource-obtaining capital），其生產的原料和能源流使得其他形式的資本能據以運作。

　　有些工業產出被歸類為**消費品**（consumer goods），如衣服、汽車、收音機、冰箱和房屋。人均消費品的數量，係人民物質福祉的一項重要指標。

　　最後一點，另外還有些工業產出會變回**工業資本**。我們稱此種情形為**投資**，如煉鋼廠、發電機、車床和其他機具等，均可緩和生產能量折舊的情形並增加工業資本的數量，因而可於未來創造更大的產出。

　　到現在為止，我們提及的都是有形物資而不是金錢。金錢在「真實世界」中所扮演的角色，在於傳達有關相對成本與貨物價值（由可在市場展現影響力的生產者和消費者所賦與的價值）的資訊。金錢對有形資本和產品的流動具有調節與刺激的功用。我們將**圖 2-8** 內最終商品與服務的全部產出之年度貨幣總值定義為國內生產毛額（GDP）。

　　我們將在各種圖表中提及 GDP，因為世界經濟活動的資料主要係以貨幣數額，而非有形物資的數量來表達。但我們關切

的是GDP**代表的事物**：有形資本的數量、工業產品、服務、資源、農業產品和消費品。使經濟和社會得以運作的是這些有形物資，不是金錢；取之於地球而最後又回歸大地、空氣或水域的是這些有形物資，不是金錢。

我們提過，工業資本可藉由自我再生而呈指數成長。代表工業資本自我再生的回饋結構，和我們先前繪製的人口系統回饋圈相似。

某一特定數量的工業資本（工廠、卡車、電腦、發電廠）只要有充分的投入（input），就可創造一定數量的產出（output）。每年產量的某個百分比會用於投資——購置紡織機、馬達、輸送帶、鋼材、水泥——俾用以增加資本數量而擴大未來的生產能量。就此而言，資本也有其「出生率」。用於投資的百分比是個變數，就像人類的出生率一樣，此一變數數值的大小，視人們

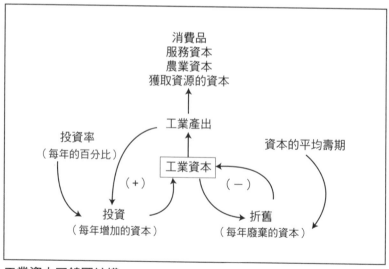

工業資本回饋圖結構

的決策、需求和所受的限制而定。由於獲取主要資本裝備，如鐵路、發電廠和煉油廠等所需的計畫擬定、經費支應和建造工作動輒費時數年甚或數十年，故工業資本的正回饋圈中會出現延遲的情事。

此外，資本和人口一樣，也有「出生圈」和「死亡圈」。當機器和工廠經損耗或在技術上落後時，便要停止使用或關閉、遭拆解、回收再利用及報廢。換句話說，資本折舊率和人口系統的死亡率頗為類似。現有資本愈多，每年損耗的數量愈多，隔年所剩的總量就愈少，除非有充足的新投資流入以更新損耗的資本。

就像工業化過程中出現人口過渡的情形一樣，經濟資本總量也會歷經明顯的成長和改變模式。工業化前的經濟，大體上屬於農業與服務經濟。隨著資本成長回饋圈的展開運作，所有經濟部門都會成長，但短時間內工業部門成長得最快。其後，當工業基礎已建立，接下來的成長主要將出現在服務部門（見圖2-9）。我們將此種過渡情形納入World3模型中暫時當做經濟成長的模式，除非我們刻意做出改變以檢驗其他的可能性[11]。

高度發達的經濟有時被稱為服務經濟，但事實上，此種經濟仍然需強固的農業和工業部門作為後盾。醫院、學校、銀行、商店、飯店和旅館都是服務部門的一環，這些設施所需的食物、紙張、燃料、裝備和所產生的廢棄物都得靠卡車運送。你只要量度服務部門企業的排水管流量和煙囪排煙量，就會瞭解這些企業需要有源源不斷地從「地球資源來源」流向「地球廢物吸收場所」的龐大物資。因此，工業部門和服務部門在造成人類生態足跡擴大方面，都扮演著重要角色。

煉鋼廠和礦場可能距離資訊經濟（information economy）的辦公室非常遙遠。但誠如圖2-9所示，即使在「後工業時代」的

經濟體制中，工業基礎並未式微。資訊本身是一種了不起、有價值且超脫實體的商品，但其經常儲存在桌上型電腦內。而直到1997年，製造一部桌上型電腦需使用55磅的塑膠、金屬、玻璃和矽原料，耗用150瓦電力，並產生139磅廢料。此外，製造、處理及使用資訊的人不只需要進食，還要開車、住房、在有冷暖氣的大樓內工作，而且甚至在現今的電子通信時代裡，都還要使用及丟棄大量的紙張。

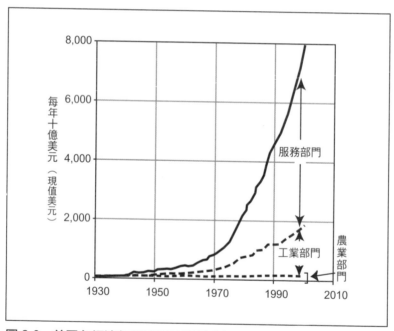

圖2-9　美國各經濟部門的國民所得毛額
美國服務、工業和農業部門的產值分布歷史，顯示出向服務經濟過渡的趨勢。值得注意的是，雖然服務部門的產值占經濟產值的最大部分，但工業與農業部門的絕對產值仍持續增長中。（資料來源：U. S. Bureau of Economic Analysis.）

　　造成世界資本系統成長的正回饋圈，已經使工業成長的速度超過人口成長的速度。1930-2000年，世界工業產出若以貨幣價值計算已成長十四倍（如圖1-2所示）。假如在這段期間世界人口維持不變，則人類的物質生活水準應該也成長十四倍，但因為人口也在成長中，故實際上人均產出（per capita output）只成長了五倍。1975-2000年，世界工業經濟的規模大約成長一倍，然而人均產出只成長了大約30%。

更多人、更貧窮、更多人

　　想要脫貧就必須追求成長，此點似乎不言而喻。但許多主張成長的人有所不知的是，依現今經濟體系的結構，成長並不會消滅貧窮；相反的，現今的成長模式會讓窮人翻不了身，並擴大貧富差距。1998年時，全球有超過45%的人每天得靠著2美元或更少的收入過活，這表示窮人比1990年時更多了，雖然在這將近十年的時間裡許多人的收入有暴增的現象[13]。自1930年以來，世界工業產出增加十四倍，的確使某些人變得非常富有，卻未能解決貧窮問題。因此，我們也不用期待工業產出再增加十四倍（假設在現實世界諸多極限的範圍內可能發生這樣的事），就可以消滅貧窮，除非我們能重新調整全球體制，讓最需要增加收入的人可獲得工業成長的好處。

　　在現今的系統中，經濟成長通常出現在原本已經很富有的國家，而其成果全流向這些國家內的少數最富有的人。圖2-10顯示世界十大國（以人口規模而言）與歐盟的人均國民所得毛額之成長曲線。這些曲線告訴我們，數十年的成長是多麼有效地拉大了貧富差距。

　　依據聯合國發展計畫（United Nations Development Program）的統計資料，1960年，世界上最富有國家內前20%最有錢的人，人均所得是最貧困國家內後20%最貧窮的人的三十倍。到1995年，這些最富者和最窮者人均所得的比率已經從以往的30：1增加到82：1。1960年，巴西國內較窮困的一半人口，收入占國民所得的18%，1995年，此一數據掉到12%。1960年，巴西最富有的10%人口收入占國民所得的54%，1995年，此一

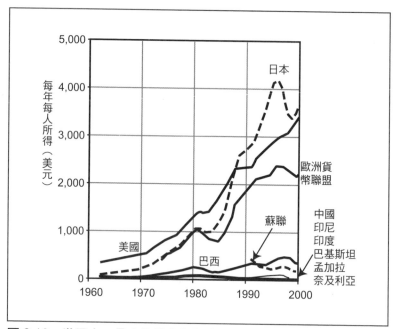

圖 2-10　世界人口最多的前十個國家及歐洲貨幣聯盟的人均國民所得毛額

經濟成長主要發生於原已非常富裕的國家。印尼、中國、巴基斯坦、印度、孟加拉和奈及利亞六國的人口總和幾乎占全世界的一半，但這些國家的人均國民所得毛額曲線和其他較富有國家的相關曲線出現在同一圖上時，只勉強浮出底部軸線。（資料來源：World Bank.）

數據攀升到63%[14]。另外，1997年非洲平均每個家庭的消費金額
比1972年時少了20%[15]。世界經濟經過一個世紀的成長後，已經
造成極其嚴重的貧富差距。圖2-11中的兩個指標，即不同收入
群體所分配到的國民生產毛額和能源，可充分說明這種現象。

　　身為系統動態學家，每次見到某種行為模式長時期出現在一
個系統的許多組成部分，我們就會假設，造成這種現象的原因已
深植於此一系統的回饋圈結構中。若不修改此一結構，就算讓系
統進行更徹底或更快速的運作，也無法改變這種行為模式。成長
向來都會增加貧富差距。持續的成長絕對不可能縮小此種差距。
惟有改變系統結構──也就是其因果關係鍊──才能縮小此種差
距。

　　什麼樣的結構會在即使出現大幅經濟成長的情形下，仍然持

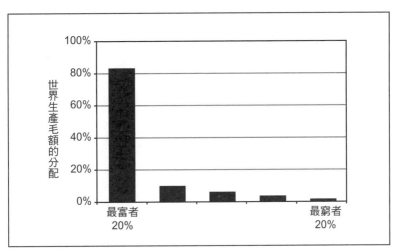

圖2-11　世界貧富不均的現象

全球財富和就業機會的分配極不平均。世界上最富有的 20% 人口掌控了超
過80% 的世界生產毛額，而且使用了將近60% 的世界商業能源。（資料來源：
World Bank.）

續造成貧富差距的擴大？依我們的瞭解，有兩種結構會造成這種效應。第一種結構與社會安排有關——有些安排在許多文化中非常普遍，有些則為特殊文化中的獨特現象——**社會有計畫地讓特權分子擁有權力和資源，俾利他們進一步獲取更多特權。**這方面的例子從公開或祕密的種族歧視到讓富人鑽稅制的漏洞，從任令窮人的子女營養不良到讓富人的小孩接受最好的教育，從用錢買通政治關係（即使是在民主國家中）到利息的支付從錢不夠用的人流向錢太多的人等等。

在系統學中這種結構稱為「讓成功者愈成功」的回饋圈[16]。此一回饋圈讓成功者擁有進一步獲得成功的手段。任何社會若不能用心施行相關的制衡結構以追求平等的發展環境，則這種不良現象將變得非常普遍。（制衡結構的例子包括反歧視法規、稅率隨個人財富的增加而提高、普及教育和醫療保健、以「安全網」援助陷入困境的人，及以民主程序區隔政治與金錢影響力。）

我們並沒有在 World3 的模型中闡述這種「讓成功者更成功」的回饋圈。因為 World3 不是用來分析所得、財富或權力分配的模型，它要探討的重點，在於世界經濟與成長極限之間的整體關係[17]，故此一模型假設現今的分配模式仍將持續下去。

然而，World3 模型中倒是有一種結構，可以反映我們在本章討論過的人口與資本系統關係。此一結構會使貧窮狀態、人口成長以及世界系統超越極限的傾向長時期延續不輟。此一結構必須改變，人類才可望擁有永續世界，有關此點，我們將於稍後的數章中加以說明。

富人比窮人更容易儲蓄、投資，並使他們擁有的資本倍增。此一事實產生了長時期延續貧窮狀態的結構。富有的人不但擁有更大的權力可控制市場環境、採購新科技及掌控資源，而且幾個

世紀以來的經濟成長為他們累積了龐大的資本，這些資本本身會呈倍數成長。現今人類的基本需求已獲得滿足，因此可以在生活必需品不虞匱乏的情形下，從事相當高比率的投資。而人口成長趨緩，使我們得以將更多的產出用於達成經濟成長，將較少的產出用於滿足快速擴張的人口所衍生的保健和教育需求。

相形之下，貧窮國家資本的成長難以趕上人口的成長。原本可用來進行再投資的產出，比較可能用於滿足學校、醫院，以及民生消費的需求。由於眼前的需求造成產出所剩無幾，用於工業投資的數額相當有限，故經濟成長緩慢；人口過渡因而半途停頓，出生率與死亡率的差距也拉大。當婦女看不到吸引人的受教育或從事經濟活動的機會，只好選擇多生小孩，畢竟小孩是她們所能做的極少數投資之一；如此一來，人口只會變多，不會變富。誠如俗諺所說，「富人發大財，窮人生小孩。」

在國際研討會中，與會者可能會為了下頁圖的回饋圈中哪個箭頭最重要：是貧窮導致人口成長，還是人口成長導致貧窮，而吵得不可開交。

事實上，這個正回饋圈中的所有部分都對貧窮地區的人口成長模式有重大的影響。其所構成的「系統困境」，也就是「讓失敗者更失敗」的回饋圈，會使窮人無法脫貧，人口愈來愈多。不將產出用於投資而用於消費，則人口的成長將遲滯資本的成長。而貧窮會使人們無法掙脫欠缺教育機會、欠缺醫療保健服務、欠缺家庭計畫、欠缺選擇、欠缺權力，且除了希望靠子女賺錢養家、分擔家計外，看不到前途的困頓狀況。此一現象會反過來造成人口永無止境的成長。

圖2-12顯示此種困境造成的結果。過去二十年來，南方的每個地方的糧食產量都大幅增加。而世界上大部分地區糧食產量

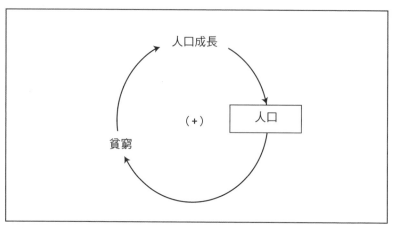

貧窮與人口的關係

也增加了一到二倍。但由於人口的快速成長，人均糧食產量的增加因此變得微不足道，非洲的人均糧食產量更呈現穩定下降的情形。只有歐洲和遠東地區的糧食產量，明顯地維持超過人口成長的態勢。

　　圖2-12的數個圖表，顯示糧食產量的趨勢所造成的雙重災難。第一是對人類造成的災難。話說農業發展獲致重大成就後，糧食產量因而大幅增加，但這些糧食並未讓人吃得更好，而是讓更多人吃不飽。第二是對環境造成的災難。導致糧食產量增加的政策，連帶也對土壤、水域、森林及生態系統造成破壞。此一代價將使得未來糧食的增產益形困難。

　　貧窮問題愈嚴重，代表人口愈來愈多，而人口愈多，又回過頭來造成貧窮問題的惡化。貧窮問題獲得緩解，代表人口的成長趨緩；而此點又回過頭來造成貧窮問題的進一步緩解。是故，假如能長時期持續投資於農業生產、能定出公平的農產品價格及勞力的報酬、能將增加的產出以更直接的方式分配給窮人，尤其是

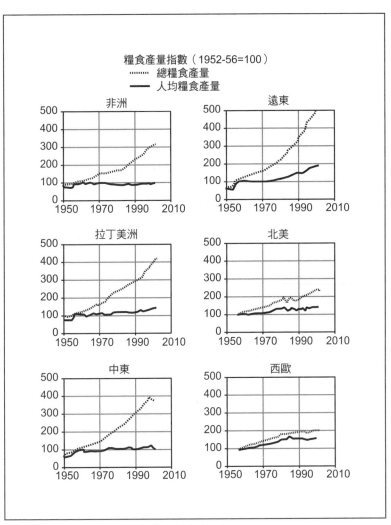

圖 2-12　世界各地區糧食產量增加情形

過去五十年中，世界上饑荒最嚴重的地區，糧食總產量指數（將 1952-56 年的指數定為 100）增加了一到二倍，但人均糧食產量指數的改變卻微不足道，因為這些地區的人口成長速度幾乎和糧食產量增加速度一樣快。就非洲的情形而言，1996-2001 年間，人均糧食產量下降了 9%。（資料來源：FAO.）

分配給婦女的就業和教育領域及家庭計畫工作，將可扭轉「人口－貧窮」回饋圈的效應。此外，社會改革也可降低人口成長率，並讓更多投資挹注於工業資本，以產生更多貨物和服務。貨物和服務的消費增加，將可進一步降低人口成長。

世界某些地區，由於整體人口（尤其是窮人）的福利受到充分的重視，上述回饋圈的效應正在轉變中。此乃世界人口成長率下降及人口過渡能持續進行的原因所在。

但於其他地區，由於不平等是文化上的普遍現象、投資於公共福利的資源和意願都付之闕如，或財務運作失效等原因，導致必須進行「結構性調整」而將教育和保健投資挪作他用，故人民的生活並未見普遍的改善。這些深陷貧困而又快速成長的人口，可能會面對其成長率戛然而止的重大危險，而罪魁禍首不是出生率的降低，反倒是死亡率的攀升。事實上，在21世紀初期，辛巴威、波札那、納米比亞、尚比亞和史瓦濟蘭等國，都可能出現人口零成長的情形，原因至為悲慘：年輕人以及孩童大量死於愛滋病[18]。

人口和工業生產的指數成長現象，已深植於「真實世界」社經體系的自我再生結構中，並透過複雜的運作，使世界某些地區可能出現人口成長緩慢、工業成長快速的趨勢，其他地區則可能出現工業成長緩慢、人口成長快速的趨勢。但整體而言，人口和有形資本都在持續成長中。

這種有形成長會永遠持續下去嗎？我們的答案是「不會」！人口和資本的成長會擴大人類生態足跡——也就是人類加諸於世界生態系統的負擔——除非我們能拿出有效的辦法防止這種事情的發生。理論上，我們是可能透過科技及其他手段快速縮小生態足跡，俾使人口和工業資本得以永續成長；但事實上，我們做不

到這點。今天，全世界的實驗證據均顯示，生態足跡並沒有縮小的跡象。生態足跡持續在擴大中（見作者序內圖 P-1），雖然其擴大的速度比經濟成長的速度來得慢。

生態足跡擴大到超過可永續存在的程度後（現在已經如此），最後勢必會開始縮小——不論是藉由人為方法（如快速增加生態效率）或自然現象（如森林消失後，木材的使用量自然下降）。生態足跡終究會停止再擴大，問題是什麼時候，以什麼方式。

將來人口的成長也會停止，不論是出生率進一步下降或死亡率開始上升，抑或兩項因素兼而有之；同樣的，工業成長也將停止，不論是投資率下降或工業資本開始加速折舊，或兩者兼而有之。假如我們能預見這些趨勢，或許可以進行合理的控制並做出最佳選擇；假如我們忽視了這些趨勢，則大自然將顧不了人類的福祉，而會自行選擇最後的結果。

出生率與死亡率、投資率與折舊率，將會受到人類的選擇或來自自然資源循環系統的回饋所抵銷。指數成長曲線的走勢會趨緩、轉向、呈水平或下降狀態，屆時人類社會和地球可能面對悲慘的狀況。

將事情歸類成「壞」或「好」並信之不渝，可說再容易不過了。好幾個世代以來，人口成長和資本成長都被歸類為不折不扣的好事。在地球的人口還很少且資源仍非常豐富時，的確有很好的理由做出這種正面的評價。現在，當我們愈來愈瞭解生態上的極限後，還真想將所有的成長都歸類為壞事。

處在一個極限顯現的時代裡，我們必須有更精細、更嚴謹的分類方式。有些人迫切需要更多糧食、能遮風避雨的住所和生活物資，有些人迫切需要利用物質資源的成長以滿足他們在其他方

面的需求——真確但非物質的需求，如被接納、自我價值感、社交活動及認同感。因此，我們在談及成長時，毫無質疑地加以肯定或否定都是沒有道理的。我們應該問的是：**哪個領域的成長？為誰而成長？代價為何？由誰支付？眼前的真正需求是什麼？欲獲得此一滿足所應採行的最直接、最有效的方法為何？需要多大的量才足夠？所要分攤的責任是什麼？**

這些問題的答案可為我們指出一個朝富足、平等的社會發展的方向。另外還有些問題可以指引我們朝一個永續社會的目標邁進：**在一特定的生態足跡範圍內，某一特定的生產流將可供養多少人？其物資消費水平為何？可維持多久？支持人類和其他所有物種生存及經濟發展的自然系統受到多大的壓力？此一支持系統承受壓力的韌性如何？壓力的種類與數量為何？多大的壓力才算過量？**

欲回答這些問題，我們必須將注意力從成長的原因轉移到成長的極限上。這正是第三章的目標。

|第三章|
限度：源頭和終點

為了維持或降低資源的成本，我們採用的科技常常
需要不斷增加直接與間接燃料的使用量。……此種
作法耗費甚鉅但實屬必要，我們必須將愈來愈多的
國民所得改用於資源加工部門，期能供應相同數量
的資源。

——世界環境與發展委員會，1987年

我們之所以擔心自然界會崩解，並不是因為我們認為地球的
能源和原料已經快要耗竭。事實上，World3模型中的每一種設
想狀況都顯示，到2100年，世界仍將保有1900年時的大部分資
源。我們的擔心是來自於分析World3中的各種推測後的結論：
開發地球資源來源（源頭）和利用廢物吸收場所（終點）的成本
將愈來愈高。

有關此種成本的資料並不充分。對此一議題的辯論卻非常熱
烈。然而，我們依據所獲得的證據可以推論：再生資源開採量在
成長中，非再生資源出現耗竭的情形，而且廢物吸收場所已快被
填滿，這些現象加總起來，正緩緩地、勢不可擋的提高維持經濟
物質流的數量和品質所需的能源和資本的總量。這方面成本的提

高，牽涉到自然界、環境與社會相關因素。最後，這種成本會高到讓工業成長無以為繼的程度。當此一情形出現後，原本可擴大物質經濟規模的正回饋圈之運作方向將倒轉過來，造成經濟規模開始萎縮。

我們無法證明以上的論斷。我們可以設法使其看起來言之成理，然後提出某些建設性的反應。為達成此一目的，我們在本章內列舉了大量有關資源來源和廢物吸收場所的資料。維持新世紀的世界經濟和人口成長需要各式各樣的資源，我們將概述這些資源的現況及未來的展望。會對經濟發展和人口成長造成影響的因素可說五花八門且不勝枚舉，但我們可將之分成兩大類。

第一類包括用來支持所有生物與工業活動的自然要素，如肥沃的土地、礦物、金屬、能源，以及可吸收廢物並調節氣候的地球生態系統。原則上，這些要素是有形的、可數的，例如可耕地和森林的公頃數、淡水的立方公里、金屬的噸數，和石油的10億桶數量。然而，實際上這些要素卻很難加以量化。其總體數量是無法確定的。

這些要素彼此會互動——某些要素可以取代或生成其他要素，因此欲得知相關的確切數據益形困難。此外，有關**資源、蘊藏量、消費**和**生產**等名詞的定義都不夠嚴謹；科學本身未臻完備，且官僚體系又經常基於本身的政治和經濟目的而扭曲或隱藏相關數據。另一方面，有關實體世界的資料常常是以經濟指數——如貨幣價格——表達，須知，價格取決於市場，遵循的法則也與支配自然資源的法則大異其趣。儘管有以上的現象存在，我們在本章內仍將焦點集中於自然要素上。

第二類與成長需求有關的因素包括多項社會要素。即使地球的自然系統有能力支持更龐大、工業化程度更高的人口，但經濟

和人口的實際成長，將取決於諸多社會要素：如和平與社會的穩定、公平與個人的安全、誠實且有遠見的領導人、教育和對新觀念的開放、承認錯誤和進行實驗的意願，以及促成穩定而適切的技術進步所需的制度基礎。

這些社會因素很難評估，更不可能進行精確的預測。本書及書中的 World3 模型都未詳細、明確的探討這些社會因素。因為我們欠缺相關資料及可信手拈來的理論，故無法將這些因素納入正式分析中。但我們瞭解，肥沃的土地、充足的能源、必要的資源以及有益健康的環境，是成長的必要條件，卻不是充分條件。就算這些資源的存量非常豐富、這樣的環境確實存在，但我們想擁有這些要素時，會受到社會問題的阻礙。然而，我們在此處假設，世界是處於最佳的社會狀況中。

人口和資本工廠所使用的原料與能源並非憑空而來，而是我們在地球上開採得來的。原料與能源不會消失：當原料已經沒有經濟上的用處後，會被回收運用或成為廢物與污染物；能源經使用後，會成為沒有價值的熱流而被排放於空氣中。原料與能源會源源不斷地從地球的**資源來源**經由**經濟次系統**流向地球的**廢物吸收場所**（見**圖 3-1**）。回收利用和更乾淨的生產過程，可以大幅降低每一消費單位的廢物和污染量，但無法完全杜絕。

人們為了成長、維持身體健康、過著具有生產力的生活，及獲取資本和繁衍後代，必須有食物、水、乾淨的空氣、住所，及許多種類的物質。機器和建築物為了生產貨物和提供服務、獲得修理，及建造更多的機器和建築物，必須使用能源、水、空氣，以及各式各樣的金屬、化學原料和生物原料。資源來源生產這些資源流的速度和廢物吸收場處理這些資源流的速度不能超越某種限度，否則將會對人類、經濟或地球本身的自我再生與調節過程

造成損害。

　　這些限度的性質非常複雜，因為資源來源和廢物吸收場所本身就是一個相互關聯的動態系統的一部分，並由地球的生物地質化學循環來維持其運作。限度有短期性的（如提煉完成並儲存於儲油槽中待用的石油數量）和長期性的（如地底下可供開採的原油蘊藏量）。資源來源與廢物吸收場所之間會進行互動，而且某些自然系統可能同時扮演兩者的角色。舉例而言，一塊土地可能既是糧食作物的來源，又是空氣污染所造成的酸雨的吸收場所。這兩種功能的成效存在著相互消長的關係。

　　經濟學家赫曼・戴利（Herman Daly）所提出的三項簡單原則，有助於我們定義原料和能源永續生產的限度；這三項原則為[1]：

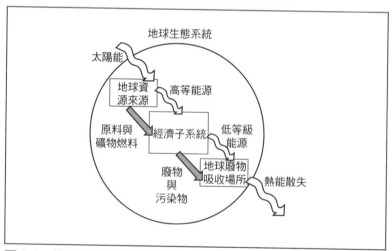

圖3-1　地球生態系統中的人口與資本

取自地球的燃料與非再生資源支持了人口和資本的成長，而這些燃料和資源所衍生的熱流和廢物，會污染空氣、水和土壤。（資料來源：R. Goodland, H. Daly, and S. El Serafy.）

- 就**再生資源**（土壤、水、森林、魚源）而言，其永續使用率不能大於其來源再生率。（例如，當捕魚率大於剩餘魚群生長率時，則漁獲量將無以為繼。）

- 就**非再生資源**（化石燃料、高等級礦產、地下水）而言，其永續使用率不能大於某一再生資源取代其角色的速率。（舉例而言，一處石油蘊藏的永續使用方式是，由它產生的部分利潤能有計畫的投資於風力發電機、太陽電池及造林工作，以便在此一油藏耗竭後仍有另外的再生能源可供使用。）

- 就**污染**而言，其永續排放率不能大於其被回收利用、吸收或其於吸收場所轉化為無害物質的速率。（舉例而言，污染能永續排放至河流、湖泊，或地下水層的速率不能比細菌及其他微生物吸收其養分的速率來得快，否則將破壞地下水層的生態系統。）

任何活動若造成再生資源的數量減少，污染物吸收場的範圍擴大，或非再生資源數量減少卻沒有某一再生資源可以取代，則此一活動將無法永續進行。換句話說，此一活動遲早要沒落。在學術界、商界、政府與民間機構針對戴利的三項原則所進行的許多討論中，我們從未聽到有挑戰這些原則的言論（但也幾乎從未發現有人真正用心奉行這些原則）。假如有達成永續性的基本法則存在，那麼這三項原則必然包含在其中。今天的問題不在這些原則正確與否，而在於全球經濟活動是否尊重這些原則，以及果真如此會發生何種結果。

我們將以戴利的原則，很快的對人類經濟活動所使用的各種資源來源與廢物吸收場所做一番檢視。首先從再生資源開始，我

們要問：**這些資源的耗用速度是否比其再生的速度快？**按照定義，其數量必定會逐漸減少的非再生資源，我們要問：**高品質原料耗用的速度有多快？為獲得這些資源需要使用多少能源和資本？**最後，對於污染物與廢物我們要問：**使這些衍生物變成無害物質的速度夠快嗎？這些物質是否正堆積在環境中？**

World3模型並不會回答這些問題（本章討論的內容並不是建立在此一模型的基礎上），要找到答案，我們必須依據相關的全球資料（假如有這樣的資料的話），逐一對資源的來源和廢物吸收場所進行分析[2]。而在本章中，我們將只討論幾項資源來源或廢物吸收場所彼此互動的情形。（如生產更多糧食需要更多能源，或是生產更多能源所造成的污染可能改變氣候，並影響農作物的產量。）

此處討論的各種限度是現今世界上科學家都瞭解的，故我們不保證這些限度算得上是最重要的議題。未來會出現我們料想不到的狀況，其中有令人愉悅的，也有令人不快的。本章提到的幾種科技，未來勢必不斷進步。但另一方面，我們今天完全無法看出來的新問題，未來會變得顯而易見。

我們相當仔細地探討了地球自然要素的現況與未來的展望。對於人類與成長極限的關係，我們的分析可能無法提供讀者一個簡單明瞭的概念；但將有助於使讀者進一步瞭解各種限度以及現今政策對這些限度的影響。雖然我們對於人類在有關「極限」的理解上的差異抱持客觀包容的態度，但本章提出的證據應可讓讀者相信我們以下的論點：

- 現今人類經濟活動使用許多重要資源的速度及產生廢物的速度，都無法長期持續下去。資源的來源已近耗竭。廢

物源源不斷流入其吸收場所，有些地區已出現廢物滿溢的情形。大部分的產量流將無法長時期維繫，雖然目前其流動速率已經減緩。我們預判許多產量流將於本世紀達到高峰，接著就要走下坡了。

- 我們並不需要這麼高的物資產量流動速率。科技、分配和制度方面的改變，可大幅降低此一速率，並維持，甚至改善全人類的生活品質。

- 人類加諸自然環境的負擔，已超過可以維持永續性的程度，此種情形無法再持續一或二個世代。人類健康和經濟活動因此所受到的不良影響已經非常明顯。

- 原料的實際成本正在增加中。

　　有關人類對自然環境造成負擔的概念，是極其複雜而且不易量化的。此處，我們處理此一問題的最佳方法是使用生態足跡的觀念。我們將這個概念定義為人類對大自然的總體影響：資源的開發、污染物的排放、能源的使用、生物多樣化的遭到破壞、城市化及有形物質成長造成的結果等所構成的整體效應。我們很難測量這種概念，但過去十年間，此方面已有長足的進步，未來當然會持續進步。

　　本書在序中提到一個頗為看好的方法：將人類從生態系統中取用的所有資源，換算成無限期持續提供「生態服務」所需土地公頃數。地球上土地的公頃數是有限的，因此這個方法為「人類是否過度使用現有資源」的問題提供了一個答案。序中的圖 P-1 顯示此一答案是肯定的。依據生態足跡測量法，在新舊千禧年交替之際，人類所需使用的土地面積，是地球現有土地面積的 1.2 倍。簡言之，人類的需求已經超過地球限度 20%。所幸，有很多

方法可以解除這種壓力，使人類的需求降回各種限度之內，俾地球能以更具永續性的方式滿足人類的需要和期望[3]。

再生資源來源

◎糧食、土地、土壤

　　大部分優質農地都已利用來生產糧食，而要進一步將其餘的森林、草原和濕地動植物棲息區都開發成為農地，對環境造成的代價是可想而知的。……地球上尚未被利用的土壤，其生產力較低，而且較容易被破壞。……某一項對地球土壤侵蝕狀況的分析報告估計，現今地球表土的流失速度，是地球本身可加以更新的速度之16-200倍，因地而異。

　　——世界資源協會（World Resources Institute），1998年

　　1950-2000年，世界穀物產量增加了兩倍多，從每年大約5億9000萬公噸增加到20億公噸。1950-75年，穀物的產量每年平均增加3.3%，而於這段期間人口的成長率為每年平均1.9%（見圖3-2）。然而，過去數十年間穀物產量的增加率已趨緩，直到低於人口成長率後才停止。人均穀物產量於1985年達到高峰，隨後出現緩緩下降的趨勢[4]。

　　儘管如此，起碼在理論上，世界有足夠的糧食餵飽每一個人。2000年左右，世界穀物的總產量可以養活80億人，不過先決條件是：分配要平均、不能拿來當動物飼料、不能遭昆蟲鼠類所毀壞、也不能在運送途中腐爛。穀物的產量大約占全世界農產品總量的一半（以卡路里計算），若再加上每年所生產的塊莖類

作物、蔬菜、水果、魚類及食草性動物產品，要在新舊千禧年交替之際，讓60億人都能享有多樣化、有益健康的糧食，是綽綽有餘的[5]。

　　然而事實上，農作物採收後，其數量因故損失的情形，依作物本身的種類和所在地的不同而有差異，一般約占原本產量的10-40%[6]。尤有甚者，糧食的分配非常不平均，許多糧食被拿來餵養牲畜而非人類。因此，雖然理論上人類擁有充足的糧食，但捱餓的情況無日無之。依聯合國糧食及農業組織（Food and Agriculture Organization, FAO）的估計，世界上起碼有8億5000萬人長期處於吃不飽的狀態[7]。

　　這些捱餓的人口中以婦女和孩童占多數。開發中國家中每三

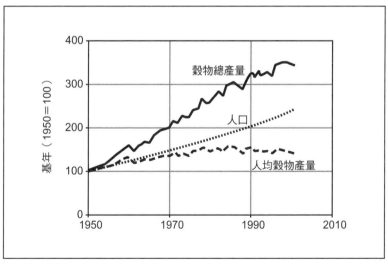

圖 3-2　世界穀物產量

2000 年時世界穀物的產量是 1950 年時的三倍多。然而，由於人口也在成長，人均穀物產量於 1980 年代中期達到高峰後即開始微幅下降。儘管如此，現在人均穀物產量仍然比 1950 年時高出了 40%。（資料來源：FAO; PRB.）

個孩童就有一個營養不良[8]。印度長期處於捱餓狀態的人大約有2
億人，非洲超過2億人，孟加拉4000萬人，阿富汗1500萬人[9]。
此外，全世界每年有9000萬人死於與飢餓有關的原因，平均每
天的死亡人數為2萬5000人。

　　目前雖然人口數量增加，但捱餓的人數大致上維持不變，而
且據估計，每年死於飢餓的人數正緩慢減少中。這是一件了不起
的事。在人口不斷增加、自然資源的使用已迫近極限的情形下，
飢餓問題竟然沒有惡化。但世界上仍有少數地區有嚴重的飢餓問
題，而長期營養不良的問題則更為普遍。

　　飢餓問題長期存在，並不是自然環境的極限造成的──目前
還不到這個地步，地球還可以生產更多糧食。**圖3-3**顯示數個國
家及全世界穀物產量的走勢。由於土壤品質和氣候的差異，我們
不能期望世界上每一公頃農地的產量，都可以和條件最佳地區的
一樣高；但若能善用現今已經很普遍的技術和耕種方法，當然可
以提高產量。

　　聯合國糧食及農業組織的一份有關拉丁美洲、非洲及亞洲的
一百一十七個國家之土壤與氣候的詳盡研究報告指出，這些國家
假如能充分利用所有的潛在可耕地，並且善用科技以盡可能提高
糧食產量，則其中只有十九個國家**無法**靠自己的土地養活本國於
2000年時的人口。依這份報告的說法，假如所有可耕地都能用
於生產糧食、假如土地沒有遭受侵襲、假如有完善的管理和理想
的天氣，以及農用化學物品的使用可不受限制，則這一百一十七
個國家的糧食產量可能是現在的十六倍[10]。

　　當然這些假設並不切實際。因為實際的天氣和耕種的方法不
可能趨近完美，因為土地必須用於生產糧食以外的用途（如保留
作森林地、草原、人類住所、集水保護區和生物多樣性保護區之

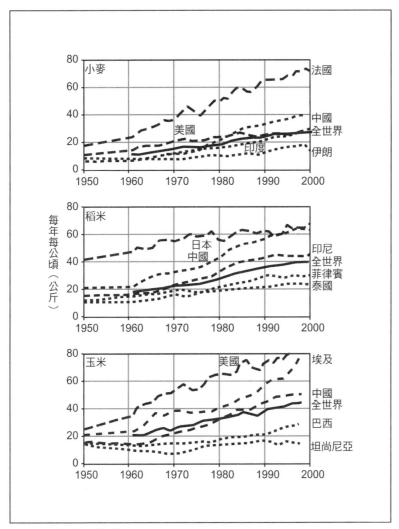

圖 3-3　穀物單位產量

工業化國家的小麥、稻米和玉米的產量都很高。某些正進行工業化的國家，如中國、埃及和印尼，穀物產量增加得很快。而其他工業化程度較低國家，穀物產量仍然偏低，但有大幅增加的潛力。為了淡化每年氣候變數的影響，圖內的產量為每三年一次的平均值。（資料來源：FAO.）

用），因為肥料和農藥的使用有後遺症，所以糧食生產的實際極限是遠低於理論上的極限。事實上，誠如我們所見，自1985年以來，人均穀物產量一直在下降中。

　　二次世界大戰以來，開發中國家的農業生產量與生產力已有明顯的成長。雖然在許多農業地區，這種成長顯然具有永續性，但其他地區是靠非永續性方法達成的：第一種方法是開墾生產潛力較低或較脆弱的新農地；第二種方法是藉由耗盡土壤的肥沃度或破壞土壤資源根基以達到增加生產的目的[11]。

　　糧食生產面臨的最明顯極限在於土地本身[12]。據估計，地球上潛在的**可耕地**面積，視可耕地的定義而定，從20億到40億公頃不等。其中大約有15億公頃實際上種植了農作物，三十多年以來，此一面積幾乎維持不變。糧食產量的增加幾乎全來自土地生產力的增加，而非土地面積的擴大。但此點並不表示現在耕地面積能永續增加糧食生產。新的農地持續加入糧食生產行列，而曾經頗富生產力的土地因為侵蝕作用、鹽分積存，喪失的農地大致上和新增的農地相當。由於最優質的土地通常最先被開墾，故原本的肥沃土壤已漸漸降低品質，而更多的貧瘠土地正被開發作為糧食生產之用[13]。

　　依聯合國環境計畫於1986年的估計，過去一千年中，人類已經使20億公頃的可耕地變成荒地[14]。此一面積比現今世界農地總面積還大。有將近1億公頃的灌溉農地已經因為鹽漬化而變成無用之地，另有1億1000萬公頃的農地出現生產力下降的情形。腐植土也在加速消失中。工業革命前，腐植土消失的速度為每

年2500萬噸；過去數百年期間，消失的速度為每年3億噸；過去
五十年期間，消失速度高達每年7億6000萬噸[15]。腐植土的消失
不只會破壞土壤的肥沃度，還會增加大氣層中二氧化碳的濃度。

　　第一份將數百位各地區專家所做的比較研究彙整而成的全球
農地消失狀況評估報告於1994年出爐，這份報告指出，現今人
類所種植的農地中，有38%（5億6200萬公頃）已降低使用價值
（另有21%的永久性牧場和18%的森林面臨同樣情形）[16]。下降的
情形有的很輕微，有的則很嚴重。

　　我們現在仍無法找到有關農地變更為道路與住宅用地的全球
數據，但想必數量十分龐大。據估計，雅加達市正以每年吞噬掉
2萬公頃農地的速度擴張中。越南每年有2萬公頃的稻田變為城
市開發用地。1989-94年期間，泰國有3萬4000公頃農地變成了
高爾夫球場。中國於1987-92年間，共有6500萬公頃可耕地改作
土地開發之用，但同一時期有3800萬公頃的森林和牧場開墾成
為農地。美國每年則有大約17萬公頃農地鋪成公路[17]。

　　長此以往，可能造成兩種再生資源來源的消失。第一種是耕
地土壤品質（深度、腐植土的含量、肥沃度）的喪失。此一現象
可能在經過很長的時間後仍不會反映在糧食的產量上，因為土壤
所含的養分可由化學肥料更新[18]；換句話說，化學肥料會遮蔽事
實。對農業系統而言，肥料本身是一種非永續性投入，使用肥料
會讓土地喪失肥沃度的跡象延緩呈現出來。這一點是造成超過限
度現象結構性因素之一。

　　第二種無法永續使用的資源來源就是土地本身。假如有數百
萬公頃農地的使用價值降低而棄置，但耕地的面積大致上仍維持
不變，此點不啻表示，潛在可耕地（主要為森林，我們稍後將討
論此一議題）的面積正在縮小，而不具生產力的荒地面積正在擴

大。也就是說，我們必須不斷找尋新的耕地，同時不斷放棄養分耗竭、受鹽漬化、受侵蝕或被鋪成道路的土地，才能生產足夠的糧食流，俾長時期持續供養龐大的人口。這種作法顯然無法永久為之。

　　假如人口呈指數成長，而且耕地面積大致上維持不變，表示人均耕地面積在減少中。事實上，此一數據已經從1950年的每人0.6公頃下降到2000年的每人0.25公頃。在人均耕地面積減少的情形下，地球仍能夠繼續餵飽日漸增多的人口，主要原因在於單位面積的農產量一直在增加中。1960年時每年每公頃稻田平均生產2噸稻米，1995年增加到3.6噸，而實驗稻田的最高產量高達每年每公頃10噸。美國玉米的產量從1967年的每公頃平均5噸增加到1997年的8噸以上，而最能幹的農夫逢上好時年，產量可達到每公頃20噸。

　　有關未來農地可能不敷使用一事，以上的所有資料提供了我們什麼訊息？圖3-4顯示耕地總面積、人口成長、平均農產量與人民營養標準之間的相互關係。

　　圖中顏色較深部分顯示可耕地的總數量，其面積從現今的15億公頃到理論上限的40億公頃。深色部分上方的農地，生產力遠不如下方的農地。當然，耕地的總面積可能會減少，但我們在圖3-4中假設沒有損耗。在每一設想狀況中，我們進一步假設全球人口將依聯合國的中間預測值成長。

　　顯而易見，糧食的生產速度會變慢而且所需成本會增加。1999年，美國有些農業專家已經開始擔心會出現「生產停滯期」[19]。侵蝕作用、氣候改變、化石燃料昂貴、地下水位降低和其他因素可能會降低現今糧食生產水平，但我們在圖3-4中假設，本世紀中糧食產量將維持不變甚或倍增。

　　假設現今糧食產量維持不變:曲線(a)顯示,欲養活全球人口並使其享有2000年時西歐的平均營養標準,所需要的農地面積;曲線(b)顯示,欲在整個21世紀中養活全球人口,但任其處於現今營養不良的狀態,所需要的農地面積。假設糧食產量能倍增:曲線(c)顯示,欲養活全球人口並使其享有2000年時西歐的平均營養標準,所需要的農地面積;曲線(d)則顯示,欲在整個21世紀中養活全球人口,但任其處於現今營養不良的狀態,所需要的農地面積。

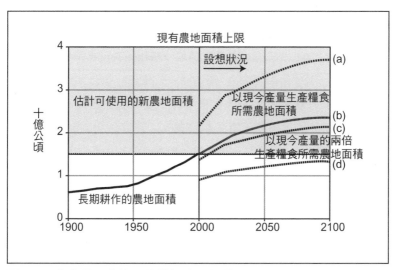

圖 3-4　未來世界農地面積增加的可能狀況

21 世紀世界農地面積可能在 15-40 億公頃,如圖上方顏色較深部分。此處我們假設人口係依聯合國的中間預測值而成長。2000 年之後的設想狀況顯示,以現今每公頃產量和現今每公頃產量的兩倍來生產糧食,以維持現今全球平均營養標準和達到 2000 年時西歐平均營養標準,所需要的四種農地面積。(資料來源:UN; FRB; FAO, G. M. Higgins et al.)

> 　　玉米的產量呈現出一種明顯的模式，也就是平均而言是在穩定地增加中，但產量最大的地區在過去二十五年中，其實際產量並沒有改變。玉米的平均年產量持續以每公頃 90 公斤的比率在增加中，但是投資於玉米培育研究的費用已經增加四倍。當每向前邁進一步都備感困難時，收益下降的跡象已然浮現。
>
> 　　　　　　——肯尼士·卡斯曼（Kenneth S. Cassman），1999 年
>
> 　　關於本世紀的下半葉要如何維持糧食產量的成長，我無法找到可以讓自己信服的答案。
>
> 　　　　　　——弗農·陸坦（Vernon Ruttan），1999 年
>
> 　　稻米的最大產量三十年來維持不變。我們已經進入了產量停滯期，其原因並不容易說清楚。
>
> 　　　　　　——羅伯·盧米斯（Robert S. Loomis），1999 年

　　從圖3-4中讀者可以看出，人口的指數成長可能很快就會將原本非常充裕的農地變得不敷使用。

　　但圖3-4也顯示，視資源根基的韌性及人類的科技和社會彈性而定，是有許多方法可對此一趨勢做出調適的。假如農地沒有受到進一步損耗、假如全世界的糧食產量能倍增、假如品質下降的農地能再恢復，則現今世界上的60億人口全都可以擁有充足的糧食，而21世紀中期我們預測中的將近90億人口也同樣溫飽無虞。但假如農地遭侵蝕的情形日趨嚴重、假如灌溉率無法維持現行水準、假如開墾農地或恢復農地的生產力所費不貲、假如全

球糧食產量倍增太難達成或達成此目標將造成環境的危害、又假如人口的成長並不像聯合國預測的那樣趨於平穩，則糧食不足的問題可能會很嚴重——不只是地區性的問題，而是全球性的問題——而且會來得很快。糧食短缺看似突然發生，但事實上只是指數發展趨勢的延續罷了。

　　造成農業資源根基無法永續使用的因素很多，如貧窮與困苦、人類聚居地的擴張、過度放牧與過度耕種、無知、經濟運作鼓勵短期生產而非長期管理，以及管理者對生態——尤其是土壤生態——系統欠缺瞭解。

　　構成糧食生產極限的因素除了土壤和土地外，還包括水資源（我們馬上就會討論此一議題）、能源、農用化學藥品的來源和其衍生廢物之吸收場所[20]。世界上許多地區已經出現超越這些極限的情形。例如，土壤遭侵蝕、農地的灌溉造成地下水位的下降、農田排出的化學物質污染了地表水和地下水。世界的廣大水域中出現了六十一個主要的死亡區，在這些死亡區中，廢物的排放（主要來自肥料和土壤的侵蝕）已經將水中生物毒死殆盡。有些死亡區整年都存在，有些只出現在夏季——由春季的逕流將河流上游農地中的殘留肥料沖刷入河水中所形成的。密西西比河死亡區的面積有 2 萬 1000 平方公里，相當於麻薩諸塞州的大小[21]。會對生態造成如此大規模破壞的農業生產方式，是不具永續性也不必要的。

　　現在世界上仍有許多地區土壤不會受到侵蝕、土地不會被棄置、農用化學藥劑不會污染土地和水域。其實人類熟知並採行可以保持及強化土壤效用的務農方法，如開闢梯田、從事等高耕作、使用堆肥、種植覆蓋作物、多樣化栽種及實施輪耕等，已有數世紀之久。此外，有些農業試驗所和農場正在驗證其他特別適

用於熱帶的種植方法，如田籬間作和農林間作[22]。而在溫帶和熱帶都有各式各樣的農場能夠不使用大量化學肥料和農藥，且經常是**完全不用**化學肥料或農藥，就可達到很高的產量。

請注意，我們在上一個句子中所說的是**很高的產量**。從事「有機」種植的農人，不見得很落伍或使用的是百年前那種產量甚低的耕種方法。他們大多種植具有高產量的作物、使用節省勞力的機器，並以不危害生態的方法施肥及進行蟲害控制。他們的農作物產量不輸給使用化學藥品的農夫，收益則更高[23]。假如我們能將研究農用化學藥品和基因改良法所投入的心力，分一小部分用來研究有機生產方法，則有機耕作的產量會進一步提高。

和傳統、高強度的農耕方法相較之下，「有機」方法可改善土壤肥沃度並降低對環境的不良影響。此外，這種方法的作物產量和傳統方法不相上下[24]。

永續性的農業生產不只可能，在某些地區更已成為事實。世界各地已經有數以百萬計的農人採用有益生態的農業技術，並發現土壤使用價值降低的趨勢已扭轉過來，而且作物產量持續在增加中。此外，消費者，尤其是富國的消費者，愈來愈需要以這種方法所生產的糧食，他們願意花更多錢購買此類糧食。美國和歐洲的有機農產品市場在1990年代中每年成長20-30%。到1998年，世界上主要農產品市場的有機糧食和飲料的銷售額達130億美元[25]。

為什麼我們沒有提到基因改良作物的前景？原因是，此一科技的優劣尚未有定論——事實上，仍然是極具爭議性的問題，我們是否需要靠基因工程來餵飽世界人口，或者，基因農藝是否具

有永續性，目前都還不清楚。人們之所以會捱餓，不是因為沒有糧食可買，而是因為買不起糧食。是故，生產更大量的高價糧食可說於事無補。雖然基因工程可能有助於提高產量，但有許多能增加產量的新方法仍有待開發，用不著讓屬於高科技（因此一般農民將無緣使用）而且對生態可能構成危害的基因技術介入農業領域。一窩蜂追求生物科技作物的情形，已經引發關心生態的人士、農業界及消費者的強烈反對[26]。

現今世界上生產的糧食要養活每一個人可說綽綽有餘，而且，糧食的產量還可以再提高。我們有能力在減少污染、減少農地面積及減少化石燃料使用量的情形下，達成這個目標，並釋出數百萬公頃土地，使其回歸大自然的懷抱，或改用來生產纖維、飼料及能源。只要用對方法，我們將可讓負責餵養世界人口的農民獲得適切的報酬。但迄今為止，追求此一成果的政治意志卻付之闕如。現實的狀況是，世界許多地區的土壤、土地、糧食來源、農業經濟及社區都在減少和萎縮中。現有的農耕方法，已使得這些地區的農業生產超越許多不同形態的極限。除非我們能趕快做出改變──完全可行的改變，否則日益增多的人口，就得靠日漸減少的農民及逐漸耗損的農業資源根基養活他們。

◎ 水資源

許多開發中國家及已開發國家使用水資源的方法，通常不具永續性。……世界正面臨一系列地區及區域水資源質與量都在下降的嚴重問題。……水資源的不足和水質的惡化正在削弱人類社會賴以生存的資源根基之一。

　　　　　　　　──聯合國對淡水資源的全盤評估，1997 年

　　淡水不是一種全球性資源,而是地區性資源,存在於各特定淡水流域,因此面臨的極限有多種不同形態。於某些流域中,這些極限有多種不同形態;在某些流域中,這些極限是有季節性的,視其於乾旱時期儲存水量的能力而定;於其他流域,極限則取決於地下水的再補充速率、積雪的融化速率,或森林土壤保存水分的能力。由於水本身既是資源來源又是廢物吸收場所,故水的使用可能還受限於河流上游或地下水遭到污染的程度。

　　水資源先天具有的地區性質,並不影響人們提出有關水的全球性聲明──這些聲明愈來愈能反映有識之士的深切憂慮。水是最難以取代、最重要的一項資源。水所受到的限制會進而限制其他人類所需資源,如糧食、能源、魚類及野生動植物等生產量;而其他資源(糧食、礦物及森林產品)的開採,也會進一步限制水的質與量。如今無可辯駁的事實是,世界上愈來愈多淡水流域的水資源已經超越極限了。在某些最貧窮和最富有的國家中,人均淡水汲取量正日漸減少中,原因在於環保上的顧慮、成本的增加,及淡水資源本來就不足。

　　圖3-5只是個說明性圖例,因為它將許多區域的淡水流域狀況綜合成一幅全球概況。我們也可以為每一區域繪製一類似的圖例,並使其具備與圖3-5完全相同的一般特性:一個極限、幾項可能擴大或縮減此一極限的因素,以及朝極限成長及某些地區成長已超越極限的情形。

　　圖上方為人類用水的自然上限,亦即世界每年河流的總流量(包括所有地下水的再補充水量)。人類經濟活動所需的淡水幾乎全來自於此一再生資源。其總流量非常龐大:高達每年4萬700立方公里,相當於每四個月就足以填滿北美洲五大湖的流

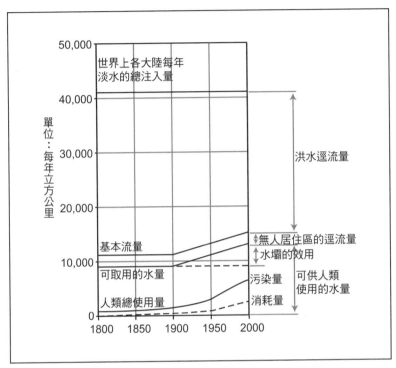

圖 3-5　淡水資源

這張全球淡水供應與使用分析圖顯示，水的消耗量和受污染量的成長，是以多麼快的速度逼近可取用水的總體積；同時也顯示，水壩在穩定淡水供應量上扮演了何等重要的角色。（資料來源：P. Glick; S. L. Postel et al.; D. J. Bogue; UN.）

量。由於現今人類所實際使用的水量只剛好超過此一水量的十分之一，也就是4430立方公里，故用水極限似乎距離我們十分遙遠[27]。

　　但事實上，並非全部淡水逕流量均可為人類所用。相當大部分的逕流量之產生是有季節性的。每年以洪水的形態流入海洋的水量高達2萬9000立方公里，因此算得上是一整年的水資源的水

量只剩下1萬1000立方公里；此一水量，就是全球河流和地下水再補充水量的基本流量之總和。

　　圖3-5顯示，人類藉由建築水壩攔住洪水而提高了逕流的極限。於20世紀末，全世界的水壩造成可用逕流每年大約增加3500立方公里[28]。（當然，水壩會造成土地——通常是主要的農地——遭水淹沒。水壩可以發電。水壩也會增加河流流域的蒸發量，因而降低淨逕流量並改變河邊地區和地下水層的生態系統。而且，水壩遲早都會因泥沙淤積而喪失功能，故水壩不是一種永續資源流的來源；水壩會在極限回饋圈內造成另一項長期的延遲因素——衍生許多正面和負面的副作用。）

　　除了水壩，還有其他的方法可以提高水資源的極限，例如將海水淡化或從事遠距離的淡水運輸作業。這些改變可能具有地區上的重要性，卻屬於能源密集且所費不貲的作為。因此迄今為止，其所處理的水量太少，仍不足以呈現在全球規模的圖例中[29]。

　　具永續性的逕流並非全出現在有人居住的地區。亞馬遜河流域的水量占全球逕流量的15%，但居住在該流域的人口只占全球人口的4%。北美洲和歐亞大陸最北邊地區的河流每年的總流量高達1800立方公里，但這些地區人煙稀少。此外，人類難以取得的穩定逕流量，達到每年將近2100立方公里之譜。

　　全球永續性逕流量為1萬1000立方公里，加上水壩蓄積的3500立方公里，再扣除人類無法取用的2100立方公里，剩下來的可取用永續性逕流量為每年1萬2400立方公里。這是人類能運用的可再生淡水供應量之可預見上限[30]。

　　人類的消耗性用水（經使用後的水無法再回到河流或地下水層，因蒸發掉或被農作物或農產品吸收）達每年2290立方公里。另外還有4490立方公里的水主要被用來稀釋並帶走污染物

質。這兩種類型的用水加起來計達每年6780立方公里，剛好超過永續性淡水總逕流量的一半。

此點是否代表人類的用水量仍有加倍成長的空間？人類的用水量可能再增加一倍嗎？

假如人均用水需求完全沒有改變，而且世界人口正如現今聯合國預估的，於2050年達到90億人，則屆時人類每年將汲取1萬200立方公里的水量，占全球永續淡水逕流量的82%。假如不單單是人口有大幅成長，連人均用水需求也增加了，則人類將在2100年之前就會面臨全球水量的嚴峻極限。在整個21世紀期間，水資源汲取量的成長速度大約是人口成長速度的兩倍[31]。但由於水資源的短缺日益明顯，人均水消耗量可能將趨平穩，甚或下降。水資源汲取量曲線已開始呈現明顯緩慢下降的走勢，某些地區甚至已出現下降的趨勢。現今全世界的用水量，只及三十年前外推指數曲線所預測的一半[32]。

在整個21世紀期間，美國的水資源汲取量大約每二十年增加一倍，於1980年左右達到高峰，接著下降了大約10%。（見圖3-6）此一用水量下降的原因很多，但全部與美國經濟活動開始面臨水資源極限的問題有關。工業用水量下降了40%，部分原因為美國將國內的重工業移往世界其他地區，另一項重要原因為水質法規的制訂；這些法規使得有效使用水資源、回收水資源及廢水排放前先經妥善處理等作法，具有經濟上的吸引力或法律上的強制性（或兩者兼而有之）。灌溉用水量也減少了，部分原因為使用效率的提升，另外的原因為城市規模日益擴大，造成城市人口將農民用水「買走」的情形（此舉使得農地無法生產糧食）。城市用水量增加，主要係因人口成長所致。此外，美國的人均水資源消耗量也下降了，此種情形以乾旱地區為最；乾旱地區水價

節節上升，促使人們採用更具節水效率的裝置[33]。

　　美國的人均水資源汲取量可能已經下降，但仍高達每人每年1500立方公尺。開發中國家的人民用水量只及美國人的三分之一，非洲撒哈拉沙漠以南地區的人均用水量甚至於只及美國人的十分之一[34]。現今，世界上有10億人仍然無法獲得安全的飲用水；而世界的一半人口連基本的衛生設施都沒有[35]。他們對水資源的需求將會、也應該會有所增加。不幸的是，他們卻住在世界上最缺水的地方。

　　世界上大約有三分之一的人口居住在中度到高度缺水的國家；這些國家之所以缺水，是因為人口數量和人類活動增加，而導致用水需求節節升高。到 2025 年，世界上可能有

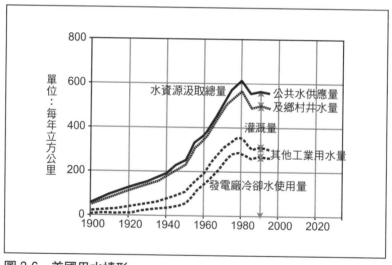

圖 3-6　美國用水情形

從 20 世紀初至 1980 年代為止，美國的水資源汲取量平均每年增加 3%。此後汲取量緩慢下降，接著開始呈現平穩走勢。（資料來源：P. Gleick.）

三分之二人口處於用水吃緊的狀態中。水資源的匱乏和遭到污染衍生普遍的公共衛生問題，限制了經濟和農業發展，並對生態系統造成大範圍的破壞。這些問題可能會使全球糧食供應無以為繼，並導致世界許多地區出現經濟發展停滯的情形[36]。

　　科羅拉多河、黃河、尼羅河、印度河、恆河、昭披耶河（Chao phraya，又稱湄南河）、錫爾河（Syr Darya）和阿姆河（Amu Darya）等世界上的大河，因為灌溉汲水以及城市用水而被改道的情形非常嚴重，使得許多河道經常乾涸或終年乾涸。印度的旁遮普省和哈里亞納省兩個農業省分的地下水水位，正以每年半公尺的速度下降中。中國華北地區的水井每年超抽的水量達30立方公里（這是黃河水流量日益減少的原因之一）。提供美國五分之一農地灌溉用水的奧加拉拉（Ogallala，位於南達科他州）地下水層，每年超抽的水量達12立方公里。此一地下水層的耗竭，到目前為止已造成100萬公頃的農地無法接受灌溉。水果和蔬菜產量占全美國一半的加州中央峽谷，地下水層每年超抽約1立方公里。此外，整個北美洲和中東地區的沙漠地下水層，都正被抽取使用中，而這些地下水層的再補充水量卻微乎其微或根本付之闕如[37]。

　　地下水過度抽取的情形正加速進行中。地下水無法永續使用的現象普遍發生於每一個大陸，只有南極除外。
　　　　──彼得‧葛烈特（Peter Gleick）《1998-99年全世界的水資源》（*The World's Water 1998-99*）

　　抽取地下水的速度超過地下水本身的再補充速度，這種作法是不具永續性的。依賴地下水的人類活動，將被迫減緩至地下水的再補充速度能加以支持的程度，或者，因為地下水超抽導致鹹水滲透或地層下陷，而致摧毀了地下水層，相關的人類活動將完全停止。這些對水資源匱乏做出的反應，起初只造成地區性的影響，但在愈來愈多國家都出現此種情形後，將會造成國際性的影響。首先產生的問題可能是穀物價格的上漲。

　　缺水的國家常常改以灌溉用水滿足城市和工業界日益增加的用水需求，並進口穀物以抵銷因此造成的糧食歉收。由於生產 1 噸穀物需耗用 1000 噸水，故進口穀物遠比進口水資源更有效率。……雖然為爭奪水資源而引發軍事衝突的可能性一直都存在，但未來爭奪水資源的戲碼比較可能在世界穀物市場上演。……伊朗和埃及現在進口的小麥數量，已超過傳統上世界最大的小麥進口國日本。這兩個國家穀物總消耗量的 40% 或更大比率數量是來自於進口。還有許多其他缺水的國家也大量進口穀物。摩洛哥所需的穀物一半是進口的，阿爾及利亞和沙烏地阿拉伯則在 70% 以上，葉門將近 80%，而以色列更超過 90%。……此外，中國將很快就要被迫向世界上的穀物市場採購糧食[38]。

　　一個社會若使用水資源超過限度，將面臨的後果端視以下因素而定：這個社會很富有或很貧窮，它是否與擁有餘裕水資源的其他社會為鄰，以及它是否與這些鄰居和睦相處。富有的社會有能力進口穀物。富有的社會，如南加州，若擁有樂於伸出援手的鄰居，也可開鑿渠道、架設水管以抽取鄰居所提供的水資源（雖

然就南加州的例子而言，現在其鄰居開始追討原先所提供的水資源）。擁有龐大石油蘊藏的富有社會，如沙烏地阿拉伯，可利用其化石能源進行海水淡化工作（條件是其化石燃料能持續供應）。而既沒有好鄰居也沒有龐大能源的富有社會，如以色列，可研發具有巧思的科技，讓每一滴水都能發揮最大的效用，並以最不耗水的活動發展經濟。不具備以上有利條件的社會，則必須制訂嚴格的水資源配給與使用規定，否則將面臨饑荒或內部為爭奪水資源而起衝突的可能性[39]。

和糧食問題一樣，許許多多方法有助於達成水資源的永續使用，關鍵不在於設法開發更多水資源，而在於對較少的水資源做更有效的利用。以下列舉數種可行的方法[40]：

- 讓水的品質與使用方式能匹配。舉例而言，沖馬桶或澆草坪時應使用水槽排放出來的濁水，而不是飲用水。

- 使用滴水灌溉法。此種灌溉方法可減少 30-70% 的用水量，同時增加 20-90% 的作物產量。

- 使用低水流量的水龍頭、馬桶和洗衣機。美國家庭每人每天平均消耗 0.3 立方公尺的水量，若家庭設備的用水效率能提高，將可使此一消耗量減半；而這些設備是買得到、付得起的。

- 修漏。令人訝異的是，許多城市的水資源管理機構只知花錢增加使用水的供應量，卻沒想到如果能做好修漏工作，只需使用上述成本的一小部分即可獲得同樣的水量。美國的城市平均因為自來水管漏水而流失四分之一的水量。

- 考量氣候因素，種植適當的農作物。例如，若在沙漠地區種植需要大量水分的紫花苜蓿或玉米，將是不當的作為；

為美化景觀而種植不必澆水的土生植物，則是種明智的作法。

● 回收水資源。某些工業，尤其是設於缺水的南加州的工業，已經開發出有效率、符合成本效益的水資源回收、淨化和再使用技術。

● 於城市地區收集雨水。裝設於屋頂的舊水池或集水系統所能儲存和運用的逕流量，不遜於大型水壩，但其成長遠較水壩為低。

　　要落實以上的作法，最好的措施就是停止對用水的補貼。即使只將供水過程牽涉到的所有財務、社會和環境成本的一小部分納入水費中，明智的用水方式自然會應運而生。依據丹佛市和紐約市以往的經驗可以得知，只要以儀表計量市民的用水量，並且讓水費隨著用水量的增加而提高，就可以減少30-40%的家庭用水量。

　　此外，氣候的改變也是不可忽視的因素（這點稍後有更詳盡的討論）。假如人類任令氣候發生改變，則水文循環、洋流、降雨和逕流的模式，水壩和灌溉系統的功效，以及世界各地的其他形態的水資源儲存與運送資本等，都會受到影響。氣候欠缺永續性，因此水資源的利用是不可能具有永續性的，能源的利用亦復如此。看來，人類所要處理的是一個內部因素相互關聯的龐大系統。

◎森林資源

全球森林大規模消失的趨勢非常明顯。……現今，森林

面積縮小、主要的殘留森林消失，及這些殘留森林的內部品
質下降等現象，都有加快腳步的趨勢。⋯⋯現存的森林全部
都面臨威脅，其中很大一部分已逐漸喪失價值。
——世界森林及永續發展委員會（World Commission on
Forests and Sustainable Development），1999 年

　　永續存在的森林本身就是一種資源，它的功能至為重要，不
是我們以經濟眼光所能衡量的。森林可以調節氣候、控制洪水，
並儲存水分以抗乾旱。森林可緩和雨水的侵蝕效應，積聚土壤並
防止坡地土壤的流失，以及使河流、海岸、灌溉渠道和水壩免受
泥沙淤積之害。森林庇護並供養許多物種。熱帶森林只覆蓋了地
表的 7%，但卻是地球 50% 以上物種的棲息與繁衍之地。其中許
多物種，如蔓藤植物及蕈類等，是藥品、染料和食物的來源，具
有商業價值，這些物種若沒有樹林的庇護將無法生存。

　　森林會吸收並儲存大量的碳，有助於平衡大氣中的二氧化碳
含量，進而減輕溫室效應並緩和全球暖化現象。最後值得一提的
是，未遭破壞的森林賞心悅目，是人類從事娛樂和調劑身心的好
場所。

　　在人類開始務農之前，地球上的森林面積有 60-70 億公頃，
現在只剩 39 億公頃，其中還包括大約 2 億公頃的造林面積。這些
森林的消失，一半以上是發生於 1950 年之後。1990-2000 年間，
世界上的自然森林面積消失了 1 億 6000 公頃，也就是 4%[41]。消
失的森林大部分為熱帶森林；溫帶森林則在歐洲和北美洲進行工
業化期間即開始遭到破壞，時間遠早於 1990 年代。

　　森林的消失，是它喪失永續性的明顯徵兆——一種再生資源
的總量正縮小中。但在此一明顯的全球趨勢之下，常常存在著複

雜的地區性差異。

　　我們必須能夠區分評估森林資源的兩項要素：面積與品質。布滿百年老樹的一公頃林地，和經重新造林的一公頃皆伐區（clear-cut）是有天壤之別的；後者可能在五十年內連一棵具有經濟價值的樹都找不到，而且可能永遠不再具備原始森林的生態多樣性。然而，許多國家的資料並沒有將這兩種森林面積區分開。

　　森林的品質遠比森林面積更難評估。事實上，最具爭議性的森林品質資料與森林面積有關：這些資料是從來未經砍伐的殘留森林面積的資料（這種森林可稱為原始森林、未開發森林或老森林）。無疑的，這些高價值森林正迅速變成低價值森林。

　　地球的原始森林覆蓋面積如今只剩五分之一（13億公頃）[42]，其中有半數分布於俄羅斯、加拿大和阿拉斯加等北方森林，其餘則以亞馬遜熱帶雨林占最大部分。這些廣大的森林面積正受到諸多威脅：砍伐、採礦、闢成農地和遭人類其他活動的破壞。現今只有大約3億公頃的森林正式受到保護（某些保護措施只是徒具形式，林木和野生動物遭到有計畫的盜伐和盜獵）。

　　美國（阿拉斯加除外）已喪失原有森林覆蓋面積的95%。歐洲實質上已經沒有原始森林。中國的森林消失了四分之三，其中原始森林幾已蕩然無存（見**圖3-7**）。砍伐後再復育的溫帶森林面積正微幅增加中，但這些森林的土壤肥沃度下降、物種數量減少、樹木體形變小、木材品質變差，而且成長速度變慢；因此這些森林並沒有受到永續性的管理。

　　現有的自然森林中，溫帶森林占不到一半（16億公頃），其餘為熱帶森林（21億公頃）。1990-2000年間，溫帶地區的自然森林面積只減少900萬公頃，相當於這十年期間只失去0.6%。溫帶森林面積有一半成為了經妥善管理的林場，以提供造紙原料和

木材；另一半面積則成為重新造林區。

　　雖然溫帶森林面積基本上非常穩定，熱帶森林的面積卻急遽減少中。據聯合國糧食及農業組織的報告顯示，1990-2000年，世界上殘留的熱帶林中，有超過1億5000萬公頃——大約墨西哥大小——改作其他用途。換句話說，在1990年代的十年中，世界上每年喪失的熱帶林地約1500萬公頃，或7%。

　　以上是官方數據，因此沒有人能確定熱帶森林砍伐的速度有多快。此一數據年年改變，頗具爭議性，這點——無法確知資源喪失的速度有多快——本身就是造成超過限度現象的結構性因素之一。

　　1980年，糧食及農業組織首度對熱帶森林砍伐速率做出權威性評估，它提出的數據指出，每年消失的森林面積為1140萬公頃。到1980年代中期，此一估計速率增加到每年超過2000萬

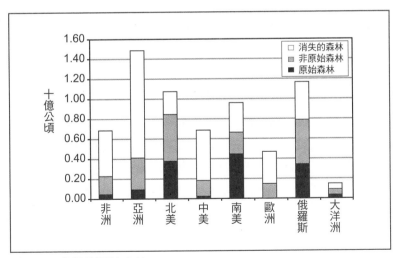

圖 3-7　殘留的原始森林

到 1997 年時，只剩一小部分森林可稱為「原始」森林。（資料來源：WRI.）

公頃。在相關國家，尤其是巴西，做了某些政策上的改變之後，1990年，此一數據下降到每年大約1400萬公頃。1999年糧食及農業組織所做的新評估，將每年消失的森林面積定為1130萬公頃；這些消失的森林面積幾乎全位在熱帶地區。誠如上文所述，在1990年代告終時所做的最後評估為，世界上每年消失的熱帶森林面積達1520萬公頃。

此一數據只計算改作其他用途（主要為農地與牧場，其次為道路和人類聚居地）的森林面積，而**未計算已在進行木材採運作業的**（因為經採伐後的森林仍算是森林）。此外，此一數據也未計算毀於火災的森林面積；1997-98年間，巴西的森林遭火災吞噬的面積為200萬公頃，印尼也是200萬公頃，墨西哥和中美洲合計150萬公頃（發生過火災的林地仍被歸類為森林）。假如我們將這些因素全部算進去，則每年消失的熱帶森林面積，勢必超過1500萬公頃，可能接近每年消失1%的速率。

雖然相關資料難以確定，假設現今的制度不變，則我們可以透過概略的數字瞭解熱帶自然森林可能面對的命運。圖3-8以2000年熱帶森林總面積估計值21億公頃為出發點，推測熱帶森林遭砍伐的情形。我們假設現今熱帶森林面積消失的速率為每年2000萬公頃，此一數據高於糧食和農業組織的估計數字，因為我們將森林火災、不具永續性的採伐和相關的新聞報導不足等因素也納入考量。圖中的水平虛線代表森林砍伐的極限，惟假設現有熱帶森林面積的10%一直都受到保護（事實上現在受到某種程度保護的熱帶森林面積的百分比，大約等於此一數值[43]）。

假如熱帶森林被劃除的速率維持在每年2000萬公頃，則未受到保護的原始森林將在九十五年後消失。圖3-8中向下延伸的平直虛線代表此種可能性；而其所反映的情況是，在21世紀

中，人類破壞森林的力道不增也不減。

假如森林遭砍伐的速率呈指數增加，例如以熱帶國家人口的成長率增加（約每年2%），則未受保護的森林大約在五十年後將消失殆盡。此一曲線所反映的情形是，人口的成長加上森林產品加工廠的成長，將迫使森林遭砍伐的速率呈指數成長。

假如森林遭砍伐的速率維持為殘留森林的某個百分比（如每年砍伐1%），則實際的砍伐量將逐年微幅減少，因為每年的殘留森林都較前一年少。假如此種情形持續下去，七十二年後熱帶森林面積將減少一半。此一曲線所反映的情形是，每一次砍伐都

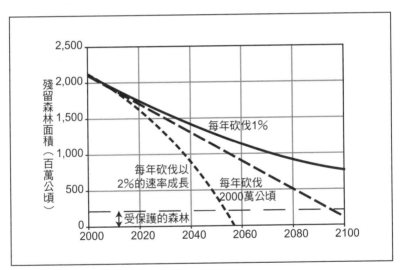

圖 3-8　熱帶森林遭砍伐的幾種可能發展

對未來熱帶森林面積消失情形所做的估計，取決於有關人口、法律及經濟的趨勢。圖中顯示三種設想狀況。假如 1990 年代常見的每年砍伐 2000 萬公頃的情形，持續以每年 2% 的速率成長，則世界上未受保護的熱帶森林將於 2054 年完全消失。假如每年砍伐的速率維持在 2000 公頃，則未受保護的熱帶森林將於 2094 年完全消失。假如每年砍伐的面積占剩餘未受保護森林面積的 1%，則熱帶森林面積將每隔七十二年縮小一半。

將使下一次砍伐量減少，或許因為距離最近、最有價值的森林會先被砍伐所致。

　　未來的實際狀況可能是這三種設想狀況的混合。人口和經濟的成長，會增加對林業產品的需求並造成林地的縮小，而林地距人類愈來愈遠加上森林資源品質的日漸下降，將使木材採伐作業成本增加。另一方面，環保和政治壓力可能會要求保護殘留的森林並改由高產量的林場生產木料。不論這些相互衝突的趨勢將如何自行化解矛盾，最後有一種結果似乎是無法避免的：現今原始熱帶森林——由大自然一手栽種和照料，人類不必為之付出經濟成本，且有時間長出珍貴參天巨木的森林——源源不斷提供的產品，未來將無以為繼。

　　熱帶地區的土壤、氣候和生態系統與溫帶地區大不相同。熱帶森林孕育的物種較多、林木生長較快，但也比較脆弱。我們無法確定，在遭受一次全面砍伐或回祿之災後，熱帶森林的土壤與生態系統是否仍可免遭嚴重破壞。雖然現在已經有人進行實驗，期能找出可讓熱帶森林再生的選擇性採伐方法或帶狀採伐方法，但目前大部分的採伐作業仍將熱帶森林，尤其是其中最具價值的樹木品種，當成是種無法更新的資源[44]。

　　熱帶森林消失的原因隨國家的不同而有所差異。包括跨國木材公司和造紙廠追求更高的銷售額，各國增加木材出口以支付外債，牧場主人及農夫將森林開墾成農地或牧場，沒有土地的人爭相奪取木材當燃料或奪取一小塊土地以種植糧食作物。這些森林的破壞者常常是一起行動的：政府招徠木材公司，木材公司採伐林木、窮人沿著採伐道路進入林地找尋棲身之所。

　　溫帶和熱帶森林無法永續利用，還有另外的原因。在世界上高品質林木日漸減少的今天，一棵古木的價格可能達1萬美元以

上。這麼高的價錢會讓人趨之若鶩。相關的弊端因此層出不窮：公有森林資源贈予私人供其牟利，私下販售林木採伐許可證，做假帳，在有關物種數量或森林砍伐的體積與面積之查證資料上造假，消極地落實相關法規，私下交易與收取回扣，種種非法行徑不只發生於熱帶地區而已。

> 本委員會（世界森林及永續發展委員會）發現，於森林部門中，最顯而易見——最普遍、最惡劣——卻是大家討論最少的問題……是貪贓枉法的行為[45]。

即使在貪瀆情形最輕微、最關心森林保育問題的熱帶國家，森林面積也在消失中，只是我們不容易瞭解其消失的速率有多快。在本書的1992年版本中，我們曾經繪出一個小國家——哥斯大黎加——的森林消失狀況圖。事後，我們為了更新此一圖形而和哥斯大黎加大學（University of Costa Rica）的永續發展研究中心（Research Center for Sustainable Development）聯絡，沒想到獲該中心宣稱，由於有了更佳的測量技術，以往所擁有的相關資料都必須加以修正。

對森林產品的需求不斷增加，也使得森林面積縮小的問題益形複雜。1950-96年間，世界上紙張的消耗量增加了五倍。糧食及農業組織估計，紙張的消耗量將從現今的每年2億8000噸增加到2010年的4億噸[46]。美國的每年人均用紙量為330公斤，其他工業化國家為160公斤；而在開發中國家卻只有17公斤。今天，雖然紙張回收利用的情形愈來愈普遍，但為了製造紙漿所消耗的原始林木數量，每年大約增加1-2%。

做為各種用途——建材、紙類產品和燃料——的木材消耗量

正在增加中，雖然增加的速率有趨緩的現象（見**圖3-9**）。1990
年代木材消耗量的增加速率明顯趨緩的原因之一，是亞洲和俄羅
斯的經濟不景氣。因此，木材的消耗量趨於平穩可能只是暫時的
現象。假如世界上每一個人的木材消耗量都和今天工業化國家的
人均木材消耗量一樣，則全球木材總消耗量將增加一倍[47]。

　　然而，現今也存在著減少木材需求的趨勢，例如以更有效率
的方法使用林木產品以及進行回收利用。假如這些趨勢能蔚為潮
流，則世界將能以遠較以往為少的森林採伐量，就可輕易滿足人
類對木材的需求。此方面的具體事例如下：

● **紙類製品的回收利用**。在美國國內，將近一半的紙類製品
　是由回收紙製成的；在日本，此一比率超過50%，在荷蘭

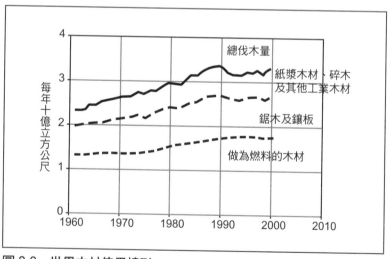

圖3-9　世界木材使用情形
木材的消耗量正在增加中，雖然增加的速率已趨緩。全世界從砍伐森林而獲
得的木材，有將近一半被當燃料使用。（資料來源：FAO.）

更高達 96%。就世界整體而言，41% 的紙和紙板取自回收利用 [48]。假如全世界都能向荷蘭看齊，則紙類製品的回收率將可增加一倍以上。

- **鋸木廠的效率**。現代化的鋸木廠可將原木的 40-50% 變成可供出售的木材（殘餘部分當成燃料、造紙原料或製造合成木材的原料）。效率較差的鋸木廠，尤其是開發中國家的鋸木廠，只利用到原本的 25-30%。假如這些欠缺效率的鋸木廠能夠更新設備，則每棵砍伐下來的樹木所產生的木材將可增加一倍 [49]。

- **燃料效率**。世界上有一半以上從森林砍伐而來的木材，被窮人拿來當烹煮食物和取暖的柴火，以及當成小型工業的燃料（用來燒製磚塊、釀酒及烤茶葉）；他們常使用效率極差的火爐或乾脆露天燃燒木材。假如能使用效率更佳的火爐或使用其他替代燃料，將可在中幅減少森林的耗用、大幅降低污染程度，及大為減少採伐木材燃料所需人力的情形下，仍能滿足人類的需求。

- **紙類製品的使用效率**。世界上所製造的紙張和紙板，有一半是做為包裝和廣告用途。在美國，平均每個家庭每年收到五百五十件不請自來的「垃圾郵件」，其中大多數未讀即棄。雖然已然進入電子時代（或許正因為如此），美國人均紙張消耗量 1965-95 年間仍然增加了一倍。事實上，垃圾郵件充斥和過度包裝的現象是可加以消除的；只使用單面紙的雷射印表機和電傳機，以及其他許多會浪費紙張的科技，是可加以改進的。

- **讓木材製品反映實際成本**。取消政府對林木採伐作業的直接和間接補貼，課徵採伐稅以反映現有森林所損失的價

值，如此木材產品的價格將可更真實地反映其實際成本。

工業化國家若能在這些事項上力求進步，起碼可將森林的採伐量和木材資源的浪費程度各減少一半，而不致對生活品質造成影響。

此外，我們可採用比較不具破壞性的方法生產可貴的森林纖維物質。我們可以選擇性砍伐或帶狀砍伐取代皆伐作業，尤其是在陡峭的坡地更是如此。沿著河流保留緩衝林帶，將可減輕土壤的侵蝕並保護水中生態系統使免受陽光直射的危害。而已經死亡的樹木，不論仍然佇立或已經倒地的，都可留置原地當成其他物種的棲息所。

現今風行的「綠色認證」活動，可使消費者確認森林產品係妥善的採伐作業和森林管理措施下的產物。到了2002年年底，經森林照管委員會證明為「受到永續管理」的森林總面積為3000公頃，面積雖小，但有快速擴大的趨勢，這點充分顯示出市場的影響力——在此我們指的是消費者要求木材須經認證合格所展現的影響力。

我們還可以在業經砍伐的林地或貧瘠的土地上，擴大高產量林場的面積。人工林場每公頃可生產數量驚人的木材，故可緩解自然森林面臨的採伐壓力。

舉例而言，產量最高的熱帶林場（經過一段時間後）每年每公頃的木材產量可高達100立方公尺。此一生產速率是溫帶自然森林每年每公頃約2.5立方公尺的生產速率的40倍。高產量林場的面積只要有3400萬公頃（約相當於馬來西亞的大小），即可供應現今全球所需的紙漿木材、建築用木材和燃料木材。假如一個林場的產量只達每年每公頃50立方公尺，則要有6800萬公頃

（相當於索馬利亞的大小）才能滿足現今世界的需求。當然，欲永續維持熱帶林場的高產量，必須採行更具「有機」特性的栽種方法：對不同樹種進行混種或輪種，並使用比現今的施肥和蟲害防治方法更天然、更不會破壞環境的方法。

　　總之，有許多方法可將人類採伐森林的速率降回到永續性極限之下。而這些必要的措施沒有一項是我們做不到的；事實上，這些措施已經在世界上某些地區實行中，只是尚未普及全世界。職是之故，世界上的森林仍持續在縮小。

　　雖然最近幾年，民眾對全球森林遭砍伐的問題愈來愈關心，但伐林的速率並沒有因此而趨於緩和[50]。

◎ 物種和生態系統服務

　　地球生命力指數（Living Planet Index）係世界自然生態狀況的一項指標。此項指數與森林、淡水和海洋物種的充裕程度有關。此項指數在 1970-2000 年間下降了大約 37%。

　　　　　　　　　　　　　　　——世界自然基金會，2002 年

　　土壤、水和森林等是人類賴以生存及發展經濟的明顯資源來源。另外還有一種至少同樣重要卻遠較不明顯的生態服務來源。之所以不明顯，是因為人類經濟並未將此種來源賦與貨幣價值。此種來源包括非商業性、沒有在市場上銷售的自然物種，這些物種所構成的生態系統，及這些物種在獲取、聚集和回收所有生命形態所需的能源和物質時，所提供的支持功能。

　　我們將這種來源每天所提供的極具價值的貢獻稱為**生態系統**

服務（ecosystem services）。這些服務包括：

● 淨化空氣和水。

● 吸收和儲存水；減輕旱災和洪水的嚴重程度。

● 分解、解毒和隔離廢物。

● 土壤養分的再生；土壤結構的形成。

● 傳粉。

● 蟲害防治。

● 種籽和養分的散布。

● 調節風和溫度；對氣候發揮某種程度的穩定作用。

● 提供各式各樣的農產品、醫藥產品和工業產品。

● 促成生物基因庫的演化與保存，以及能提供所有上述服務的生物多樣性。

● 提供有關過去三十億年來證明有效的生存、復原、演化和多樣化策略方面的教訓。

● 使人類在美學、精神和知識上獲得極大的提升[51]。

　　雖然這些服務的價值難以估計，就是有人想設法加以評估。而所有以金錢估量自然界的服務價值得到的結果，大約都在每年3兆美元之譜，遠超過人類經濟年產值的貨幣價值[52]。

　　上文引述的世界自然基金會所做的評估顯示，在過去三十年中，世界已經喪失相當大一部分原本擁有的生態系統服務。然而，我們很難用數量描述此種情形。最常見的作法是嘗試計算物種的數量及其滅絕的速率，雖然此舉不見得很有意義。

　　令人訝異的是，這種做法事實上是行不通的。現今世界上存在的物種中，科學家知道的可能只及十分之一：物種數量的估計值從三百萬到三千萬種不等[53]，其中只有一百五十萬種已命名和

分類。這些叫得出名號的，大多為體型較大、較顯眼的物種：如綠色植物、哺乳類動物、鳥類、魚類和爬蟲類。對於數量龐大的昆蟲類，科學家的瞭解就沒那麼深入，對微生物的瞭解更是有限。

由於沒有人知道世界上究竟有多少物種，因此也沒有人能確知有多少物種正在消失中。但無疑的，物種是以很快的速度減少中。大部分生物學家都會毫不遲疑地指出，世界上的物種正面臨「大規模的滅絕」[54]。生態學家則宣稱，自從6500萬年前白堊紀末期恐龍大滅絕以來，還未出現像現在這樣的物種滅絕浪潮。他們會做出以上的結論，主要的依據是棲地有迅速消失的情形。舉例而言：

● 馬達加斯加是生物寶庫，其東部森林孕育了一萬二千種已知植物和十九萬種已知動物，其中至少有 60% 是世界上其他地區所沒有的。現在這片森林已有 90% 被剷除，主要是墾為農地。

● 厄瓜多西部曾經有八千至一萬種植物，其中有一半是當地特有的品種。而每一種植物可以支持十至三十種動物的生存。然而，自 1960 年以來，厄瓜多西部的森林幾乎砍伐一空，林地改成香蕉園、挖掘油井，及成為人類的聚居地。

誠如讀者所料，大部分物種滅絕的情形發生在最多物種聚集的地方。主要為熱帶森林、珊瑚礁和濕地。全世界起碼有30%的珊瑚礁處於危險的境地，1997 年對全世界的珊瑚礁所做的普查顯示，其中95%有珊瑚品種消失或減少的情形[55]。濕地物種瀕臨滅絕的情況更嚴重。濕地是生物活動非常頻繁的地區，也是

許多種魚類的繁殖場所，地表只有6%的面積是（或曾經是）濕地。現在將近有一半的濕地因為疏浚、填地、疏乾、掘溝等工程而遭到破壞，這還不包括遭污染所破壞的面積。

對全球物種滅絕速率的估計工作是從測量棲地消失的情形著手，這方面的測量算相當準確。接下來係假設棲地內可能存在多少物種，這方面的假設必然不夠準確。最後再假設棲地的消失和物種的滅絕之間存在的關係。依此方式獲得的經驗推估法則是，即使90%的棲地已然消失，仍有50%的物種可以存活下來。

這種估算法頗具爭議性[56]。但就像本章提及的其他數據一樣，整體方向是明確的。在已經受到相當深入研究的大型動物中，科學家現在估計：全世界的四千七百種哺乳動物中有24%瀕臨絕種，二萬五千種魚類中有30%瀕臨絕種，將近一萬種鳥類中有12%瀕臨絕種[57]；同樣的，全世界已知的二十七萬種植物中有三萬四千種瀕臨絕種[58]。而據估計，現今物種滅絕的速率，是它們未受人類影響之前的一千倍[59]。

以物種消失的情形量度生物圈的永續性，並不是一種理想的方法，因為沒有人知道物種消失的極限在哪裡。從一個生態系統中移除多少物種、哪些物種之後，可能會造成整個系統的崩解？關於此一問題，有人將之比喻為在搭飛機時將固定機身的鉚釘逐一拔除，在拔除多少鉚釘後，飛機將無法再飛行。然而，在這個比喻中，起碼飛機上的鉚釘彼此並沒有連結在一起。但在生態系統中，物種與物種之間是有著休戚與共的關係。某一物種的消失，可能造成一系列的連鎖反應而導致其他物種的滅絕。

鑑於評估地球上物種的減少速率是件困難的事，世界自然基金會在其《地球生命力指數》中，選擇以另一種方法將生物數量縮減的情形加以量化。該基金會追蹤的是大量不同物種的總數量

之多寡，而非物種數量減少的現象。接著將所獲得的數據平均，即可得知在某個時段內某一「典型」物種數量改變的估計值。依此方法，世界自然基金會推斷，自1970年以來，「平均」物種的總數量已減少三分之一以上。換句話說，世界上動物、植物和魚類的數量正急遽減少中[60]。顯然，人類對生態系統服務來源的使用方式，是不具永續性的。1992年「世界科學家對人類的警告」曾針對此點發表強烈的意見。這份警告聲明是由一千七百位世界上一流科學家，包括諾貝爾獎科學類獎項的大部分得主所發布的。相關內容如下：

> 人類對世界上相互依存的生命網絡所造成的大規模干擾，加上森林砍伐、物種滅絕和氣候改變，可能會引發廣泛的不良效應，包括重要生態系統出乎意料的崩解；而我們對這些生態系統之間的互動關係仍然不夠瞭解。我們無法確定不良效應的嚴重程度，但此點不能成為我們在面對相關威脅時，態度冷漠、行動遲緩的藉口[61]。

非再生資源來源

◎化石燃料

我們有關油田的發現與生產的分析報告顯示，在未來十年內，傳統石油將供不應求。……全球油藏的發現於1960年代初期達到高峰，此後即呈現穩定減少的趨勢。……世界上原油的蘊藏量就只有那麼多，而工業界已發現90%的油藏。

　　——科林‧坎培爾（Colin J. Campbell）與
珍‧拉赫瑞（Jean H. Laherrère），1998 年

　　現在我們不用擔心短期內的石油供應問題。……然而，
世界上的石油資源是有限的，全球石油產量最後終會達及高
峰，接著開始往下滑。……比較傳統的估計認為，全球石油
產量在十或二十年後——也就是 2020-2025 年——才會達到
高峰。

——世界資源協會，1997 年

　　由以上的敘述可以看出，樂觀者和悲觀者對石油生產高峰出
現的時間有不同的看法，兩者相差了幾十年。但大家普遍的共識
是：在重要的化石燃料中，石油是最有限的，而全球石油產量將
於本世紀上半葉的某個時間點達到高峰。1950-2000 年，人類經
濟活動所使用的能源平均每年增加3.5%。世界雖歷經戰爭、經
濟蕭條、物價波動和技術變革，但能源的消耗量仍節節上升（見
圖3-10）。

　　工業化國家是能源的最大消耗者：西歐的平均商業性能源的
使用量是阿富汗的五‧五倍[62]，北美洲的平均能源使用量是印度
的九倍[63]。但商業性能源是很多人無緣使用的：

　　世界上有超過四分之一的人口無電可用，三分之二仍依
賴傳統的生物質量滿足他們的基本能源需求。雖然在未來的
數十年裡，無電可用的人數會減少，但預估到 2030 年，仍
有 14 億人無緣使用電力。事實上，使用木材、農作物的殘餘
物及動物糞便做為主要烹飪和取暖燃料的人數將會增加[64]。

　　大部分能源分析家都認為能源的使用量會持續增加。國際能源總署（International Energy Agency）在《2002年世界能源展望》（*World Energy Outlook 2002*）報告中提出的「參考」狀況指出，2000-30年，全球主要能源消耗量將增加三分之二。而即使「其他」設想狀況（比較重視生態因素）也顯示，在這段三十年的期間，世界能源消耗量將增加50%以上。此外，一項為丹麥能源署所做的分析報告則指出，欲滿足93億人—— 2050年時全球的可能人口數量——的基本能源需求，世界必須提供的（最終用途）能源將是2000年時的六倍[65]。

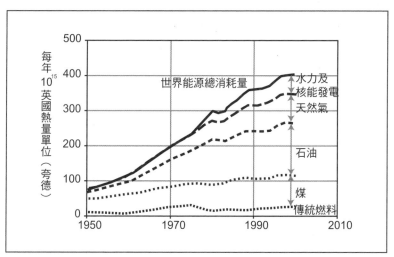

圖 3-10　世界能源使用情形
世界能源用量在 1950-2000 年間增加了三倍。礦物燃料仍然是主要的能源：1920 年左右，煤炭的使用量占最高比率，約為所有能源消耗量的 70%；1980 年代初期，石油的使用量占最高比率，約 40% 強；污染程度比煤炭或石油都低的天然氣，可望於未來在全球能源的使用量上占更高比率。（資料來源：UN; U. S. DoE.）

　　2000年，80%以上的商業性能源來自於非再生化石燃料：石油、天然氣和煤炭。這些化石燃料於地表下的蘊藏量正持續減少中。欲判定此種能源流的源頭是否有永續性方面的顧慮（有關其終點的問題稍後將討論），我們必須提出的問題是：這些燃料的來源被消耗的速度有多快？人類開發可再生替代能源的速度是否快得足以彌補燃料來源的減少。

　　此一問題令人非常迷惑，甚至於連「這些先天上無法再生的燃料是否真有耗竭之虞」的問題，都令人摸不著頭緒。這樣的迷惑是因為認知錯誤使然。我們必須瞭解，資源的概念與「地殼中存在的某種物質之總量」有關，而蘊藏量的概念與「某種物質已被發現、或推測其存在，及可以合理的科技和價格加以使用的總量」有關。資源會因人類的使用而減少，這是一種不可阻擋的趨勢，但蘊藏量的數據可能隨人類不斷發現新的蘊藏、價格的上漲和科技的進步而增加。而且人們有一種傾向，即以他們對蘊藏量的觀察為基礎做出有關資源的陳述。

表 3-1　石油、天然氣和煤炭的年產量、藏量／產量比及資源壽期

	1970 產量 （每年）	1970 藏量 ／產量 （年數）	2000 產量 （每年）	2000 藏量 ／產量 （年數）	資源的預計 使用期限 （年數）
石　油	170億桶	32	280億桶	37	50-80
天然氣	38兆立方呎	39	88兆立方呎	65	160-310
煤　炭	22億噸	2300	50億噸	217	很長

依定義，資源的估計值是「已確定的蘊藏」與「未經探勘的傳統資源」之總和。某一資源除以 2000 年時的產量所得的商，即為該項資源於 2000 年時的估計壽期。1970 年的煤炭蘊藏量與 2000 年的煤炭蘊藏量無法比較，因兩者的定義方式不同。煤炭一直都是地球上最豐沛的化石燃料。（資料來源：U. S. Bureau of Mines; U. S. DoE.）

　　1970-2000年間，人類的經濟活動用掉了7000億桶石油、870億噸煤炭，和1800兆立方呎天然氣；而在同一時段的三十年間，人類也發現許多新的石油、煤炭和天然氣蘊藏（而且舊的蘊藏也被進一步評估）。因此，已知蘊藏量與生產量之比率[66]——假設生產量維持現今的速率，則係指已知及可開採的資源可供開採的年數——事實上是增加了。見**表3-1**。

　　雖然天然氣、石油和煤炭的消耗量都有大幅增加（1970-2000年，天然氣消耗量增加了大約130%、石油大約60%、煤炭大約145%），但其藏量／產量比的增加也是事實。惟此種情形是否代表2000年時，可用來推動人類經濟發展的地下化石燃料的蘊藏量比1970年時來得多呢？

　　答案當然是否定的。經過三十年的開採，地球上的石油蘊藏量少了7000億桶、煤炭少了870億噸、天然氣少了1800兆立方呎。化石燃料本身屬於無法再生的資源。這些燃料經過燃燒後會變成二氧化碳、水蒸氣、二氧化硫及許多其他物質，卻不可能再形成化石燃料；其所形成的是將進入地球廢物吸收場所的廢棄物和污染物。

　　假如有人視過去三十年新發現的燃料蘊藏為化石燃料不會馬上面臨極限的一種指標，那麼他們只看到了能源系統的一部分而已：

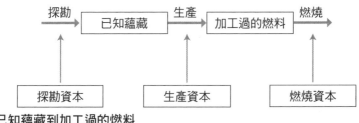

已知蘊藏到加工過的燃料

　　發現燃料蘊藏的過程使用到**探勘資本**（鑽探機、飛機、衛星，及一系列的測深器和探測器），以找出地球上的化石燃料蘊藏，並因此增加尚未開採的**已知蘊藏**。**生產**過程使用到**生產資本**（開採、抽取、精煉和運輸裝備）將燃料開採出來，並將加工過的燃料送往儲存所。**燃料資本**（鍋爐、汽車、發電機）則用來燃燒**加工過的燃料**以產生有用的熱能[67]。

　　只要探勘速率超過生產速率，則已知的燃料蘊藏量將增加。但上圖只顯示出整個系統中的一部分。一個更完整的圖例將包括化石燃料的來源和終點。

　　當**產量**造成**已知蘊藏量**的減少，人類便開始投資於探勘作業，以彌補蘊藏量之不足。但每一次探勘所發現的蘊藏量，都是地球原有礦物蘊藏量的一部分，其本身是無法加以補充的。現今**尚未經探勘的蘊藏量**可能十分龐大，但卻有其限度而且是無法再生的。

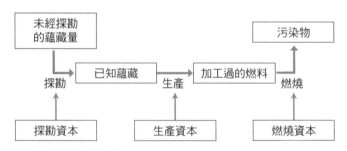

未經探勘的蘊藏量到污染物

　　在化石燃料開採使用流程的另一端，燃燒作用會產生污染物，這些污染物最後將進入廢物吸收場所——這是地球的一種生物地質化學程序，作用在於回收廢物、消除其危害，但也可能反

遭廢物毒害或減損功能。上述流程中的其他各個階段，從燃料的探勘、開採、提煉、運輸到儲存，也都會排放污染物。雖然過去十年來生態效率已有明顯提升，妥善的燃料運用作業所排放的污染物大為減少，但能源的生產過程，仍然是造成美國地下水污染的主要原因之一。

　　沒有人真正知道化石燃料流的哪個端點——源頭或終點——較具限制性。三十年前，也就是石油輸出國組織（OPEC）宣布油價上漲的前夕，燃料流的源頭似乎面臨明顯的瓶頸。今天，大家的焦點絕大部分集中在氣候改變的問題，因此，燃料流的終點似乎面臨比較嚴重的限制。世界上煤炭的數量如此龐大，故我們認為煤炭的使用將受到大氣的二氧化碳吸收能量的限制。石油的使用可能會在兩端都受到限制。石油的燃燒會產生溫室效應氣體及其他污染物，而且，石油勢將成為第一種源頭耗竭的化石燃料。現今很多人認為，天然氣是人類在對能源來源做好永續性管理之前，唯一可進行永續性能源生產的資源。但是人類要從使用某種主要能源來源改為另一種，一般要花上五十年時間。此外，人類的福祉還可能因而受到不良影響：氣候改變或限制使用化石燃料所造成的影響。

　　有關未探勘的天然氣和石油蘊藏量的各種估計值相去甚遠，而且永遠無法確定，但我們仍然在表3-1中提出一套估計值。這只是種概約數值，因其先天上難以確定。依這套估計值顯示，以2000年時的使用速率，殘留的石油資源（定義為現有蘊藏量與未探勘的蘊藏量之總和）可以持續開採五十至八十年，而天然氣資源仍可持續開採一百六十至三百一十年，煤炭的藏量則更豐富。當然，隨著資源的日益耗竭，人類獲取資源所需的成本也會增加。此外，政治成本可能造成生產成本的增加：2000年，世

界石油產量30%來自於中東，11%來自於前蘇聯諸共和國，這兩個地區的已知石油蘊藏量占全世界的三分之二。

石油的供應不會戛然而止或突然涓滴不剩。不過由於石油探勘的投資回收愈來愈少，導致探勘作業漸漸集中於少數國家的石油蘊藏，最後世界石油總產量在達到高峰後開始逐漸下降。美國的情形就是個例子。美國原有的龐大石油蘊藏量已開採逾半，有關新油藏的發現於1940及1950年代達到高峰，國內的石油產量則於1970年左右達到高峰；現今美國已漸漸依賴進口以滿足石油需求（見**圖3-11**）。

現在，全世界都即將步上美國的後塵。**圖3-12**係依據與**表3-1**類似的資源假設條件，呈現兩種全球石油產量的設想狀況。圖中預期石油的消耗量將不會比現今的水平增加多少，而且在數

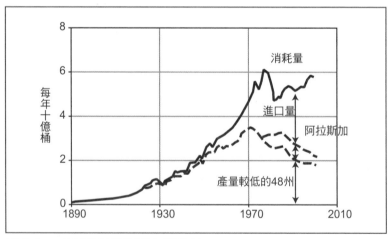

圖 3-11　美國的石油產量和消耗量

美國國內的石油產量於1970年達到高峰，自此石油產量較低的四十八個州之總產量降低了40%。即使阿拉斯加州新發現的石油蘊藏，也無法彌補全美國石油產量江河日下的窘境。（資料來源：API; EIA/DoE.）

十年後，也就是21世紀剩餘的歲月裡，消耗量將逐漸減少。支持這些設想狀況的事實為：全球石油蘊藏的發現率已於1960年代達到高峰，而且人類正在開採愈來愈難接近的石油蘊藏，不僅在阿拉斯加州如此，在北極海的深海油田和西伯利亞的偏遠油田都存在著此一情形，此點表示，石油的價格將更為昂貴。

　　在許多用途方面，天然氣顯然是石油的最佳替代物。天然氣是所有化石燃料中，每單位能源排放污染物（含溫室效應氣體二氧化碳）最少的燃料，故盡快以天然氣取代石油和煤炭是有趣的想法。但此舉將使那些對指數成長動態欠缺充分瞭解的人，在發現天然氣資源加速耗竭的程度後大感驚訝。圖3-13和圖3-14說明了原因所在。

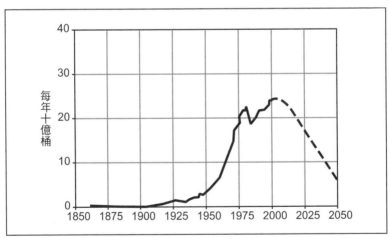

圖 3-12　全球石油產量的設想狀況

到 2000 年為止的世界石油產量以實線表示。此處係使用地質學家金‧胡伯特（M. King Hubbert）的方法推估未來最可能的石油產量。右邊的虛線顯示未來石油的可能生產速率，惟假設條件是最後可供開採的石油蘊藏量為 1.8 兆桶（虛線下的面積）（資料來源：K. S. Deffeyes.）

　　2000年時世界天然氣的藏量／產量比率為六十五年，也就是說，假如以2000年的消耗率使用現今已知的蘊藏量，將可使用到2065年。然而有兩件事可能會推翻此一簡單的外推法所獲致的結果：第一，人類可能會發現更大的蘊藏量；第二，天然氣的耗用率可能會超過2000年的消耗率。

　　因此，我們最好以殘留天然氣蘊藏量的估計值（也就是現有及尚待探勘的蘊藏量之總和），做為探討此一問題的出發點。為利於說明起見，假設以2000年的消耗率，世界上的天然氣資源足供人類使用260年。此一估計值大約是表3-1所提出的一百六十至三百一十年使用期限的中間值。假如2000年時的消耗率維持不變，則天然氣資源的蘊藏量將呈直線下降，如圖3-13的斜線所示，使用期限將達二百六十年。但假如天然氣的消耗量和1970年以來的情形一樣，以每年增加2.8%的速率成長，則原本可使用二百六十年的蘊藏量將急遽下降，如圖3-13斜線左邊的虛曲線所示。依此一趨勢，天然氣資源耗竭的時間不在2260年，而是在2075年；也就是只能使用七十五年，而不是二百六十年。

　　假如人類為了緩和氣候的改變和避免石油資源的耗竭，而決定盡量以天然氣取代石油和煤炭，則天然氣消耗量每年增加的速率將大於每年2.8%。假設增加的速率為每年5%，則「二百六十年的供應量」將在五十四年後耗竭。

　　圖3-14顯示，為使天然氣的消耗量穩定地維持以每年增加2.8%的速率成長，所需發現的新天然氣蘊藏量的情形。依指數成長的計算法，為滿足此種消耗量，每隔二十五年必須探勘並加以開採的天然氣資源將增加一倍。

　　問題的重點不在於世界上天然氣不久後會耗竭，現今殘留的

大量天然氣資源，將成為人類在找到更具永續性的能源來源之前
的一種重要的過渡性燃料。問題的重點是：化石燃料的蘊藏量比
我們想像的更有限，尤其當我們對這些燃料的消耗量呈指數成長
時，更覺得所剩有限，因此，我們不應浪費這些資源。在人類歷
史的長河中，化石燃料存在的時間只不過一剎那罷了。

　由於我們仍有其他再生能源來源可用來替代化石燃料，因此
地球不應出現能源匱乏的情形。現今有兩個選項具有永續性、符
合環保存量、技術上可行，而且成本愈來愈經濟。第一種是講求
更高效率，這是我們很快就可以做到的事。第二種選項是使用**可**

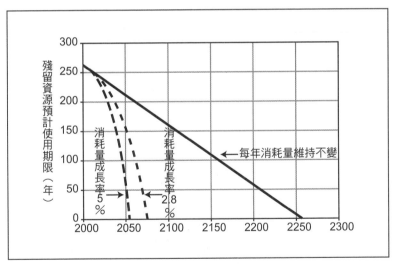

圖 3-13　世界天然氣耗竭的三種可能途徑

假如殘留的「絕對具有開採價值」的天然氣資源，以 2000 年時的消耗率將
可供人類使用二百六十年，也就是到 2260 年才會耗竭。但未來數十年可能
因為石油短缺加上煤炭造成的環保問題，而導致天然氣消耗量的加速成長。
假如天然氣的消耗量以現今的每年增加 2.8% 的速率成長，我們假設的蘊藏
量將於 2075 年耗竭。假如以每年 5% 的速率成長，則世界上的天然氣資源
將於 2054 年耗竭。

再生的太陽能資源；要善用此一資源所需時間稍長些。或許有人會指稱，核能在解決世界能源問題上具有很大的潛力；我們卻不以為然，因為迄今為止，核廢料的處理問題尚未獲得解決，而且上述的兩種解決方案遠較使用核能來得可行、成效更快、成本更低、更安全，也更容易為貧窮國家所採用。

講求能源效率是指，能以較少的能源提供同樣的最終能源服務——光、熱、冷氣、人員與貨物的運輸、水資源的抽取作業、馬達的啟動等等；換句話說，人類付出較少的成本，即可獲得同樣或更佳的物質生活品質——不僅直接能源成本降低、污染程度降低、國內能源來源的消耗減少、有關能源設施設置地點的爭執減少，對許多國家而言，外債可因而減少，且控制國外資源或維持獲取此等資源的管道所需付出的軍事成本也會降低。

高效率的科技，從效能更佳的絕緣材料到更精密的馬達，其進步非常迅速，使我們對於完成特定工作所需能源的估計值，每年都要向下修正。一管日光燈所提供的照度與白熾燈完全相同，

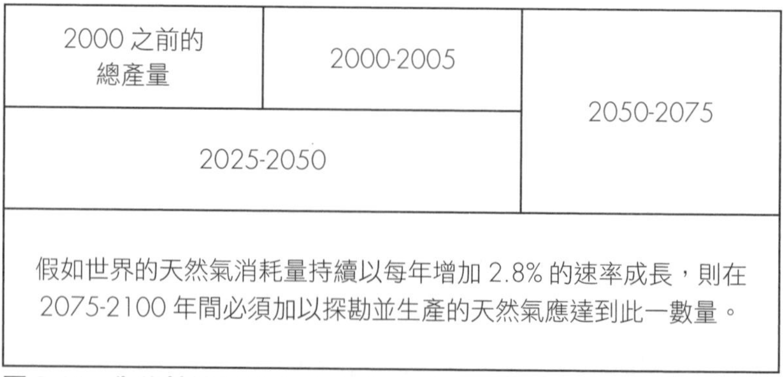

2000 之前的 總產量	2000-2005	2050-2075
2025-2050		
假如世界的天然氣消耗量持續以每年增加 2.8% 的速率成長，則在 2075-2100 年間必須加以探勘並生產的天然氣應達到此一數量。		

圖 3-14　為維持消耗量的成長所必須發現的新天然氣蘊藏量

假如天然氣的消耗量維持每年增加 2.8% 的速率成長，則每隔二十五年就必須能找到相當於以往總消耗量的新天然氣蘊藏量。

消耗的電力卻只及白熾燈的四分之一；假如全美國大樓的超大型窗戶都能確實具備良好的隔絕效果，節省的能源將兩倍於現今每年開採自阿拉斯加州的石油所產生的能源。現今起碼有十家汽車公司研製出每公升汽油可跑30-60公里（相當於每加侖跑65-130哩）的原型車，而且已經有人在討論以最新科技來生產每公升汽油可跑70公里（每加侖160哩）的車輛。與一般人的看法相反的是，這些高效率汽車已通過所有的安全測試，而且其中某些車輛的造價比現今車款還低[68]。

　　講求效率究竟可以節省多少能源？答案將視估算人員的技術和政治觀點而定。然而，保守的估計似乎可以確定，以現今的科技或更低的成本，只要使用現今耗用能源的一半，就可以使美國的經濟照常運作。如此一來，美國使用能源的效率將可達到現今西歐的水準[69]——全世界石油的消耗量將可因此減少14%，煤炭消耗量減少14%，天然氣消耗量減少15%。東歐和工業化程度較低的國家，也可將能源使用效率提高到與此相同或更高的水準。

　　樂觀的人指出這只是個起點。他們認為，世界上能源使用效率最高的西歐和日本，將可善用現有科技或未來二十年內可能出現的新科技，進一步將其能源使用效率再提高二至四倍。我們若能利用與太陽有關的再生資源來源——陽光、風力、水力發電，及生質能（biomass）——提供世界所需的大部分或全部能源，將可能達到這麼高的能源使用效率。太陽每天傳送到地球的能源是人類現今使用能源的一萬倍以上[70]。

　　獲取太陽能的技術，發展速度比提升能源使用效率的速度慢了些，不過一直在穩定進步中。過去二十年來，太陽光電（photovoltaic，PV，太陽電池所產生電力）和風力發電電力的成本都已大幅下降（見**圖3-15**）：1970年，太陽光電電力每一瓦的

成本要120美元，到2000年已降到3.50美元[71]。在工業化程度較低的國家中，許多村莊和灌溉計畫，根本無法支付架設電線與遠方輸電網絡連結所需的成本，太陽光電電力因此成為最具成本效益的選擇方案。

就成本而言，現今的風力能源具有快速成長的潛力。2002年年底，全球風力發電裝置的總發電量超過了三百一十億瓦——相當於三十具以上核子反應爐的發電量。換個角度說，從2001年年底到2002年年底，風力發電量成長了28%；如果從1997年年底算起，五年內風力發電量成長了四倍[72]。這麼可觀的成果，令人對未來各種產生能源的方式充滿著樂觀的期待。

> 我認為石油伴隨著我們日常生活的時日已不多……當你在停妥汽車，接著以燃料電池發電供家中使用時，世界經濟將出現變革。我們的全國電力網絡開始看起來像網際網路，而不像大型電腦主機。事實上，假如全美國的汽車都配備燃料電池，我們的發電量將會是今天的發電設施的五倍[73]。

再生能源來源也會對環境造成危害，而且，這些能源的來源並非沒有限制：風車需要占用土地以及通達其所在地的道路；某些太陽電池內含有毒物質；水壩雖然具有水力發電功能，但卻會淹沒土地並破壞河流的自然流動；生質能的永續性，取決於農藝或造林作業產生此種能源的方式是否具永續性；有些太陽能的來源顯得稀薄且斷斷續續，需要有很大的蒐集面積和複雜的儲存裝置[74]。想要利用所有再生能源之來源，都必須投下有形資本並做好妥善管理。此種能源來源也有速率上的限制：雖可源源不斷的提供能源，但此一過程的速率卻是固定的，不能無限期地支持龐

大的人口和快速成長的資本工廠，惟可提供未來的永續社會所需能源基礎。再生能源來源非常豐富、普遍，且極具多樣性；和化石或核子能源相較之下，造成的污染程度較輕微，且通常較無害。

假如我們能以很高的效率開發並使用最具永續性、污染程度最低的能源來源，則將可以在不超越極限的情形下，獲得充分的能源以滿足全人類的需求。要達到此一目標，只需要有足夠的政治意志、某些科技上的進步，以及社會的微幅改變。

由於未經探勘的天然氣蘊藏量顯然十分龐大，故在新舊千禧

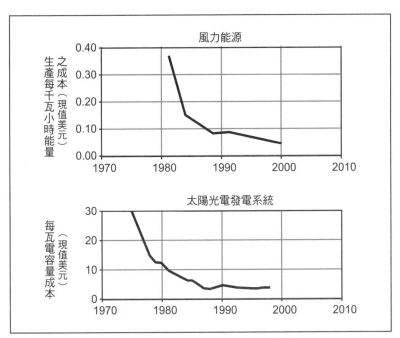

圖 3-15　風力發電與太陽光電發電系統的發電成本
1980-2000 年間，風力與太陽光電發電系統的發電成本都有大幅的下降。現在風力發電已經和化石燃料火力發電形成競爭態勢。（資料來源：EIA/DoE）

年交替之際，能源使用面臨的最嚴重限制似乎在於廢物吸收場所方面。有關使用能源時所排放的二氧化碳造成氣候改變的問題，本章稍後再討論。

◎ 物質

　　開採重要的天然資源時，常得移除或處理大量的物質，而這些物質會影響或破壞環境，本身卻不具經濟價值。舉例而言，欲取得金屬蘊藏、礦物、煤層等，必須移除大量的覆蓋物質，也就是表土。天然礦藏必須經過處理、濃縮後，才能成為商品，但在處理過程中會留下大量廢物有待處理。……所有這些廢物的流動，均屬一國經濟活動中的一環，卻是永遠進不了貨幣經濟的一環。經濟結算通常不會將其列入考量。因此，結算統計資料無法充分反映一個工業經濟體對天然資源的依賴程度。

——世界資源協會，1997 年

　　世界上的人口只有8%擁有汽車。數以億計的人住在簡陋的居所中，甚或完全沒有遮風蔽雨的地方，更不要談擁有冰箱或電視機了。假如世界人口愈來愈多，又假如這些人需要更多或品質更佳的住宅、醫療服務、教育、汽車、冰箱、電視，就勢必需要更多的鋼、混凝土、銅、鋁、塑膠，及許許多多其他物質。

　　這些物質來自大地、流向經濟活動，最後又回到大地的過程，也可以和化石燃料流一樣繪成流程示意圖，不過有一點例外。金屬和玻璃之類的物質與化石燃料不同的地方在於，它們經過使用後不會變成廢氣，而會變成固態廢物堆積在某個角落，或

回收利用，或分解、磨碎、濾除、汽化，或者散布於土壤、水及空氣中。

圖3-16顯示，1900-2000年間全球五種重要金屬的消耗情形。相關資料顯示，1950-2000年間，這些金屬的消耗量成長了四倍以上。

即使富有的人對銅、鎳、錫和相關金屬的使用也有其極限。然而，若以美國人的生活方式為指標的話，此一極限可說相當高。就大部分的金屬而言，工業化國家的人均使用率是非工業化國家的八至十倍。假如未來世界上90億人口的平均物質消耗率和20世紀末美國的物質消耗率相同，則全世界的鋼產量必須增加五倍、銅八倍、鋁九倍，才敷使用。

大部分人的直覺都認為，出現這麼龐大的物質流是件不可能也沒有必要的事；不可能的原因在於地球的物質來源和廢物吸收場所都面臨極限。物質從其來源一路流向廢物吸收場所，期間經歷過的加工、製造、處理和使用過程，都會排放相當多的廢物。

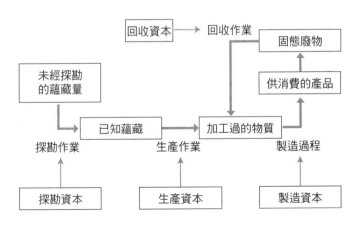

從未經探勘的蘊藏量到回收的過程

這種情形是可以避免的，因為在20世紀末，富國中生產給每個人使用的物質，就像生產供每個人使用的糧食、水、木材和能源一樣，數量都偏高，有浪費的現象。其實，要擁有良好的生活品質，不見得有必要對地球造成嚴重的破壞。

有跡象顯示，人類已經學到了教訓。圖3-17顯示20世紀鋼的消耗量之成長情形。原本呈平穩上揚的指數成長曲線，在1970年代中期有了變化。有幾項理論可用來解釋此種成長率下降的情形，不過這些理論都只能算部分正確。

- 經濟誘因和科技可能使人類以較少的物質達成更大效果的前景，促使「去物質化」趨勢的形成。
- 1973年和1979年的兩度油價震撼，造成需要消耗大量能

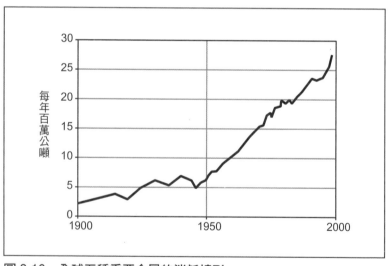

圖 3-16　全球五種重要金屬的消耗情形

20世紀期間，銅、鉛、鋅、錫和鎳的消耗量有大幅成長的情形。（資料來源：Klein Goldewijk and Battjes; U. S. Bureau of Mines; USGS; U. S. CRB.）

源的金屬產品價格飆漲，進而使人們對能源和作為各種
用途的物質，產生「撙節使用」的強烈誘因。

- 金屬價格的居高不下，加上環保法的約束和固體廢棄物處
  理問題，在在鼓勵人們對物質進行回收利用。

- 所有這些壓力加速了技術革命的展開。金屬因而被塑膠、
  陶瓷製品，和其他物質所取代。金屬製成——如汽車、軟
  性飲料的罐子及其他許多用品——都比以往來得輕。

- 1980年代的經濟停滯期，重工業一片蕭條，對重要金屬的
  需求也大幅下降[75]。

雖然造成物質消耗量成長趨緩之經濟因素可能只是暫時性
的，但技術的改變以及降低物質流量的環保壓力卻是永久性的。

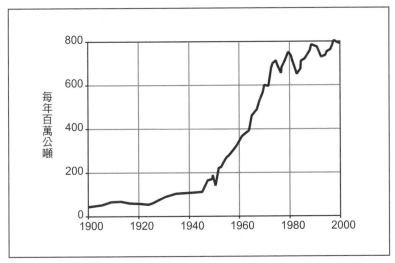

圖 3-17　世界鋼的消耗量

鋼的消耗量成長曲線呈 S 型。（資料來源：Klein Goldewijk and Battjes; U. S.
Bureau of Mines; USGS; U. S. CRB.）

值得玩味的是，過去數十年來，物質的價格持續下降，此點代表供過於求的現象[76]。

　　窮困的社區，由於缺乏資源來源，向來都會對用過的物質進行回收利用。富有的社區則因為欠缺廢物吸收場所，故正在學習如何對物質進行回收利用。回收作業已從勞力密集變成資本與能源密集的活動；機械化堆肥翻轉機、絞碎機與濾除系統、蒸煮機、沉澱物攪拌機、回收退費機（退還瓶子的附加費用）紛紛派上用場，而為工業界和地方政府規畫廢物回收計畫的管理公司也應運而生。

　　有遠見的製造商在設計產品（從茶壺到汽車）時，會將產品最後的拆解和回收事宜納入考量。舉例而言，新款的BMV有塑膠車體設計，以利回收作業。此外，現今的塑膠組件上普遍標示了其樹脂類型，而且盡量減少將不同類型混合在一起，以便最後能分離及再利用。

　　微小的改變如果發生的次數極為龐大，會造成非常可觀的效果。1976年發明的碳酸飲料鋁質易開罐，拉環會留在罐子上，因此會隨鋁罐一起被回收，而不會在開罐後就被丟棄。在新舊千禧年交替之際，美國人每年用掉了1050億個鋁罐，其中約有55%被回收。而這些隨著鋁罐被回收的拉環，每年可以節省1萬6000噸鋁及大約2億千瓦小時的電力[77]。

　　使用過物質後加以分解並回收，是達成永續性的一個步驟。物質在流經人類經濟運作的過程中分解和回收的情形，與其流經大自然運作的過程中一樣，都是在封閉的循環中進行。於大自然中，廢物離開某一程序後即進入另一程序。而生態系統的所有機制，尤其是土壤中的機制，會將廢物分解成有用的成分，再將這些成分送入生物體內。現代的人類經濟活動，終於也發展出一套

回收機制[78]。

　　但廢物回收只是在處理物質流最後、最單純的善後問題。概括性的經驗法則告訴我們，物質流在消費端點每產生1噸垃圾，在製造階段就會產生5噸，而在最初的資源採收（開採、抽取、砍伐及耕作）場所所產生的廢物更高達20噸[79]。故要減少這些廢物流的釜底抽薪之計，在於延長產品的使用期限並減少其來源的物質產出量。

　　欲延長產品的使用期限，最佳的辦法不是回收，而是講求更妥善的設計和修理工作，以及養成重複使用的習慣（例如使用可以清洗的杯子，而非用後即丟的免洗杯），如此一來，即可免掉對回收的物質進行壓縮、磨碎、融化、淨化及再製造的過程。產品的平均使用期限增加一種，則製造此一產品所消耗的能源、產生的廢物與污染物，和所需的全部原料耗用量都會減少一半。但是要對縮小生態足跡的方法要有定論，必須對生命週期（資源使用期限）進行徹底的分析，而這方面的分析所獲得的結果，常令人驚訝不已。

　　資源來源的減少，意味著我們必須找出能以較少物質達成同樣效果的方法。這和講求能源的使用效率是一樣的，而可能的方法不計其數。1970年，一輛典型的美國汽車重達3噸以上，且車身幾乎全由金屬打造。今天，一般的汽車遠較以往輕，且車身大部分由塑膠材料組成。電腦電路是布設在微小的矽晶片上，而不是在笨重的磁芯上，可以收納的資訊相當於二十萬張書頁所含的資訊。而細如髮絲的純玻璃纖維，所能傳送的電話語音資訊是銅線的數百倍，且音質更佳。

　　自工業革命以來，工廠的製造過程中總是伴隨著高溫、高壓、刺鼻的化學藥品及強大的機械力，但現在科學家已開始研究

如何運用精密的分子科技超微型機器與基因工程。此外，奈米科技和生物科技方面的突破性發展，也讓工業界能執行大自然所進行的化學反應程式，為分子做仔細的配對。

　　雖然有關物質的回收利用、提高使用效率、增加產品的使用期限，和減少對源頭的開採等方面的改進措施可說前景可期，但就全球的觀點視之，迄今為止，這些措施並未能減少經濟運作程序中的龐大物質流量，充其量只能降低其成長率。世界上還有好幾十億人需要汽車和冰箱。現在，大部分人比較能感受到廢物吸收場所的極限，而非資源來源的極限，但人類物質需求的持續成長，終將使我們面臨資源來源的極限。許多對人類最有用處的物質並不是以集中的形式存在於地殼中，要開採需要付出很大的代價──包括能源、資本，和環境及社會所受到的不良影響。

　　地質學家厄爾‧庫克（Earl Cook）曾指出，大部分可開採的礦藏並不集中且蘊藏量有限[80]。雖然庫克所做的分析距今已三十年，且現今科技已有長足的進步，但他的見解大體上仍然是正確的。某些礦物，如鐵和鋁，其蘊藏量非常龐大，故沒有資源來源受限的問題，而且在世界上許多地區都開採得到。然而其他的礦物，如鉛、錫、銀和鋅，蘊藏量並不豐富，因此會比較快面臨耗竭的命運。

　　國際環境發展組織（International Institute for Environment and Development, IIED）最近對全球礦業所進行的一項研究，讓我們對資源和蘊藏量有限的情形得到概要的瞭解。表3-2顯示八種重要金屬的相關預估資料。以每年2%的產量成長率（對某些礦物的產量而言，此一成長率偏高，對其他礦產則偏低；但整體而言，此一平均值應屬合理），現有礦物蘊藏量將可供開採十五至八十年之久。當然，科技會進步，礦物的價格會上漲，而生產

者會繼續探勘並發現新的可開採礦藏。因此，表內預估的開採期限可能嫌短。有多短呢？估計地殼中的蘊藏量可供開採的期限在五百至一千年之間。真正的數值大約在兩者之間。由於生產者將被迫處理開採提煉作業所造成的社會和環境代價，因此，可開採礦藏的資源總量之多寡，將視所需的能源和資本成本而定。

國際環境發展組織指出，廢物吸收場所扮演的角色，可能會限制我們對物質的使用。

雖然礦物的開採、使用和估計的資源總量等因素，已減輕我們對於世界的礦藏「行將耗竭」的憂慮，但我們卻更加重視環境和社會因素對礦物的運用所造成的限制。這些因素包括：

- 可用於開採作業的能源之多寡，或因開採含礦量較低的礦藏，致使獲得單位礦產所需能源增加，而對環境造成不良影響。
- 可用於開採作業的水量之多寡，或因開採含礦量較低的礦藏，致使耗用的水量增加而對環境造成不良影響。
- 社會偏好將土地用於開礦以外的用途，譬如做為生物多樣化的原始荒野保護區、文化保留區或農耕地。
- 社區無法容忍礦業生產帶來的不良影響。
- 礦物運用形態的改變。
- 礦產或其副產品（尤其是金屬）積存於空氣、水、表土或植物中，對生態系統造成的破壞[81]。

圖3-18顯示礦物逐漸耗竭的情形──以銅礦含銅量漸漸降

低為例，**圖3-19**顯示含礦量降低造成的後果。隨著礦砂含銅量的減少，採礦時必須加以碾碎並處理的廢土石大量增加。以蒙大拿州的比尤特（Butte）礦場為例，當礦砂含銅量從30%降到0.5%時，每採得1噸銅所產生的廢土石從3噸增加到200噸。此一廢土石數量增加的曲線，大致上和採礦耗用能源的數量增加曲線平行。金屬礦物的耗竭連帶加速了化石燃料的耗竭，並加重地球廢物吸收場的負擔。

表3-2　預估八種已知金屬蘊藏量可供開採期限

金屬	每年平均產量 1997-99年（每年百萬公噸）	每年平均產量的成長情形 1975-99年（每年百分比）	1999年的已知蘊藏量（10億公噸）	以每年2%的產量成長率預估已知蘊藏量可供開採期限（年）	資源總量（兆公噸）	以每年2%的產量成長率預估資源總量可供開採期限（年）
鋁	124	2.9	25	81	2,000,000	1,070
銅	12	3.4	0.34	22	1,500	740
鐵	560	0.5	74,000	65	1,400,000	890
鉛	3.1	-0.5	0.064	17	290	610
鎳	1.1	1.6	0.046	30	2.1	530
銀	0.016	3.0	0.00028	15	1.8	730
錫	0.21	-0.5	0.008	28	40.8	760
鋅	0.8	1.9	0.19	20	2,200	780

本表顯示已知蘊藏量和資源總量之間所存在的巨大差距。已知蘊藏量為經確定且依現今價格及使用現有科技可開採的礦物量。資源總量則為估計地殼中所存在的礦物總含量。人類永遠無法將資源總量悉數開採盡淨，但價格和科技的改變及新蘊藏量的被發現，都會增加已知蘊藏量。

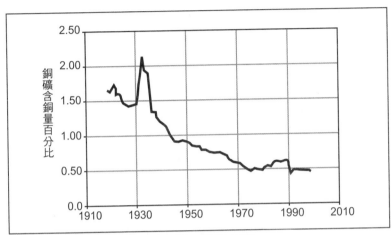

圖 3-18　美國開採的銅礦含銅量下降的情形

在 1910 年以前，美國開採的銅礦的平均含銅量為 2-2.5%。其後採得的銅礦之含銅量持續減少中。1930 年銅礦含銅量達到高峰，1980 年代含銅量出現微幅成長，原因在於經濟不景氣導致營運不善的礦場紛紛關閉，只剩下能開採到含銅量甚高銅礦的礦場仍在營運。

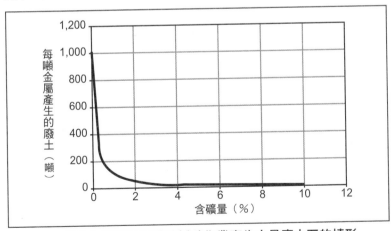

圖 3-19　礦砂含礦量降低導致採礦作業產生大量廢土石的情形

礦砂含礦量從 8% 降到 3% 時，採礦產生的廢土石並沒有非常明顯的增加。但當含礦量低於 3% 之後，廢土石開始大量增加。最後，處理廢土石所需成本將高過開採所得金屬的價值。

污染物和廢棄物的吸收場所

　　過去數十年中，人類已經成為大自然的一股新力量。我們用新的方法，以地球上從未出現過的最快速度，對最大的空間造成物理、化學和生物體系上的改變。人類已對地球進行規模龐大的實驗而猶不自知。這場實驗的結果如何仍不得而知，但已經對地球上的所有生命造成重大的影響。

　　　　　　　——珍·盧比辰柯（Jean Lubchenco），1998 年

　　1972年於斯德哥爾摩召開環境會議時，世界上設有環境部或環保署的國家還不到十個；如今，未設置環保機構的國家少之又少。各國莫不如火如荼展開各種環保教育計畫，而致力於推動各式各樣環保議題的特殊利益團體更是多得難以計數。然而這些新成立的環保組織和機構，表現只算差強人意。武斷地認為世界已經解決了污染問題，或認為環保工作毫無進展，都是不對的。

　　人類在處理某些特定有毒物質的工作上已獲得非凡的成效；這些物質有害人體健康，最直截了當的處理方法就是禁止使用。**圖3-20**即顯示，美國禁止在汽油中添加鉛後，已經使得人體血液中的鉛含量大幅降低。禁用政策也使得其他地區污染物質的含量明顯降低，例如芬蘭所生產的牛奶之銫 -137 含量和波羅的海沿岸國家的鯡魚體內 DDT 含量，近數十年以來都有明顯降低的情形。

　　工業化國家中，相關單位的堅定作為及投下的大量經費，已經在減少空氣和水中最常見污染物的工作上獲得部分成效，但並未能減少所有污染物的含量。**圖3-21**顯示，七大工業國在工廠煙囪上加裝排煙清除器並改用含硫量較低的燃料後[82]，二氧化硫

的排放量已減少將近40%。而二氧化碳和氧化氮是很難用化學方法加以清除的污染物；過去這兩種污染物在經濟持續成長的情形下，仍有二十年的時間含量大致上維持不變，主要原因在於能源使用效率的提高。

萊茵河遭受污染的經過情形，充分說明了人類處理水污染問題的成就和挫折。話說二次世界大戰後，萊茵河的污染程度逐漸嚴重到水中含氧量已危及生物生存的地步。1970年左右，其含氧量降到最低程度，導致水中生物難以存活。但此一情形到1980年已獲得明顯改善，主要原因是相關單位投入龐大經費建立完善的污水處理系統。然而，污水處理廠並無法清除水中的重金屬，如水銀和鎘；只有在萊茵河流經的相關國家同意落實更嚴格的污染管制規定之後，這些重金屬的含量才開始逐漸降低。到2000年，萊茵河中的重金屬大部分已清除。但滲透到河底沉積污泥中的重金屬本身無法分解，其含量仍然相當高，此種情形在萊茵河三角洲尤其嚴重。此外，河水中的氯含量也仍然偏高。萊茵河下游的國家迄未能找出有效的辦法來對氯的主要來源——位於阿爾薩斯地區的鹽礦礦場——施加壓力，雖然這些礦場最終可能會關閉。由農地的肥料釋放出來的氮污染量也偏高。因為氮污染的來源非常分散，難以透過污水處理系統加以收集，故減少其污染程度的唯一辦法，是改變整個萊茵河流域的耕作方式。即便如此，值得額手稱慶的是，已經消失了六十年的鮭魚，於1996年在萊茵河上游的巴登巴登（Baden-Baden）河谷再度現蹤[83]。

同樣的，其他工業化國家也投下巨資改善主要河川和水道的水質。這些國家投資了數十億美元蓋廢水處理廠，使得以往的污水池現在已乾淨得可用來養殖鮭魚。其中最著名的例子可能是泰晤士河的水質改善計畫。自1970年以來，連紐約港的海水也比

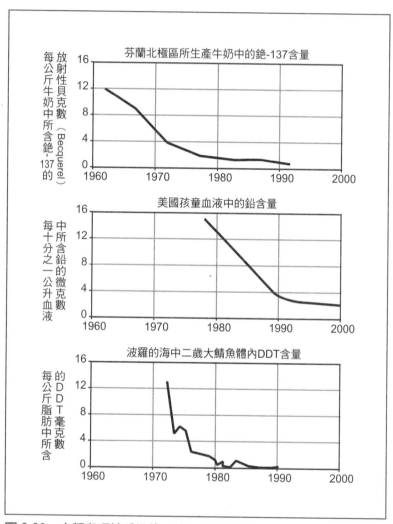

圖 3-20　人類與環境受污染程度降低的例子

過去數十年來，某些地區某些污染物質的含量已有所降低。直接禁止有毒物質的使用，如禁止在汽油中添加鉛、禁止使用 DDT 殺蟲劑及停止在大氣層中進行核子試爆，對於降低污染程度的成效最明顯。（資料來源：Swedish Environmental Research Institute; AMAP; EPA.）

以往更乾淨了（見**圖3-22**）[84]。水質更乾淨表示人類活動排放廢物的速率已降低到低於人類活動本身成長的速率。也就是說，人類於水域上的生態足跡已縮小。此外，許多工業化國家的空氣品質也有改善。過去數十年間，美國和英國採取一連串措施，包括嚴格的管制規定、對濾淨系統進行投資，及改用比較不會製造廢物的生產科技，因而大幅降低空氣污染程度（例如減低了有害粒子、二氧化硫、一氧化碳及鉛的含量）。連比較難處理的污染物質，如存在於下大氣層中的二氧化氮和臭氧都已經有減少的跡象[85]。而且，難能可貴的是，這些改善現象是發生於發電、加熱、人員和貨物運輸活動都有顯著成長的情形下。另外，人類在

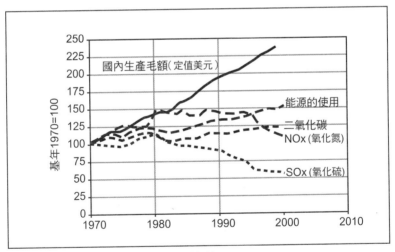

圖 3-21　數種空氣污染物的排放趨勢
工業化國家投入很大心力用於提高能源效率和做好排放管制。雖然自 1970 年以來，這些國家的經濟規模成長了一倍（以國內生產毛額計），但二氧化碳和氧化氮的排放量大約維持定值（主要因高能源效率所致）；而其氧化硫的排放量減少了 40%（因高能源效率和有效防止污染的科技應運而生）。（資料來源：World Bank; OECD; WRI.）

消除有毒物質（如多氯聯苯、DDT和其他殺蟲劑）的工作上也有進展[86]。但成效是有地域性的，且整體而言只算差強人意，因為許多這些不易自行消除而且會積存在生物體內的有毒物質，會隨著生物的遷移而散布全球各地，並且會長時期積存在偏遠地區人口的體脂肪內。

以上所述的有限成效，是富國花費大量金錢建立污染防制體系而有以致之。現今世界上空氣和水污染最嚴重的地區，是在東歐和正興起中的經濟體內，對這些地區和國家而言，需花數十億美元建立污染防制體系，簡直是件不可思議的事。2001年，東南亞地區因霾害導致天空灰濛濛達數週之久，使得全世界注意到此一事實的嚴重性。

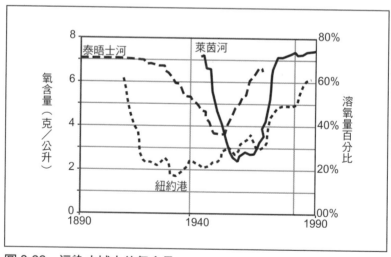

圖 3-22　污染水域中的氧含量

有機污染會降低河流中用以維持生命的氧含量。自 1960 及 1970 年代，由於相關單位投入大量經費建構污水處理系統，已經因而提高萊茵河、泰晤士河和紐約港水域的氧含量。（資料來源：A. Goudie; P. Kristensen and H. Ole Hansen; OCED; DEP.）

　　我們迄今所談到的是最明顯的污染物——也就是人類能直接接觸到，因而最能吸引政治注意的污染物。然而，在具有環保意識的大公司極力講求提高生態效率的今天，一般人能察覺的水與空氣污染物，也漸漸成為大家注意的焦點。我們必須長時期保持對這些污染物的監控，以平衡人類相關活動持續增加的現象。

　　到目前為止，最難處理的污染物為核廢料、危險廢料，及威脅地球生物化學運作程序的廢料（如溫室效應氣體）。這些污染物很難以化學方法加以分離或消除，很難靠我們的感官辨識，也很難以經濟和政治手段管制。

　　迄今為止，世界上沒有一個國家能有效處理核廢料。廢料本身的毒性以及會造成生物基因突變的特性，對所有生物都構成危害。假如此種有害物質落入不法之徒手中，還可能成為遂行恐怖活動的工具。大自然沒有能力消除核廢料的危險性。核廢料有其本身的分解期程，長短可能是數十年、數百年，或甚至數千年。這種核能發電的副產品會穩定地持續累積，並暫時儲放在池底或核反應爐密封容器內的水池中，期望有一天人類能有技術和制度上的創新作法，俾為這些有害廢料找到適當的儲放場所。基於以上原因，世人普遍對大規模使用核能對人類健康所構成的威脅心存顧忌。

　　另一項令人頭痛的問題是人工合成化學製品的廢棄物問題。地球上本來沒有人工合成製品的存在，因此大自然中的微生物並未演化出分解及消除這些製品毒性之能力。現今，常見的商用化學製品多達六萬五千種以上。其中標示有毒性資料者可說少之又少[87]。每天都有新的化學製品進入市場，其中許多沒有經過徹底的毒性檢測。世界上每天產生的此類有害廢物多達數千噸，其中大部分出現在工業化國家。現在大家已漸漸瞭解此一問題的嚴重

性；許多工業化國家開始設法恢復遭數十年胡亂傾倒化學廢物所污染的土壤和地下水的原本狀態。

此外，某些有害物質會造成全球性污染。這種全球性污染物不論來源為何，都會對每個人造成影響。最著名的例子是，一種稱為氟氯碳化物的有害物質對同溫層中的臭氧層造成的破壞。臭氧層事件十分引人入勝，因其代表人類首度毅然決然地與地球的某種極限進行對抗的作為。我們覺得此一事件非常重要，給了我們無窮的希望，故將在第五章中好好加以討論。

大部分科學家及現今的許多經濟學家都認為，人類下一個要面對的地球極限問題與溫室效應，也就是全球氣候改變有關。

地球的氣候系統已出現全球性及地區性的改變，而此種改變部分歸因於人類的活動。

● 自 1860 年以來，地球的溫度已上升攝氏 0.6±0.2 度；其中又以上個世紀的最後二十年氣溫最高。
● 20 世紀北半球地表溫度上升的幅度可能高於過去一千年中的任一個世紀。
● 降雨（雪）形態有改變；某些地區出現降雨量暴增的情形。
● 自 1900 年以來，海平面已上升十至二十公分；非極區的冰河大部分都在後退中；夏季，北極海冰層的範圍和厚度都會縮小。
● 人類活動正在增加大氣中的溫室效應氣體的濃度，進而造成大氣的暖化；但某些地區因大量使用含硫酸鹽的噴霧劑而對大氣造成冷卻效應。

● 過去五十年中觀測到的暖化現象,大部分歸因於人類的活
動[88]。

數十年來,科學家一直在量測因燃燒化石燃料而累積在大氣
層中的二氧化碳的含量。我們在第一本書中已公布過有關二氧化
碳資料的概況[89]。二氧化碳會「困住」大氣層中的熱度,並因而
增高地球的溫度,就像溫室可讓太陽熱能進得來卻出不去。人
類知道此種現象已經一百多年了。而過去三十年中,人類活動所

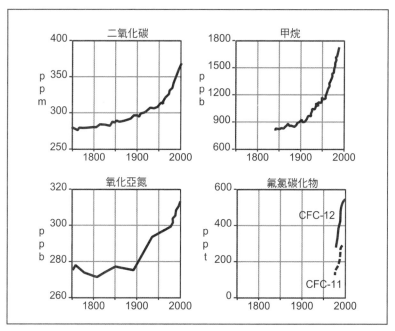

圖 3-23　全球溫室效應氣體的含量
二氧化碳、甲烷、氧化亞氮和氟氯碳化物都會阻礙地球熱氣排放至外太空的
過程,因而造成地球溫度的升高。自 1800 年代以來,這些氣體於大氣層中
的含量一直在增加(氟氯碳化物除外,因此種氣體是在 1900 年代中期才由
人工合成方法製造出來的)。(資料來源:CDIAC; UNEP.)

排放的其他溫室效應氣體，如甲烷、氧化亞氮和氟氯碳化物的累積量正呈指數成長，對臭氧層構成威脅，此點已是益發明顯的事實。（見圖3-23）

我們不容易很快察覺氣候的改變，因為天氣每天、每年都在變。氣候是天氣的長期平均狀況，因此，我們只能對氣候進行長時期的量測。然而，地球暖化的跡象在十年前已浮現，其後就以驚人的速度惡化中。「去年是有史以來最熱的一年」的消息，已經成為稀鬆平常的事。我們只要瞭解地球平均溫度上升的速率（如圖3-24所示），這種現象也就不足為奇了。

衛星照片顯示，北半球冰、雪的覆蓋面積正在縮小中，北極的冰層逐漸變薄；最近，西方國家的遊客搭乘俄羅斯的破冰船抵達北極區時，驚見眼前出現開闊的無冰水域。1980-98年間，世

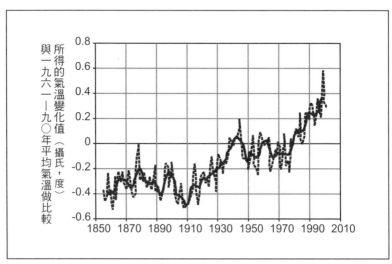

圖 3-24　全球氣溫上升的情形

過去的一個世紀中全球平均氣溫上升了 0.6℃。圖中的虛線代表每年上升的平均值；實線代表每五年上升的平均值。（資料來源：CDIAC.）

界各地有關「珊瑚白化」（變白之後接著死亡）的報告多達一百件，相形之下，在此之前的一百年中，只出現過三次類似的報告。珊瑚白化是海洋溫度不尋常上升迅速造成的結果[90]。

　　現在連某些因為對「危言聳聽的環保主義」抱持懷疑態度而聲名大噪的經濟學家，都開始覺得大氣層中有不尋常的重大發展在醞釀中，而且認為此種情形可能是人類造成的。1997年，由兩千多位經濟學家，包括六位諾貝爾獎得主所共同發布的一項聲明指出：

　　　　相當確定的證據顯示，人類已對全球氣候造成影響。身為經濟學家，我們認為全球氣候的改變會帶來環境、經濟、社會和地緣政治上的重大危險，故有必要採取預防措施[91]。

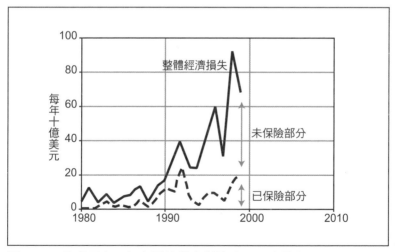

圖 3-25　全世界與天氣有關的災害所造成的經濟損失

20 世紀的最後二十年由天災所造成的經濟損失有增加的現象。（資料來源：Worldwatch Institute.）

　　經濟學家對此一問題日益感到憂心的原因之一可能是，大約從1985年開始，天災所造成的經濟損失有逐漸增加的趨勢。（見圖3-25）

　　以上的所有觀察心得，無一能**證明**現今的氣候變遷是人類造成的；即便證實，我們也無法明確的預測，全球氣候的變遷會對未來人類的活動或生態系統的健全運作造成什麼樣的影響。有些人在不確定的基礎上做出許多推論，令人看了如墜五里霧中[92]。因此，我們必須把我們確實知道的做清楚的陳述。關於這一點，由數百名科學家與研究人員組成的聯合國政府間氣候變化專門委員會（Intergovernmental Panel on Climate Change）足堪表率；此一小組大約每隔五年會發表一次有關氣候變遷的嚴謹觀點[93]：

- 人類活動，尤其是燃燒化石燃料及砍伐森林，確實會造成溫室效應氣體聚集於大氣層中。
- 大氣層中二氧化碳（主要的溫室效應氣體）的含量確實呈指數成長中。人類對大氣中二氧化碳含量的監測已為時數十年。我們可以鑽取極區冰帽的冰層，並從冰層的氣泡中檢測歷史上大氣二氧化碳的含量。
- 溫室效應氣體會將原本會脫離地球進入太空中的輻射熱留在大氣層中，這是因其分子結構與光譜吸收頻率上的特性使然。
- 留在大氣中的輻射熱會造成地球氣溫的上升。
- 暖化效應的分布不平均，靠近極區與赤道部分將比較明顯。由於地球的天氣和氣候，主要係受極區與赤道之間溫差的支配，故暖化效應將使風、雨和洋流的強度和方向出現改變。

● 地球氣溫變暖，海洋的面積會因而擴大，海平面也會上升。
　假如暖化效應足以造成極區冰層的大量融化，則海平面將
　大幅上升，不過短期內尚不至於發生這種事。

我們眼前面對三大不確定狀況。其一，在沒有人類干擾的情
形下，全球的氣溫會是什麼樣的狀況。假如某些長期的氣象因素
本身與溫室氣體的增加並沒有關聯，卻會造成暖化效應，則溫室
氣體將會強化這些因素的效應。其次，地球的暖化對每一特定地
區的氣溫、風力、洋流、降雨量、生態系統和人類的經濟，究竟
會有什麼影響。

第三個不確定狀況與回饋圈的運作有關。地球上碳元素及能
源的流動情形極其複雜。或許世界上存在著某些自我矯正機制，
也就是負回饋程序，可使溫室氣體的含量或氣溫維持穩定。現在
已經有一種這類的機制發揮效用：海洋吸收了半數以上人類排放
的二氧化碳。雖然此一效用仍不足以終止大氣中二氧化碳濃度的
上升，但卻能緩和其上升的速度。

此外，世界上也可能存在具有破壞效用的正回饋圈。此種回
饋圈會隨著氣溫的上升造成暖化現象的進一步惡化。舉例而言，
暖化現象會造成冰、雪覆蓋面積的縮小，地球反射太陽熱能的效
用因此降低，使得暖化現象進一步惡化。此外，凍原土壤融化之
後，會釋出大量的冷凍甲烷，此種溫室氣體將增加暖化的程度，
進而導致更大面積凍原的融化，又釋出更大量甲烷。

沒有人真正瞭解，這些可能對溫室氣體的增加做出反應的
正、負回饋圈孰占優勢。所幸，1990年代對此類議題進行的科
學研究活動有大幅增加的現象，而且以電腦模擬作業對可能的氣
候效應所做的預測也愈來愈準確[94]；但新近提出的一份「2050年

天氣預測」的內容頗令人憂慮，值得我們注意。

　　問題不在於未來氣候是否會因為人類的活動而出現進一步的改變，而在於改變的程度（幅度）**多大**、改變的**所在地**（地區的改變形態）為何，及**什麼時候**發生改變（與改變的速率有關）。此外，氣候的改變顯然會對世界許多地區的社經部門、水資源、農業、林業、漁業、人類的聚集地、生態系統（尤其是珊瑚礁），以及人類的健康（尤其是傳染病的肆虐）造成不良影響。事實上，聯合國跨國氣候變遷專家小組第三次評估報告指出，世界上的大部分人都會受到氣候改變的不良影響[95]。

　　科學家確定以往地球上出現過氣溫的大變動，而且此種變動的形態並不平順、不是井然有序，也沒有很快自我矯正過來。事實上，此種變動的情形是頗混亂的。圖3-26顯示過去十六萬年中地球溫度變化以及大氣中兩種溫室氣體——二氧化碳和甲烷——濃度變化的歷史[96]。氣溫和溫室氣體濃度的變化如影隨形，但我們無法確定兩者間的因果關係。最可能的情形，是這兩項因素透過複雜的回饋圈產生交互作用。

　　圖3-26指出的最重要訊息是，**現今**大氣中二氧化碳和甲烷的濃度**遠比過去十六萬年中任何時期高**。不論此點可能造成什麼後果，很明顯的是，人類排放的溫室氣體充塞大氣廢物吸收場所的速度，突然間遠比地球能排除的速度要快得多。地球的大氣層中存在著一種嚴重的失衡現象，而且此種現象正呈指數惡化中。

　　就人類的時間尺度而言，此一失衡現象所啟動的程序，運作速度可能非常緩慢。而造成的後果可能要經過數十年，才會以冰

層融化、海面升高、洋流改變、降雨量改變、風暴更形猛烈，以及昆蟲、鳥類或哺乳類的遷徙等形式顯現出來。但氣候也可能透過我們迄今尚不瞭解的正回饋效應而突然改變。2002 年，美國國家科學院（National Academy of Sciences）的某一委員會的報告指出：

> 最近的科學證據顯示，大規模的氣候變遷已然發生，且其速度快得驚人。舉例而言，自上次冰河期以來，北大西洋海水暖化的幅度，大約有一半是在最近十年內形成的，而在這段期間世界上大部分地區也出現重大的氣候變化。……但我們對於以往氣候的突然變化，仍然無法做出圓滿的說明[97]。

不論氣候的變化來得快或慢，我們知道要扭轉其負面效應將需要數百年或數千年的時間。

我們在本章中所論及的人類活動對環境造成的負面影響，可說是不必要、也是可以避免的。漸漸地，污染已不再被視為是進步的象徵，而是無效率和疏忽的同義詞。工業界體悟到這點，已開始重新思考整體製造過程的妥適性，俾盡快找出方法來減少污染物的排放和資源的耗用。

其具體作法是從「煙囪頂端著手」（減少現行生產程序的污染排放）改為「從事更淨潔的生產」（基於減少污染排放和資源耗用的目的而精心設計產品及生產程序）到講求「工業生態」（利用某一工廠流出的廢水做為另一工廠的原料）。電路板生產廠家斥資裝置離子交換管柱以回收重金屬廢料，因此可獲得回收金屬、大量減少水費，及降低責任保險費用，而從中獲利。製造

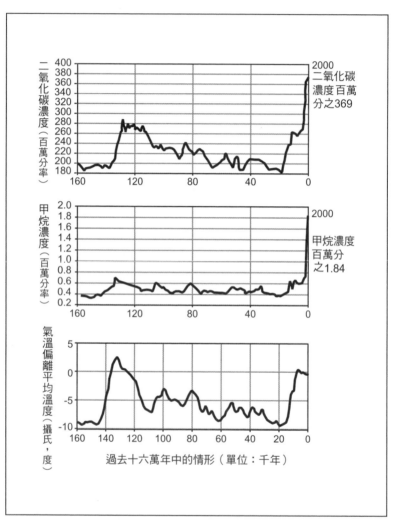

圖 3-26　過去十六萬年中溫室氣體濃度及全球氣溫變化的情形
科學家測量冰核的包覆氣體得知，地球的氣溫曾出現過大變動（在冰河期及
間冰期），而且大氣中的二氧化碳和甲烷的濃度曾隨著地球氣溫的改變而改
變。現今大氣中這兩種溫室氣體濃度升高的幅度之大，是遠在人類出現之前
到今天為止所僅見。（資料來源：CDIAC.）

廠設法減少其空氣污染物的排放量、水污染物的排放量、用水需求量及固體廢棄物的產生量，因此每年可節省好幾億美元的作業費用。化學公司決定減少其二氧化碳排放量以避免支付廢氣排放費用，同時可因而節省大量的能源成本。

這些作法或許會讓人覺得有幾分訝異。但都已證明除了能達到良好的公關效果外，確實可讓業者獲得利潤，即使短期內也可見到成效。無疑的，經濟效益為持續減少每消費單位的生態足跡，提供了強而有力的理由。

假如通過人類經濟結構的每一項產品的平均使用期限能夠倍增，假如被回收利用的物質能增加一倍，假如製造每一項產品所需原料能減少一半，則人類的物質需求量將可減少為原來的八分之一[98]。假如能源的使用更有效率；假如能使用再生能源來源，假如土地、木材、糧食和水的使用能減少浪費，而且森林能恢復原狀，則將可遏止溫室氣體及其他許多污染物的增加。

超過限度

一項概估資料顯示，現今對自然資源及服務的耗用已經超過地球所能長期承載。……假如世界上每一個人都享有和北美洲人民一樣的生態標準，則以目前的科技，我們必須有三個地球才能滿足整體物質需求。……假如要支持未來四十年預期將持續成長的人口和經濟生產，我們將另外需要六至十二個地球。

——馬希斯‧韋科納吉爾及威廉‧里斯
（William Rees），1996 年

　　我們在本章中提出的證據、世界各地的資料庫儲存的相關資料，加上媒體每天的相關報導，在在顯示人類經濟活動使用地球資源和廢物回收場所的方式並不具永續性。現在，土壤、森林、地表水域、地下水、濕地、大氣，以及大自然的多樣性都受到破壞。連再生資源看似穩定的地方，如北美的森林或歐洲的土壤，資源的品質、多樣性或健全性都已出現問題。污染物正大量堆積中，而廢物吸收場所已滿溢。整個地球大氣層的化學組成正在改變，而且已經可量測出其對氣候造成的擾亂效應。

靠老本過活

　　假如只有一種或少數幾種資源的數量逐漸減少，其他資源的數量維持穩定或有所增加，則可能有人會指稱，我們可用某一資源取代另一資源（雖然這種取代作法也有其限度）。假如只有少數廢物吸收場所已經滿溢，人類或許可用某一廢物吸收場所（如海洋）取代另一廢物吸收場所（如空氣）。但是現今許多廢物吸收場所已經被廢物填滿、許多資源的數量逐漸減少，加上人類生態足跡已經超過能永續維持的程度，因此我們必須做出更重大的改變。

　　我們要明白，地球上存在的極限，並不會限制以世界生產毛額量度的人類經濟活動，而是會限制人類活動的生態足跡。在短期內，這些限度並不具絕對性，超過限度不代表走到了盡頭。最簡單的比喻是漁撈作業：每年漁獲量可以超過每年魚類的再生數量，此種情形可以持續相當久，直到魚群完全消失為止。同理，即使溫室氣體排放量超過限度，仍可持續排放相當長的時間，直到氣候改變的負回饋效應迫使人類減少其排放量。總之，物質產

量的增加超過限度後，終將開始減少，不論是人類的選擇使然或大自然的限制有以致之。

許多人清楚的瞭解，某些地區人類生態足跡的成長已超越限度。雅加達排放的廢氣含量，已超過人類肺部所能承受的極限；菲律賓的森林已快消失殆盡；海地國內許多地區土壤流失情形嚴重到岩石外露；紐芬蘭外海的鱈魚漁場已經關閉；巴黎人在夏天得忍受車速速限降低的不便，以減少汽車排氣造成的污染。2003年夏季歐洲的高溫創紀錄，造成數千人熱死。萊茵河河水的化學物質含量多年來一直偏高，使得現在荷蘭的港口必須將浚深工程所挖出的污泥當危險廢物處理。2001年，冬季滑雪客到奧斯陸後，幾乎找不到積雪夠厚的場地可以一展身手。

至於比較特殊的問題，如氟氯碳化物侵蝕臭氧層的現象，則不只是有人看出這種超過限度的情形而已，國際社會還堅決的採取矯正措施。然而，由於自私、短視的國家，甘為同樣自私、短視的利益捐輸者代言，多方阻撓全球性限制溫室氣體排放的工作，致使其在推行上可說舉步維艱。〈京都議定書〉的落實情形，充分說明要從超過限度的狀態退回來並不是件容易的事。

更糟的是，現在仍然很少人討論有關超過限度的**整體問題**；仍然很少人施壓促成迫切需要的技術改變，俾提高物質產量的效率；而且，幾乎沒有人願意處理人口和資本成長的驅動因素。1987年時，若對超過限度的現象不夠重視，或許還情有可原。當時連對此一問題相當瞭解的團體，如世界環境暨發展委員會（曾非常認真地研究世界上的相關趨勢並指稱這些趨勢「根本無法永續發展」），都認為明白說出**人類世界已超越其應有的極限**，就政治上而言並不合時宜，更遑論認真研究解決之道。或許這些團體真的以為這種現象並不存在。但於如今新舊千禧年交替

之際，若還否認世界上存在超過限度的可怕事實並忽視其後果，則就說不過去了。

逃避此一問題的原因是可以理解、而且具有政治考量的。只要有人提及降低成長的議題，馬上會引發有關現有資源應如何分配，以及誰應對現今的狀況負起責任的激烈爭論。一般而言，富人的生態足跡遠比窮人的生態足跡來得大。舉例而言，一個德國人的生態足跡是一個莫三比克人的十倍；而一個俄國人取之於地球的資源和一個德國人一樣多——只是前者並未能因此而享有高品質的生活水準。假如整個世界正在超越其本身的各種極限，那麼應該由誰來改正此一趨勢：浪費成性的富人、人口暴增的窮人，還是欠缺效率的前社會主義者？就地球的前途而言，答案是三者皆應負責。

地球上的大部分住民持續處於貧窮狀態，以及少數人過度耗用資源，是造成環境惡化的兩大原因。現今的這種趨勢是不具永續性的，而延遲採取行動已不再是一項選擇方案[99]。

環境保護主義者有時會以他們所稱的IPAT公式，說明環境惡化的原因，其中I代表人類活動對環境造成的影響，P代表人口，A代表富裕程度，T代表科技。公式如下：

$$I＝P×A×T$$

也就是說，任何國家對地球資源及廢物吸收場所造成的影響（生態足跡）是其人口（P）與其富裕程度（A）與被選用來支持此一富裕程度的特定科技（T）所造成的損害之乘積。為了縮小

人類的生態足跡，合理的作法是，每個社會應在其最具有改善空間的領域做出貢獻。南方國家在 P 領域最具有改善空間，西方國家是 A 領域，東歐國家則為 T 領域。

可改善的範圍可說大得驚人。假如我們能對 IPAT 公式中的每一因素做更精準的定義，會發現有許多方法可用來縮小生態足跡，並大為減少人類對自然資源的需求[100]。（見表3-3）

富裕程度取決於高消費率，例如，花在看電視、開車，或於室內休息的時間。富裕程度的生態足跡是與此種消費行為有關的物質、能源，和廢物排放所造成的影響。舉例而言，假如一個人每天喝三杯咖啡，則他的生態足跡將因使用的是傳統的瓷杯或塑膠杯而有很大的不同。瓷杯需使用水和肥皂清洗，且每年需要有少量的新杯子取代打破的。假如一個人使用的是可拋式多苯乙稀材質杯子，則他耗用的是一整年份的杯子、製造多苯乙烯所需的原油和化學物質，以及將杯子送交使用地點所需的運輸作業。

表3-3內將科技造成的影響定義為：製造和運交每項物質流所需能源與每單位能源對環境造成的影響之乘積。開採黏土、燒製瓷胚、將瓷杯送交用戶，及將水加熱用來清洗瓷杯，都需耗用能源；探勘和抽取製造免洗杯所需的原油、運送原油、提煉原油、製造聚合物、製造杯子、將杯子送交使用者，以及將用過的免洗杯運送至廢物場，同樣需耗用能源。每一種能源都會對環境造成影響。我們可以運用科技方法，如使用污染管制裝置、提高能源效率或改用其他能源來源，達到改變生態足跡的目的。

表3-3內任何因素出現變化都會改變生態足跡，並將人類的經濟活動推向或拉離地球的極限。減少人口數量或減少每人囤積的物質數量，將有助於使人類世界安然處於地球極限之內。提高生態效率——也就是降低每消費單位的能源或物質消耗率以及廢

表3-3　人口、富裕程度和科技對環境所造成的影響

人口	富裕程度		科技	
人口	$\times \dfrac{資本數量}{個人}$	$\times \dfrac{物質產量}{資本數量}$	$\times \dfrac{能源}{物質產量}$	$\times \dfrac{對環境的影響}{能源}$
實例				
人口	$\times \dfrac{杯子數量}{個人}$	$\times \dfrac{水＋肥皂}{杯子數量/年}$	$\times \dfrac{10億焦耳或千瓦小時}{公斤水＋肥皂}$	$\times \dfrac{二氧化碳，NO_X 土地的使用}{10億焦耳或千瓦小時}$
可行方法				
家庭計畫	價值	產品使用期限	最終使用效率	良好的資源來源
女性讀寫能力	價格	物質的選擇	轉換效率	調整
社會福利	全部成本計算	最低物質設計	分配效率	選址
婦女的角色	我們要什麼？	回收，再利用	系統整合	技術緩和作用
土地使用期限	多少才夠？	廢料回收	程序設計	抵銷作用
長期改變的概略範圍				
~2x	?	~3-10x	~5-10x	~10^2-10^3+x
重大改變的時間尺度				
~50-100 年	~0-50 年	~0-20 年	~0-30 年	~0-50 年

物排放率——也可發揮同樣的效果。該表列舉了降低IPAT公式中每一因素效應的方法，並推測可將其影響降低到什麼程度，需要花多長的時間。

依此方式，我們顯然有非常多選擇方案。我們真有可能將人類對地球資源來源與廢物吸收場所的影響降低到令人驚訝的程度。就算我們在每個可能改變的領域中只獲得微不足道的成效，加總起來卻可能將人類對地球造成的影響降低為**原來的幾百分之一甚至更少**。

假如眼前有這麼多選擇方案，為什麼我們不投下心力來落實

這些方案？這麼做會有什麼結果？假如人口、富裕程度和科技的趨勢開始出現改變，結果將如何？這幾項因素彼此間有何關聯？假如科技的改變造成生態足跡的縮小，但人口和資本仍持續增長，會出現什麼樣的景況？假如生態足跡根本沒有縮小，會怎麼樣？

　　這些問題不能分別以資源數量和污染吸收場所的角度檢視（這是本章的處理模式），因其攸關整體生態足跡、生態足跡與人口及資本的互動，以及人口與資本的互動。因此，我們必須跳脫靜態、一次分析一種因素的模式，改以整體系統的動態分析探討這些問題。

|第四章|

World3 模型：
有限世界的成長動態

假如現今有關人口成長趨勢的預測是正確的，而且
人類在地球上的活動模式維持不變，則科學和技術
可能無法阻止世界上大部分地區不可逆轉的環境惡
化或持續存在的貧困現象。

——倫敦皇家學會（Royal Society of London）
與美國國家科學院，1992 年

　　造成人口和工業成長的因素中，包括許多會相互強化和牴觸
的長期趨勢。出生率的下降速度比預期中快，但人口卻在增加
中。許多人變得愈來愈富有。他們需要更大量的工業產品；但他
們也希望能降低污染程度。用來支持工業成長的能源和物質流，
正在造成非再生資源的耗竭及再生資源品質的惡化；但穩定進步
中的科技，使我們得以發現新的能源蘊藏並以更有效率的方法使
用物質。每個社會都有資本不足的問題；但我們卻必須進行投
資，才能找到更多資源、生產更多能源、清除污染、改進學校教
育，和做好保健及其他社會服務。另一方面，這些投資又必須與
消費品需求日益增加的現象進行競爭。

　　未來數十年中，上述這些趨勢將如何互動、如何演變？欲瞭解其影響，我們必須有個遠較我們腦袋中的思緒模式更複雜的模型。本章將討論我們所創造和使用的World3電腦模型。我們將概述World3模型結構的主要特性，並描述其針對21世紀的情況提出的某些深刻見解。

World3 的結構與目的

　　人人都想確切知道未來會發生什麼事，此點使得有些人提出某一模型做為探討未來的依據時，會面臨誤解而感到挫折。我們在三十多年前出版本書的第一版之後，就一直有這方面的困擾。某一本經典的科幻小說中，一位名為賽爾丹（Seldon）的理論模型設計者與皇帝的對話，點出了此項問題。

　　「據我瞭解，你認為未來是可以預測的。」

　　賽爾丹突然覺得不耐煩。或許，對於他的理論之誤解，終究是要浮上檯面的。也許，他不應該提出那份報告。

　　他答道：「事實上，並不盡然。我的本事還差得遠。……我只不過想說明……我們是可能選定一個出發點，並據以提出適切的假設，以釐清混沌不明的狀況。如此一來，我們將可預測未來，當然，我們只能獲得『概括性的瞭解』，而非詳盡的瞭解；而且，也沒有絕對的把握。……」

　　皇帝仔細聽完這段話後，說道：「這不就表示你已經告訴我如何預測未來嗎[1]？」

　　本書接下來的討論經常會使用World3提出各種設想狀況，

俾有助於我們說明對未來的「概括瞭解」。一開始，我們將先提及有關模型的一些定義和注意事項，以減少我們的目標遭到混淆的可能性。

模型呈現的是經過簡化的事實。假如模型鉅細靡遺地複製了實際狀況，可能會喪失效用。舉例而言，假如地圖涵括了地貌的所有特性，對汽車駕駛人可能沒什麼用處——地圖主要只顯示道路的配布，而省略了道路兩旁的建築物和植物。一架小型飛機模型若用於風洞實驗中以探討特定機翼剖面的流體動力特性，將甚見價值，但我們並無法以此一模型瞭解最後製造出來的實體飛機，能提供乘客什麼樣的舒適度。一幅畫就是可以傳達感情或呈現風景的圖形模型，但此一模型無法告訴我們其中的建築物之價格或內部的絕緣狀況。欲瞭解此類問題需要有另外的圖形模型——建築師的建造藍圖。模型全部是簡化作為的產物，故不具備完美的效用；無一模型是百分之百真確的。

因此，建立模型是為了達成某些特定目的，是為了回答一系列相互關聯的問題。接下來，我們必須瞭解模型的限制，並注意模型無法回答的諸多問題。World3係針對一系列經過仔細界定的、有關地球上物質長期成長的問題而設計的。令人遺憾的是，這表示World3將無法回答讀者關心的大部分問題。

模型的種類很多——比較普遍的有心理模型、語文模型、圖表模型、數學模型或實體模型。舉例來說，本書內使用的許多名詞就是語文模型。像**成長**、**人口**、**森林**和**水**這些用詞，只不過是代表非常複雜的現實狀況的符號、文字。圖形、圖表、地圖和照片都屬於圖表模型，以研究對象在紙上的外觀和位置來呈現相關的關係。World3則為數學模型，是用一系列的數學公式呈現各種因素之間的關係。我們並沒有使用實體模型來瞭解成長和極限

的問題，雖然這種模型在許多用途上頗具價值，例如在社區或工業產品的設計工作中，實體模型扮演很重要的角色。

心理模型是我們腦中形成的抽象概念。這種模型不具形體，別人無法直接接觸到其內容。具體的模型可讓別人直接檢視或利用。這兩種模型可進行完美的互動。我們可善用具體模型進一步瞭解現實狀況以及其他人的心理模型，如此一來，將可充實我們自己的心理模型。我們在這樣的學習過程中，將可創造出更有價值的具體模型。我們從事此種互動過程已有三十多年，本書就是此一過程的產物。

為了撰寫這本書，我們將相關文字、資料、圖表和電腦設想狀況彙集在一起。這本書就是我們的思想模型，而創作這本書也改變了我們的某些認知。我們竭盡所能的在書中反映我們對新世紀地球上物質成長的最新想法和瞭解。但本書只是這些想法的模型，而這些想法就像每個人的思想一樣，也只是「真實世界」的模型罷了。

因此，我們會遭遇困難。我們將討論非具體模型，也就是電腦模擬的世界。為了讓此一模型具有意義，我們必須拿它和「真實世界」做比較，但我們和讀者一樣，都沒有一個大家公認的「真實世界」可供比較；我們擁有的，只是有關一般被稱為真實世界的實體之心理模型。這些有關周遭世界的心理模型，是集合客觀證據和主觀經驗而形成的，這種模型使人類成為萬物之靈，但也給人類帶來許多困擾。然而，不論人類心理模型的優缺點為何，和它嘗試去代表的浩大、複雜且不斷改變中的世界相較之下，這種模型可說簡陋不堪。

為了提醒自己和讀者此處討論的只是模型，我們會把World3的模擬對象「真實世界」置於引號中。我們所稱的「**真**

實世界」或「**實際狀況**」只是本書諸位作者共同擁有的心理模型。**實際狀況**充其量只是此一名詞使用者的心理模型，我們不能逃避此一事實，我們只能宣稱，由於善加運用電腦模型，已迫使我們的心理模型比以前更嚴謹、更廣泛、更清晰。此即電腦模型的優點所在；強制我們講求紀律、邏輯和基本運算，這是單靠心理模型難以做到的。此外，電腦模型對於改進我們的心理模型也極有助益。

World3 模型很複雜，但基本結構並不難瞭解。此一模型掌握人口、工業資本、長期污染和耕地面積之動態。在此一模型中，這些因素會隨以下的動態發展而改變：如出生與死亡（就人口而言），投資與折舊（就每一種資本總量而言），污染的產生與被吸收（就長期污染而言），以及土地受侵蝕（就可耕地而言）、土地開發，和土地改做城鎮與工業用地等等。可耕地實際被耕種的比例很小。將現有耕地面積乘以農地平均糧食產量，即得到糧食總產量；將糧食產量除以人口數量，即為人均糧食擁有量。假如人均糧食擁有量降低至某一臨界值以下，死亡率會開始上升。

將 World3 模型內的組成因素與各種關係分開來逐項檢視，會發現它單純易懂。舉例而言，World3 考慮到人口成長動力、污染物的累積、資本工廠的長期運作時間，以及不同部門之間爭取投資的現象。此一模型尤其重視產生某種現象所需時間、流程的延遲，以及自然進程緩慢展開的情形。World3 模型包含許多回饋圈。在這些封閉式的因果關係回饋圈中，某一要素常常會成為本身未來行為的導因。例如，人口的改變，可能造成經濟的改變；而當經濟產出的結構出現改變後，將會對出生率和死亡率造成影響；接著，出生率和死亡率的改變，又進一步造成人口結構

的改變。這些回饋圈使得World3模型具備動態複雜性。

　　World3模型包含許多**非線性**關係，這是它的另一項特性。這種關係無法以直線表示，而且所有相關變數不會產生成比例的改變。假設A會對B造成影響，在線性關係中，若A增加一倍會導致B也增加一倍，則你可以料得到，若A減少一半，B會隨之減少50%；若A增加五倍，B也會增加五倍。線性關係產生的行為通常很容易理解，卻很少存在於「真實世界」中。例如，在World3模型中，我們必須呈現出人均糧食擁有量對人類壽命的影響。**圖4-1**顯示兩種因素之間的關係。假如營養不良的人能得到更多糧食，壽命就會有顯著的增加。若能設法將每人每天平均

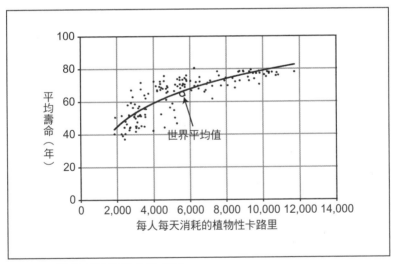

圖4-1　營養與平均壽命的關係

人口的平均壽命與人口的營養攝取量之間存在著非線性關係。圖中的每一點代表一個國家於1999年時的平均壽命和營養水準。此處是以每人每天所消耗的植物性卡路里表示營養水準，將動物性卡路里乘以7，即可換算成植物性卡路里。（資料來源：FAO; UN.）

糧食消耗量從相當於二千植物性卡路里增加到四千,則平均壽命可能增加50%——從四十歲增加到六十歲。但將糧食消耗量再增加一倍,達到八千卡路里,則平均壽命增加的幅度將下降,或許只能再增加十年。到了某個程度後,進一步增加糧食消耗量可能反而會造成平均壽命的降低。

此種非線性關係普遍存在於「真實世界」中,因此也存在整個 World3 模型中。圖 4-2 顯示 World3 模型中的一個非線性關係的例子:開發新農地所需成本隨著殘留可耕地的變化而出現變化的情形。我們假設首批農民來到最肥沃、灌溉情況最佳的平原,並開始以極低的成本種植農作物。此一情形顯現圖中曲線的右端,當時幾乎所有的可耕地都還未開發,但隨著愈來愈多土地開發成農地(曲線向左延伸),殘留的是比較乾燥、土壤層較薄或

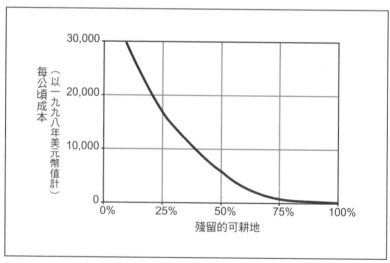

圖 4-2　新農地的開發成本

World3 模型假設,開發新農地所需的成本,會隨可耕地面積的減少而增加。
(資料來源:D. L. Meadows et al.)

處於較惡劣氣候中的土地。要克服這些問題，會增加開發土地的成本。World3 模型假設，農地開發成本的趨勢和消費者一開始會使用到成本最低商品的典型經濟原理一樣，也就是說，最後一批土地被開發成農地所需的成本將會高得嚇人——成本呈非線性的攀升。

一件事推動另一件事，並產生某種效應。當推動的力度稍微增強後，並沒有產生成比例的效應、完全見不到改變、或出現較預期中更大的改變、或出現朝反方向發展的改變，由於這種非線性現象的存在，「真實世界」和 World3 模型有時會產生令人驚訝的情形。我們將於稍後說明。

World3 模型中流程的延遲、非線性現象和回饋圈等，使其具有動態的複雜性，儘管如此，此一模型仍然是實際狀況的極精簡版本。World3 模型並未將世界不同地理區域區分開，也未個別呈現窮人和富人的狀況。模型中將污染情形做了極大程度的簡化，生產程序排放出數千種污染物；這些污染物以不同的速度通過環境，並且以許多不同的方式對植物與動物物種造成影響。World3 使用兩種概括性變數：一個變數代表短期空氣污染，另一個代表有毒物質的長期危害。此一模型將生產糧食和纖維的再生資源，與生產化石燃料和礦物的非再生資源做了區分，但未個別細數每種糧食、燃料和礦物的數量。模型中省略了暴力的因果關係，也沒有清楚地論及軍事資本或貪污的因素。

對認為一個世界模型應包含我們所瞭解的一切事物，尤其應列出所有引人入勝，且就每一門科學的觀點而言非常重要的特性的人而言，World3 模型簡單到令人吃驚。然而，若將這些特性全部列入，並不見得會使此一模型變得更理想，反倒會更難理解。World3 模型雖然單純，卻遠較那些用來說明地球未來長遠

趨勢的大部分模型更詳盡而複雜。

假如你想瞭解某一社會制度的未來發展，你需要的是一個均衡的模型。對於某一部門有極其詳盡的描述，卻對其他部門做出非常簡化假設的模型，是沒什麼用處的。舉例而言，某些人口統計模型詳細記錄了許多國家或地區兩性人口和許多年齡群人口的數量，卻粗糙地假設出生率與死亡率互不相干，而且會依預定的趨勢發展[2]。有些經濟模型臚列了數十或數百個經濟部門，但卻假設投入與產出之間存在著單純的線性關係，或市場能迅速調節供需問題，或人們在作決定時是以純經濟最優化（pure economic optimization）及精確的資訊為依據。

假如一個模型要對一個系統的未來行為提出有價值的見解，就應該明確的描述此一系統中所有重要變數的導因。有些模型使用數百個公式描述某一因素或部門所受到的影響，卻將其他的變數，如能源的使用，當成受到外在因素驅動的外生因素；而這些外在因素又源自於歷史資料或模型設計者的直覺。事實上，模型就像鐵鍊，其功能會受到其最弱的一個環節的限制。我們已設法使World3模型中的各部門具有同樣的強度，也竭盡所能避免做出過分簡化的假設、漏掉重要的因素，或讓外生因素來決定相關的重要變數。

讀者大可不必聽信我們的片面之詞。我們已製作了World3模型及相關文件的光碟。讀者可找來這片光碟、找出我們構思的所有設想狀況、對這些狀況進行比較，然後評估我們對這些設想狀況的說明[3]。

World3 模型的目的

　　模型設計者必須自律，以免做出錯綜複雜、難以理解的假設。他們不可以將自己知道的事物全都納入模型中，只能將**符合模型目的之因素**納入。模型設計是一門藝術，就像詩的創作、建築藝術、工程或製圖藝術一樣，講求的是恰到好處、達到效果。此點可說知易行難。

　　因此，要瞭解一個模型、要判定它的用途，首先應瞭解設計這個模型的目的。我們發展 World3 模型的目的是要瞭解未來的宏觀狀況——也就是新的世紀中，人類經濟與地球承載能力之間進行互動的可能模式[4]。當然還有許多長期的全球性問題有待我們尋求答案，如：什麼樣的政策可以讓非洲達成最大幅度的經濟發展？在人口識字率偏低的地區，應推行什麼樣的家庭計畫方能獲得最佳成效？應如何縮小國內或國際間的社會貧富差距？國際間會以衝突還是談判作為解決爭議的主要方法？回答這些問題所需的因素與關係，大都沒有出現在 World3 模型中。或許，其他模型，包括電腦模型，將有助於回答這些問題。但所有此等模型若要發揮效用，都勢必將我們對 World3 模型的核心問題所提出的答案納入考量，此一問題為：**在未來數十年中，全球人口和物質經濟的增長。可能會與地球的有限承載能力進行什麼樣的互動？及做出什麼樣的調適？**

　　更明確的說，地球的承載能力是有其限度的。人口的成長若超出承載能力、超越極限，則將無法長時期持續下去。換句話說，人口若超出承載能力，則其賴以生存的系統將逐漸喪失支持能力。假如環境具有再生功能，這種能力衰退的情形將只是暫時性的；但假如環境不具有再生功能，或再生過程將費時好幾個世

紀，這種能力衰退的情形就會成為長期性的現象。

　　一個成長中的社會可能以四種方式走向其承載力的極限[5]（見**圖4-3**）：第一，只要人口的極限仍然遙遠，或此一極限的成長比人口成長的速度快，則人口將可以不受阻礙、順利成長。第二，人口的成長曲線呈S型，最後趨於平穩並貼近承載能力曲線下方，如**圖4-3b**。以上兩種情形已經不再是地球社會的選擇方

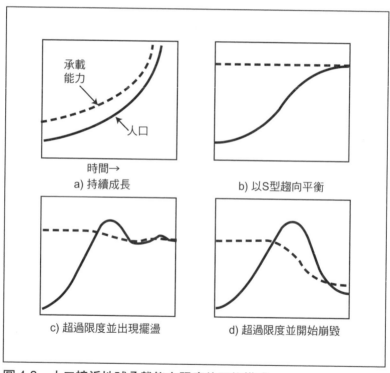

圖4-3　人口接近地球承載能力限度的可能模式

World3 模型要處理的關鍵問題為：人口和經濟成長，會以哪種發展模式接近地球的承載能力的極限。

案了，因為地球人口的成長已超過其承載能力的極限。

　　成長中的社會可能面對的第三種狀況是，人口成長超過承載能力，但未造成大規模、長期性的損害。於此種狀況中，生態足跡會沿極限曲線上下擺動，接著趨於平穩，如圖4-3c所示，我們稱之為衰落性擺盪。第四種可能性是，人口成長超越了極限，並對資源根基造成嚴重的永久性損害。假如發生了這種狀況，人口和經濟都會被迫迅速下降，俾能與已經降低的承載能力達成新的平衡。我們以**超過限度並開始崩毀**的說法描述此一選項（見圖4-3d）。

　　充分且確鑿的證據顯示，地球社會的成長已超過地球的承載能力。既然如此，我們應採行什麼樣的政策才能促使此一成長趨勢平穩地過渡回地球承載極限之下──就像圖4-3c而非圖4-3d所呈現的過渡情形？

　　我們的「地球社會」的概念，包含人口的規模和人口消費規模與形態所產生的效應。我們使用韋科納吉爾和他的同事所定義的**生態足跡**一詞表達這個概念[6]。誠如先前提過的，人類的生態足跡是整體人類對地球造成的負擔，生態足跡包括農業、礦業、漁業、林業、污染排放、土地開發以及生物多樣化程度的降低造成的影響。當人口增加，消費量隨之增加，生態足跡也因而擴大；但是，假如我們使用適切的科技來減少人類活動造成的影響，生態足跡也可能縮小。

　　促成我們發展 World3 模型的因素也可用其他方式表達。既然現在地球人口的生態足跡已超過地球的承載能力，那麼，現今的政策能否使人口的成長趨勢進行相當平和、井然有序的擺盪，而又不至於迫使人口和經濟成長出現急遽下滑的情形？或者，地球社會是否會經歷崩毀過程？假如崩毀現象很可能發生，那麼，

可能在什麼時候發生？我們現在可以採取什麼政策以減緩此一衰退過程的步調、降低其幅度，及減少其社會和生態成本？

這些問題事關概括性的可能行為模式，而非精確的未來狀況。我們不能以精確的預測回答這些問題，而必須用上有別於此的模型。舉例而言，假如你將一顆球筆直地投向天空，你可以很有把握地描述這顆球的概括行為模式。一開始這顆球會加速上升，接著朝反方向落下，且速度愈來愈快直到掉到地面為止。你非常清楚，這顆球不會無止境地一直向上升，也不會開始繞著地球運轉，更不會在天空中繞三圈後才往下掉。

要精確地預測這顆球會上升到什麼樣的高度，或其掉落到地上的時間與位置，你就必須掌握許多精確的資料，例如這顆球的特性、高度、風向、初拋力道及相關的物理定律。同理，假如我們要預測2026年時世界人口的確切數量、預測世界石油產量將於何時達到高峰、或精確的判定2070年時土壤流失的速率等，就必須使用遠較World3來得複雜的模型。

據我們所知，迄今為止沒有人能設計出這樣的模型，我們也不認為未來能見得到這樣的模型。換句話說，要對數十年後的人口、資本和自然環境做精確的「點預測」，根本是不可能的事。沒有人知道如何做這樣的預測，而且我們有充分的理由認為，永遠沒有人做得到。地球社會體系複雜到令人畏懼和嘆為觀止的地步，其所包含的許多參數迄今尚未有人加以量測。當然，有些參數可能是無法量測的。人類對複雜的生態循環所知非常有限；換句話說，人類從事觀察、調適與學習、選擇及改變目標的能力受限，使得社會體系因此在先天上就具有不可預測性。

所以，當我們在建構正式的世界模型時，目的不在於做點預測，而在於瞭解宏觀狀況，也就是系統的行為趨勢。我們的目標

是要提供適切的資訊以影響人類的選擇。我們不必對未來做精準的預測，即可達成此一目標。我們只須找出可能強化系統永續行為，以及降低未來崩毀現象嚴重性的政策。將災難**預測**資料提供給有識之士，並因而引發他們採取行動而避免災難的發生，將使此項預測失準。基於以上諸多原因，我們決定集中心力探討行為模式而不去細數個體的數量。我們希望，World3 模型提出的正是上述那種「自拆臺腳的預言」。

為達成我們的目標，我們置入 World3 模型中的，是類似你用來瞭解拋球的行為趨勢（或經濟和人口的成長趨勢），而不是描述某次拋投動作投出的特定球體運動軌跡所需的資料。

我們關切的是歷經數十年的變化狀況。因此，我們在探討污染問題時，重點在於長期性的污染物質：會殘留於環境中長久的物質。我們將長期污染狀況視為由農業和工業所產生、長時期留存而且會影響人類和農作物健康的化學和金屬物質之積聚現象。我們將污染物會經過一段延遲過程才能於某些地域造成可察覺危害的事實納入考量，因為我們瞭解殺蟲劑滲透到地下水層、氟氯碳化物分子上升至大氣中並對臭氧造成破壞，或汞被沖刷至河川內並積存在魚類體內，都需要時間。我們說明了大自然在經過一段時間後，會使大部分污染物變成無害物質的現象，但也指出這種大自然的淨化程序本身也可能遭到損害。World3 模型中涵括了長期性污染物共同存在的許多動態特性，卻未個別詳述多氯聯苯、氟氯碳化物、DDT、重金屬和放射性廢料之特性。

在 World3 模型中，我們使用了所能找到的最信實數據，但也承認我們所做的許多估計狀況具有相當大的不確定性。當模型設計者對某些重要數據心存懷疑時，會對各種可能性進行檢討，他們會檢視諸多具有不確定性的估計資料是否造成極不相同的結

論。舉例而言，我們曾依據地質學家提供的資料，設法對殘留地底下、無法再生的資源之數量做出最準確的估計。接著，我們將估計數量減半或加倍，以瞭解假如地質學家的資料不正確，或我們誤解了這些資料，對我們的模型系統之行為會造成什麼不同的效應。

由於World3模型中存在著許多不確定因素和經過簡化的資料（及其他我們認為必定存在但迄今尚未發現的不精確資料），故我們不敢說此一模型所產生的有關人口、污染、資本或糧食產量的數據路徑算得上精確；儘管如此，我們認為World3模型中的主要交互關係能充分說明人類社會中的重要因果機制。這些交互關係，而不是精確的數量資料，決定了此一模型的概要行為。因此，我們倒是可以篤定的說，World3模型所產生的動態行為模式很有參考價值。我們會提出十一種有關未來（一直到2100年為止）的不同設想狀況，我們相信，這些設想狀況將可具體呈現有關未來人口、工業、污染和其他相關因素是否可能，又在什麼狀況下可能成長、維持穩定、出現擺盪或崩毀情形的深刻見解和概括原則。

World3 模型的結構

什麼是主要交互關係？交互關係始於我們在第二章描述的人口與資本回饋圈。我們在**圖4-4**中複製了這些回饋圈。在這些回饋圈中，若出生與投資的正回饋圈占優勢，則人口與資本可能呈指數成長；若死亡與折舊的負回饋圈具有支配地位，則人口與資本的成長率可能下降；而若回饋圈處於平衡狀態，則人口與資本可能維持穩定的成長。

　　World3模型的所有回饋圈圖示中（如**圖4-4**），箭頭只代表某一變數透過自然物質或資訊流對另一個變數造成影響的情形。讀者若逐一檢視這些回饋圈，當可瞭解我們所做的假設。舉例而言：工業資本增加後會影響工業產出，工業產出的改變會造成投資的改變，而投資的改變又會回過頭來對工業資本總量造成影響。這些交互影響的**性質**與**程度**並未顯示於圖形中，但World3模型用數學公式加以說明。影響流的方向是順時針或逆時針，完全無關緊要，重點在於回饋圈本身的組成。

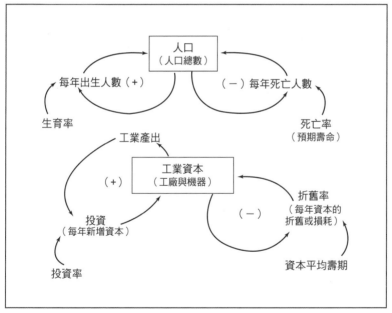

圖 4-4　支配人口與資本成長的回饋圈
World3 模型的主要回饋圈是用來探討人口和資本的成長趨勢。圖中兩個正回饋圈內的出生和投資因素，會使人口和資本呈現指數成長。而兩個負回饋圈內的死亡和折舊因素，會制衡這種指數成長的趨勢。各回饋圈的相對強度，取決於此一系統內的許多其他因素。

　　圖中的小方塊代表**總量**，總量可能是有形的數量，如人口、工廠或污染物等之累積，也可能是無形的量，如知識、願望或技術能力等。一個系統中的總量出現改變的速度通常非常緩慢，因為它是對存在期限甚長的事物或資訊做出反應。在每個時間點上，總量的多寡是在此之前的所有流入量減掉流出量的淨值。現

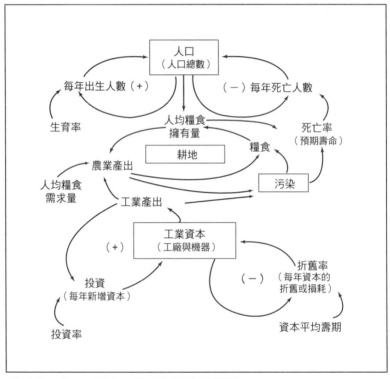

圖 4-5　人口、資本、農業和污染回饋圈

人口與工業資本透過農業資本、耕地和污染等因素而進行互動。圖中的箭頭顯示出各項因素之間的因果關係；此種因果關係可能是直接性的、延遲性的、大規模或小規模、正向或負向的，端視每一次模型運作中所納入的假設條件而定。

有的工廠數量、人口數量、污染物的數量、殘留地底下的非再生資源的數量、已開發土地的面積等等，都是 World3 模型中的重要總量。總量會在模擬過程的每個時間點上，決定模型系統的限制和發展。

　　圖中標上(+)符號的是正回饋圈：會產生指數成長或指數遞減的自我強化回饋圈；標上(-)符號的是負回饋圈：會扭轉改變方向或將系統拉回平衡狀態的「把關」回饋圈。

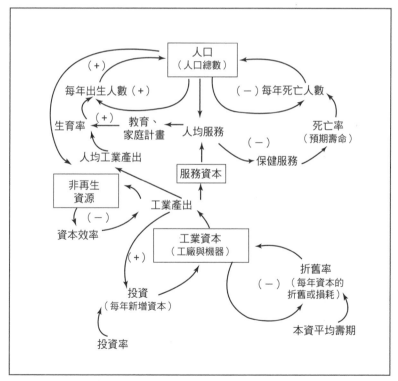

圖 4-6　人口、資料、服務和資源回饋圈
人口與工業資本也受到服務資本（如保健與教育服務）與非再生資源的影響。

　　圖4-5顯示人口和資本交互影響的情形。工業資本生成工業產出，後者包括許多不同的產品，如肥料、殺蟲劑和灌溉用幫浦等農業投入。假如人均糧食擁有量下降到低於人均糧食需求量，則農業投入將會增加。人均糧食需求量是量度市場需求和餵養人口的非市場機制之指標，此一數據隨著社會工業化程度的改變而改變。農業投入和耕地面積在某種程度上會決定糧食的產量。此外，糧食產量也會受到來自於工業與農業活動的污染所影響。人均糧食擁有量和污染則會影響人口的死亡率。

　　圖4-6顯示World3模型中人口、工業資本、服務資本和非再生資源之間的交互關係。某些工業產出是以服務資本的形態存在，如房屋、學校、醫院、銀行及這些場所的裝備。這些產出投資於服務部門，以提升服務資本的層級。服務資本的產出除以人口，即為每人所獲得的平均服務水準。保健服務會降低人口的死亡率，教育和家庭計畫服務會降低生育率進而降低出生率；人均工業產出的增加也會降低生育率，這是就業形態改變造成的結果：一個社會經過工業化後，養育子女的成本會增加，導致大家庭的好處日益式微；家庭變小，生育率也隨之降低。

　　每一單位工業產出，都會消耗非再生資源。在World3模型中，技術的進步將逐漸降低單位工業產出所需的資源。但此一模型認為，工業界生產有形貨物勢必耗用資源。隨著非再生資源的減少，資源資本的效率也會降低——單位資本能提供給工業部門的資源愈來愈少。隨著資源的消耗，殘留資源蘊藏量的品質應該會降低；此外，要增加探勘的深度才能發現這些資源，而且開採地點距離使用的地點會愈來愈遠。這意味著，開採、提煉及運送一噸的銅或一桶石油，需要更多的資本以及能源的投入。短期而言，此種趨勢或許會抵消科技的優勢；長期而言，此種趨勢將降

低實物成長能力。

　　殘留資源與獲取此等資源所需資本之間，存在著極為明顯的非線性關係。呈現此種關係的概括性曲線見**圖4-7**。圖中顯示從不同含礦量的礦藏中開採及提煉鐵與鋁所需的能源之多寡。能源不等於資本（開礦實際使用的資本很難估量）。但完成一件工作所需的能源多寡，可做為我們判定所需資本的重要線索。隨著含礦量的降低，獲取每一噸最後資源所必須挖掘出來的岩塊量會愈來愈多，這些岩塊必須碾碎成更細小的顆粒，從中再仔細地篩選

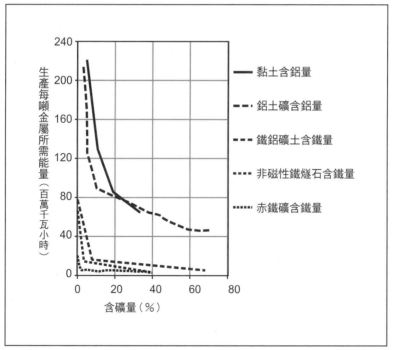

圖 4-7　從礦藏中生產純金屬所需的能源
隨著礦藏中金屬含量的減少，生產純金屬需要愈來愈多的能源。（資料來源：N. J. Page and S. C. Creasey.）

出含礦岩石顆粒，接著要處理數量龐大的廢土石。所有這些過程都必須使用機器。假如開採資源所需的能源和資本愈來愈多，則在其他條件不變的情形下，可用來投資於其他經濟目的的資源就愈來愈少。

我們的 World3 模型光碟中，有一個包含所有這些交互關係的圖示，說明了模型內的所有假設條件及有關十一種設想狀況的更詳細資料。

欲瞭解此一模型的運作和這些設想狀況的內容，並不需要先瞭解每一種交互關係的詳細情形，只需瞭解其中的最重要特色：

- 成長過程
- 極限
- 延遲現象
- 侵蝕過程

我們在第二章討論過人口和資本的成長過程。在第三章，我們提出許多有關「真實世界」環境極限的資料。接著，我們將以 World3 模型描述這些極限。再下來，我們將描述此一電腦模型所呈現的延遲和侵蝕過程。

有一點很重要：在以下的討論中，讀者應該以自己的心理模型檢視我們討論的電腦模型與「真實世界」的人口和經濟之間，是否有、又在什麼情形下會有類似的狀況或不相符之處。你所發現的不相符之處，正是模型設計者時時刻刻會面對的問題。你的心理模型和 World3 模型哪個比較適合用來思考未來？是否有什麼測試方法可幫你找到這個問題的答案？假如此一電腦模型似乎比較有用，則你應將其所具備的哪些特性納入你自己的心理模

型，才能讓夠你對全球性議題做出合理的解釋，並據以採取有效的行動。

有限與無限

呈指數成長的經濟會大量消耗資源、排放廢物，並將土地改作其他用途因而喪失其原本作為再生資源的生產力。在一個有限度的環境裡，經濟不斷擴張會產生壓力；這種壓力愈來愈大，直到導致經濟無法進一步成長為止。環境會對這種壓力有所反應，並開始向人類的經濟活動發出各種形式的信號：地下水水位的下降，使得我們要使用更多能源來抽取用水；開發一公頃新農地所需的成本不斷增加；原本認為無害的排放物質突然間具有明顯的危害性；在污染的肆虐下，地球自然系統復原的速度愈來愈慢。這些實際成本的攀升不見得會立即反映在貨幣價格的增加上，因為法令或補貼措施會降低市場價格，而且還有其他因素會扭曲市場價格。環境發出的信號不論是否受到上升的市場價格所強化，都會和上述的壓力共同構成負回饋圈中的重要部分。而負回饋圈會使經濟成長步調對周遭系統構成的限制做出調整，進而阻止生態足跡的擴大，減輕地球資源來源與廢物吸收場所的負擔。

World3模型含括了與地球資源來源與廢物吸收場所有關的少數極限。（「真實世界」中存在著非常多的極限）。在此模型中，我們可以科技、行動、目標的改變和不同的抉擇，提高或降低所有這些極限。World3模型內與資源來源和廢物吸收場所有關的標準（但不完備的）極限如下：

● **耕地**是做為各種耕作用途的土地。我們假設世界上耕地的

最大值為 32 億公頃。土地開發投資數額增加，耕地面積
隨之增大。如圖 4-2 所示，開發新耕地所需成本會因為最
容易通達、最優良的土地已先開發而增加。耕地會受侵蝕
及變成城鎮與工業用地而無法種植作物。對水土保持進行
投資可緩和侵蝕效應。

● **土地肥沃度**是土壤先天具備的、用以支持植物生長的能
力，組成要素包括養分含量、土壤深度、保水能力、氣候
和土壤結構。我們假設 1990 年時的土地肥沃度可以使每
公頃土地在不施肥的情形下生產相當於六百公斤穀物的糧
食。工業與農業活動產生的污染會降低土地的肥沃度。土
地因品質下降而成為休耕地後，若進行妥適的投資（如施
加糞肥、堆肥或種植豆科作物），可在二十年或更短的時
間內，讓肥沃度恢復至原本的一半。

● **單位土地的糧食產量**取決於土地肥沃度、空氣污染程度、
工業投入（如肥料）的強度和科技水準。工業投入可以
增加產量，實際的收成卻會遞減——施肥量增加，產量的
增加幅度卻下降。我們初步假設，初始工業投入可使土地
的肥沃度變成原來的七・四倍，（注意，七・四倍就是
740%，而且所有的土地——不只是最具有生產力的土
地——都會產生這樣的效用！）而我們可進一步提高此
一百分比，以測試這個數據的可靠度。

● **非再生資源**包括礦物、金屬和化石燃料。我們在 1900 模擬
年開始進行模型運作時，係假設此等資源的供應量是開採
速率的七千倍[7]。在含量最豐富、最容易開採的礦藏都已
開採後，探勘並開採此種非再生資源所需成本將會增加。

● **地球吸收污染物的能力**是 World3 模型提出的另一項極限。

此種能力是許多不同程序將毒性持久的物質隔絕起來或轉化成無害物質所獲致的淨效應。此處我們擔憂的污染物質為有機氯殺蟲劑、溫室氣體和放射性廢料。我們以環境污染半衰期——也就是大自然使現有污染物的一半變成無害無質所需時間——表示此一極限。當然，某些有毒物質，如鈽同位素，其半衰期之長幾乎漫無止境。但我們在此處採用非常樂觀的數據。我們假設 1970 年時的污染半衰期為一年。假如持久性污染物的數量增加為 1970 年時的二百五十倍，則污染物半衰期將增加至十年。就數量的角度視之，此種極限，即使就個別污染物而言，都是最不易理解的一種現象，故許多不同種類的持久性污染物混合起來所構成的極限，其數值之難以確定，不言而喻。

　　所幸，我們對持久性污染物消失情形所做的假設，在此一模型中並不顯得特別重要，因為這些物質對 World3 模型的其他參數並沒有太大的影響。我們假設污染物質的數量累積成為 2000 年時的五倍，則人類平均壽命的下降將不及 2%。在我們模擬的十一種設想狀況中，持久性污染物的數量很少累積到 2000 年時的五倍。當在比較極端的設想狀況中出現這樣的情形時，則土地的肥沃度每年會降低 10% 或更多。但若對水土保持工作進行投資，可抵銷此一下降趨勢。在 World3 模型中，我們還對其他許多估計資料進行測試，以瞭解其可能造成的效應。

　　在「真實世界」中，存在著許許多多包括管理和社會方面的其他極限。其中有些極限隱含在 World3 模型的相關數據內，因為此一模型的諸多係數係衍生自過去百年中的「實際」歷史。但 World3 模型中未將戰爭、罷工、貪污、毒品濫用、恐怖活動等

因素納入考量。它模擬的人口會竭盡所能解決問題，而不受政治權力鬥爭、種族傾軋或貪污等因素所影響。由於World3模型欠缺許多社會領域的極限，故其所呈現的是過分樂觀的未來選擇方案。

　　既然如此，假使我們對於仍埋藏地底尚待發現的非再生資源的數量做了錯誤的估計，將會如何？假如其實際的數量是我們所假設的一半、一倍或十倍，將會如何？假如地球吸收污染物的「真正」能力不是1990年時廢物排放率的十倍，而是五十倍或五百倍（或只是〇‧五倍），將會如何？假如人類發明的新科技將減少（或增加）單位工業生產的污染物排放量，又會如何？

　　電腦模型就是用來回答這些問題的。我們可以使用電腦模型進行快速、廉價的測試工作。所有這些「假如……」的問題都是可以測試的。例如，我們可以把World3模型中的極限定得非常高或設定讓某些因素呈指數成長。我們已經試過這些作法。假設某種科技因具有無窮的潛力、可以迅即發揮影響力、不需成本、且完全不會出錯，而得以有效地消除World3模型中的所有極限，則我們所模擬的人類經濟，其成長將永無止境。**圖4-8**的設想狀況0顯示了此種情形。

　　我們改變原先World3模型中的相關數據之後，做出幾項假設，並據以進行電腦模擬而得出**圖4-8**所示的設想狀況0。這幾項假設的內容如下：

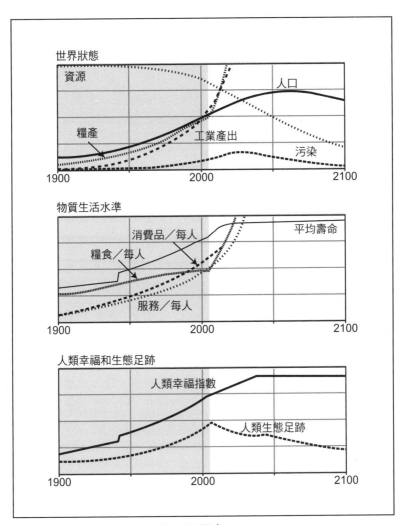

圖 4-8　設想狀況 0：無限進、無限出

假如 World3 模型中的所有自然極限都被移除，世界人口將達到 90 億的高峰，接著緩慢下降，進入人口過渡期。經濟將一路成長到 2080 年為止，屆時工業產出將是 2000 年時的三十倍，且每年所耗用的非再生資源和 2000 年一樣多，但產生的污染量只及 2000 年時的八分之一。

如何解讀 World 3 模型中的各種設想狀況

本書在第四章、第六章和第七章內提出十一種不同的「電腦運作模式」，也就是 World3 模型所產生的設想狀況。我們以同一電腦結構進行每次的模擬運作，但在每一設想狀況中都會改變幾個數據以測試有關「真實世界」參數的不同估計值，或納入有關未來科技發展的更樂觀預測，或檢視假如這個世界選擇了不同的政策、倫理或目標會如何。

做這些改變以便在新的運作模式中進行測試時，我們會下指令要求 World3 模型重新計算兩百多個等式的互動情形。電腦會計算 1900-2100 年的模擬時段中每隔半年每一項變數的新數值。World3 模型的每一個設想狀況都會產生八萬個數據，我們沒有必要在此一一重現，因為其中很少有數據是單獨具有意義的。是故，我們盡可能加以簡化，一方面，我們可因而瞭解模擬運作的結果，一方面，我們還可以將此等結果告訴讀者。

為求簡化，我們只將幾項最重要的變數，如人口、污染情形和自然資源等標示在時間圖上。在本書中，每一設想狀況都以三幅小圖表示；每幅圖的格式完全相同。在上面的圖標題為「世界狀態」，內容顯示以下要素的全球整體狀況：

1. 人口
2. 糧食產量
3. 工業產出
4. 污染的相對程度
5. 殘留的非再生資源

中間的圖標題為「物質生活水準」，內容顯示以下要素的全球平均值：

6. 人均糧食產量

7. 人均享有服務

8. 平均壽命

9. 人均貨品消費量

底下的圖標題為「人類幸福和生態足跡」，內容顯示以下兩個全球指標的數值：

10. 人類生態足跡

11. 人類幸福指數

所有圖的垂直座標都從零開始。為了方便比較，我們使用完全相同的垂直刻度標示每次模擬運作中每項變數的行為。然而，這些刻度的數值略而不計，因為在模擬時段內的每個時間點上，這些變數的精確數值並不具意義。此外應予一提的是，出現在同一圖內的不同變數都各自有其量度範圍和量度單位。舉例而言，人均糧食擁有量的量度範圍從每年每人零到一千公斤穀物當量；平均壽命為零至九十歲。

由於座標刻度的數值不具意義，讀者應將注意力集中於不同設想狀況之間曲線形狀的變化情形。然而，在用來描述崩毀現象的設想狀況中，我們對曲線達到高峰並開始下滑之後的行為，並未賦與任何意義。每一設想狀況都持續到 2100 年，但在某一重要因素開始崩毀後，我們就不再描述模型中任何要素的行為。顯然，「真實世界」人口或工業的崩毀將改變許多重要的關係，並因此使得我們置入 World3 模型內的許多假設失效。

我們在建構每個設想狀況時，電腦都會繪製一份詳細的資料表，內容顯示 1900-2100 年間每隔半年每一模型變數之數

值。這些資料表提供了我們數量極為龐大、內容非常詳盡的資料。舉例而言，從設想狀況 0 的相關資料表中我們會看到，於 2065.0 模型年，世界人口的最大值為 8,876,186,000 人；而持久性污染物的指數從 2000 年的 3.150530 上升到 2026.5 年時的最大值 6.830552——也就是增加為原來數值的 2.1680 倍。但是這些數據大部分都是沒有用的資料。World3 模型產生的有關未來狀況的數據和日期，並沒有必要精確到要用五位數來加以表達。切記，我們感興趣的是宏觀狀況。我們關注的只是幾項關鍵變數，提出的只是幾個關鍵問題。在未來的一個世紀中，哪些變數會停止成長？其成長或衰退的速度有多快？造成此種現象的主要因素為何？我們於設想狀況中所做的假設會加快或減緩某一變數的成長？會提升還是拉下其高峰值？什麼樣的政策改變可能造成更有利的結果？

　　在針對每項設想狀況逐一向讀者說明這些問題的答案時，我們會秉持兩個原則以簡化我們的電腦模擬報告。第一，我們會將出現最大值或最小值的時間（年份）四捨五入——舉例而言，我們不會使用 2016、2032.5 或 2035 這樣的數據，而會以 2020、2030 或 2040 等數據來表示。其次，我們會以整數表示某一特定參數的數值以及某兩個數值的比值。因此，當我們向讀者報告上述有關設想狀況 0 的資料時，會做出以下的陳述：「於 2070 模型年，全球人口達到 90 億人的最大值。在本設想狀況中，持久性污染指數從 2000 年的數值 3 增加到 2030 模型年的最大值 7——也就是說在這段時期內成長了一倍。」這兩個原則有時候會產生輕微的前後矛盾現象。讀者毋須煩惱，這種現象是四捨五入造成的誤差，並不影響我們從此一模型運作中所體悟的重要心得。

- 只要人類社會努力提升資源使用效率，則單位工業產出所需的非再生資源耗用量，將以每年5%的速率無止境地呈指數下降；平均每十五年下降50%。

- 只要人類需要，則單位工業產出所排放的污染量，將以每年5%的速率無止境地呈指數下降。

- 只要人類社會努力想增加糧食產量，則單位工業投入所獲得的農產量，將以每年5%的速率無止境地呈指數成長；平均每十五年增加一倍。

- 一旦人類社會決定擁有此方面的科技，則全世界的經濟活動都可有效運用這些技術成就，而不需要額外的成本，且落實此一目標的延遲時間只有二年（而非原先模型中所假設的十年）。

- 人類聚居地入侵農地的速度只及 World3 模型通常假設速度的四分之一；而且人口過度擁擠並不會對平均壽命造成負面影響。

- 污染現象不再明顯地降低農業產出。

在此模擬運作中，因為全世界人口都已富裕到足以經歷人口過渡現象的程度，故人口的成長速度會緩慢下來，並在接近90億時趨於平穩，接著開始逐漸下降。全世界人口的平均壽命會在接近八十歲時趨於平穩。到2080年，平均農產量大約是2000年的六倍。工業產出將快速成長，在達到非常高的水平後，最後會因為勞動力的嚴重短缺而停止成長，因為屆時人類要管理和運用的工業資本是2000年的四十倍，而人口總數只是2000年時的一·五倍（我們甚至可假設，勞工運用資本的能力呈指數成長的速度快到足以排除此一極限）。

於模擬中，2080年的全球經濟活動所達成的工業產出是2000年時的三十倍，糧食產量則是六倍。能獲致這樣的成果是因為在21世紀的八十年內，全世界累積的工業資本將近是整個20世紀的四十倍。雖然圖4-8描繪的世界擁有這麼龐大的資本，但仍然得以微幅減少非再生資源的使用量，而且還將污染排放量降低到只及2000年的八分之一。此外，生態足跡則縮小了40%。到了此一設想狀況告終的2100年時，生態足跡已回復到可讓世界永續發展的程度。

有人相信此種設想狀況會實現，盼望它能實現，而且陶醉在這樣的美夢中。我們知道，有些國家、經濟部門或工業程序曾展現出非常了不起的效率。我們也在第三章中提到許多這類的事例。我們希望、也相信未來我們可能進一步提高效率，甚至於提高一百倍。但第三章內的資料並未顯示**全球經濟**有迅速達成此一目標的跡象。就算沒有其他因素會阻礙這種迅速的改變，我們也難以相信以資本工廠的有限壽期——全球經濟體系內的車隊、建築物和機器使用到必須加以換新或更新的程度所經歷的時間——和現有資本要如此快速產生新資本的能力，能夠實現這種「脫離現實」的設想狀況。此外，政治和官僚體系運作上的諸多限制，將阻止價格制度充分反映新科技可能帶來的利潤。此點無疑會放大我們想在「真實世界」中達成這種「不可限量」的設想狀況所遭遇的困難。

我們之所以會在此討論此一模擬運作，並不是因為我們認為可因此向讀者顯示「真實世界」未來很可能出現的狀況，而是要讓讀者瞭解有關World3模型和模型設計工作的某些問題。

設想狀況0顯示，World3模型結構中對人口設下自我限制，但未對資本設下自我限制。換句話說，此一模型的結構會使全球

人口最後趨於穩定，接著開始下降，惟先決條件是人均工業產出將增加到足以促成此一現象的程度。但我們卻看不到「真實世界」中有任何證據顯示，最富裕的人或國家會喪失進一步追求財富的興趣。因此，World3模型的內置政策代表的假設是：資本擁有者會無止境的追求財富，而消費者總想增加他們的消費量。這些假設是可以改變的，我們在第七章內將政策因素納入考量的模擬運作中，會改變這些假設。

圖4-8也說明了模型運作中最有名的原理之一：垃圾進，垃圾出。也就是說，假如你將不切實際的假設輸入模型中，就會得到不切實際的結果。電腦會顯示你的假設所產生的邏輯程序，但不會告訴你這些假設的正確與否。假如你假設經濟活動會使工業資本累積到現今的四十倍、自然極限不再有作用、全球資本工廠可在不增加成本的情形下在兩年內引進技術改革，則World3模型將會呈現出幾乎永無止境的經濟成長及日減縮小的生態足跡。因此，關於這次以及其後幾次的電腦模擬運作，核心問題在於：你是否相信最初的假設。

我們並不相信與圖4-8有關的諸多假設。我們認為此一設想狀況描述的是不可能出現的科技烏托邦。因此，我們將這次的模擬運作稱為「無限進，無限出」的設想狀況。

極限和延遲

一個成長中的實體惟有能夠接受迅速、精確的信號，從而得知其距離極限有多遠；惟有能夠對這些信號做出迅速而精確的反應，才可能放慢其成長步調，並在達到其極限時停止成長（圖4-9b）。

　　假如你正在開車，看到前方的紅燈已亮，通常你可以順利將車子停在號誌燈前，因為你接收到迅速而精確的視覺信號，告訴你號誌燈的所在位置；因為你的大腦能迅速對此一信號做出反應；因為當你決定煞車時，你的腳能迅速地踩下煞車板；還因為車子能對你習以為常的煞車動作做出迅速的反應。

　　假如你眼前的擋風玻璃蒙上一層霧氣，使得你必須依賴旁邊乘客告訴你紅綠燈的位置，則因此產生的短暫溝通上的延遲效應，可能導致你煞車不及而誤闖紅燈（除非你提早減速以消除此種延遲效應）。假如這位乘客沒說實話、假如你不接受指示、假如煞車系統要經過兩分鐘才能發生作用、或假如路面結冰導致車子打滑數百公尺才停下來，你都可能會闖紅燈。

　　若一個系統的回饋信號在傳送時有延遲現象、或其本身的意義遭曲解、或被忽視與拒絕、或系統對此信號做出錯誤的調適、或系統本身會延遲對信號做出反應，則這個系統將無法準確、井然有序的與其極限維持平衡的關係。假如上述的任一因素發生作用，則一個成長中的實體將會反應不及，而發生超越限度的現象（圖4-9c、圖4-9d）。

　　我們已經描述過World3模型中某些資訊延遲和反應延遲的情形。其中的一種情形是：介於「某一污染物滲透到生物圈」與「此一污染物開始對人類健康或人類食物供應鍊造成明顯危害」之間的時間延遲現象。舉例而言，被釋放至地表的氟氯碳化物要經過十至十五年的時間延遲，才會開始破壞同溫層中的臭氧層。政策的延遲也是一項重要的因素。政策的延遲常常會導致從「發現問題」到「所有位居要津的人都承認問題的存在並對因應計畫達成共識」，需要花上好幾年的時間。我們將於下一章中描述這方面的延遲現象。

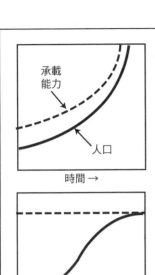

a) 呈現持續成長模式，因為：
- 距離自然極限尚遠，或
- 自然極限本身呈指數成長。

b) 呈現 S 型成長模式，因為：
- 經濟體系經常接受到來自自然極限的正確信號，並對這些信號做出立即的反應，或
- 人口或經濟體系會自我設限，故不需要來自外在極限的信號。

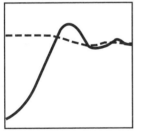

c) 發生「超過限度並出現振盪」的情形，因為：
- 信號的傳送或做出的反應有延遲，以及
- 極限不會遭到破壞或在遭到破壞後能迅速復原。

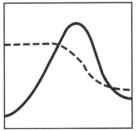

d) 發生「超過限度並導致崩毀」的情形，因為：
- 信號的傳送或做出的反應有所延遲，以及
- 極限會遭到破壞（極限被超越後出現不可逆的下降情形）。

圖 4-9　World3 模型中四種可能行為模式的結構性原因

　　多氯聯苯滲透至環境中的經過，就是延遲現象的一個例子。自1929年以來，工業界已經生產了200萬噸稱為多氯聯苯的穩定、油性且不可燃的化學物品[8]。多氯聯苯主要做為電容器和變壓器的散熱劑，但也可做為液壓用液體、潤滑劑、阻燃物，而且可用來製造油漆、亮光漆、油墨、無碳影印紙和殺蟲劑。整整四十年的時間，人類在使用過此一化學物品後，將其傾倒於垃圾填築地上、公路旁、下水道和水域中，而完全沒有考慮到其對環境的影響。

　　1966年，丹麥的研究員瑟倫・楊森（Sören Jensen）發表了一份具劃時代意義的報告，其內容主要在探討DDT於環境中的分布狀況，但他發現，除了DDT外，多氯聯苯也已經在世界各地散布開[9]。此後，其他研究人員發現，地球上的所有生態系統幾乎全都遭到多氯聯苯的滲透。

　　大部分的多氯聯苯不溶於水，只溶於脂肪，且留存於大自然環境中的時間很長。多氯聯苯在大氣中移動的速度很快，在土壤或河川和湖泊的沉積物內移動的速度則非常緩慢；最後，這種有毒物質會進入生物體內並積存在脂肪組織內，愈靠近食物鏈的上端濃度愈高。掠食性魚類、海鳥、哺乳類動物和人類的脂肪及人類的奶水中，都含有高濃度的多氯聯苯。

　　我們現在才慢慢瞭解多氯聯苯對人類和其他動物的健康造成的影響。多氯聯苯是由二百零九種化合物組成的，其中每一種化合物都有不同的效應，因此要瞭解這種有毒物質所造成的危害顯得特別困難。儘管如此，我們已經能確定，有些多氯聯苯會阻斷荷爾蒙的分泌。這些多氯聯苯會模仿某些荷爾蒙，如雌激素的功能，而阻礙其他荷爾蒙，如甲狀腺素發揮功能。這種效應會對所有具備內分泌系統的動物——鳥類、鯨魚、北極熊和人類等

　　全球生態系統的所有組成部分幾乎都含有多氯聯苯。水圈是大氣層內多氯聯苯的主要來源。……河川、湖泊和海底沉積物中也都發現多氯聯苯。……一份有關五大湖生態系統的詳盡研究報告明白指出，食物鏈中的多氯聯苯含量已經非常高。

——加拿大環境部，1991 年

　　我們只對北極地區的哺乳類動物體內的 DDT 與多氯聯苯兩種有機氯殺蟲劑進行有系統的監測。……我們發現因紐特族（Inuit，北美洲的愛斯基摩人）婦女的奶水中多氯聯苯的含量非常高。……她們可能因為食用大量的魚類和海洋哺乳動物而在體內累積了多氯聯苯。……我們的研究結果顯示，像多氯聯苯之類的有毒化合物，可能是造成因紐特族孩童免疫力變差和容易染病的原因。

——德威利（E. Dewailly），1989 年

　　在荷蘭沿海的瓦登海（Waddenzee）地區內，海豹在攝取含高濃度多氯聯苯的食物後，繁殖成功率有顯著的下降。……此點顯示，一般的海豹之所以喪失繁殖能力，是因為食用了來自污染水域的魚類。……這項發現證明另一項實驗結果是正確的：多氯聯苯妨礙貂的生殖力。

——雷津德斯（P. J. H. Rejinders），1986 年

等——體內掌管新陳代謝與行為的精巧信號造成干擾。尤其在胚胎的發育階段，只要有微量的這種內分泌阻斷物質，即可能造成

嚴重的後果——直接導致胚胎的死亡，或破壞其神經系統、體內生物資訊的傳遞或性功能[10]。

　　由於多氯聯苯的移動非常慢、殘留時間很長，而且會積存在食物鏈的上層，因此被稱為「生物定時炸彈」。雖然自1970年代以來，世界上已禁止生產和使用這種有毒物質[11]，但是其殘留存量仍非常龐大。人類生產的多氯聯苯的總量中，大部分仍在使用中或儲存於廢棄的電氣設備中。某些採行危險廢物管理法的國家會以掩埋的方式處理殘存經年的多氯聯苯，或以高溫焚化的方式破壞其分子結構，進而破壞其生物活性。1989年的估計顯示，人類生產的多氯聯苯的總量中，30%已經釋入環境中。其中

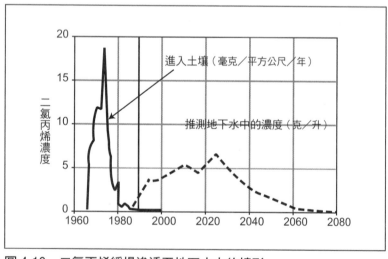

圖 4-10　二氯丙烯緩慢滲透至地下水中的情形

荷蘭於1970年代大量使用土壤殺菌劑二氯丙烯，其後開始限制其使用量，最後於1990年正式禁用。自此之後，上階層農地中二氯丙烯的濃度迅速下降。1991年的估算顯示，地下水中此種有毒物質的濃度要到2020年才會達到高峰，而且在21世紀中期後，水中二氯丙烯的濃度仍然非常高。（資料來源：N. L. Van der Noot.）

有1%進入海洋，其餘的29%流向不明，據判斷是分布在土壤、河川和湖泊中。這些多氯聯苯會在數十年內，慢慢進入到生物體內[12]。

圖4-10顯示另一個有關污染延遲的例子，我們可從中瞭解有毒化學物質緩慢地從土壤內滲透至地下水中的情形。荷蘭從1960年代開始使用土壤殺菌劑二氯丙烯，最後於1990年禁用；在這段時間內，二氯丙烯大量用於馬鈴薯和花株球莖的栽種作業。

據科學家的瞭解，水中二氯丙烯所含的污染物質DCPa永遠不會消失。科學家對某一河川流域進行調查後做出的估計是：已經存在土壤中的二氯丙烯會慢慢滲透至地下水中，但要到2010年後才會達到相當高的濃度。其後的估計顯示，地下水中二氯丙烯的濃度高達歐盟飲用水標準的五十倍，造成的污染起碼會持續一個世紀之久。

不單荷蘭有這方面的問題。美國已於1977年禁止將二氯丙烯做為農業用途。然而，華盛頓州農藥監控計畫（Washington State Pesticide Monitoring Program）在1988-95年間於十一個研究區的二百四十三個地點對地下水的監測發現，這種化學藥劑的濃度已足以危害人類的健康[13]。

World3模型中的另一種延遲現象與人口年齡結構有關。出生率上升會導致人口中的年輕人數量多於老年人。其後，即使生育率下降，但隨著大批年輕人達到生育年齡，將有數十年的時間人口仍然會持續增加。此外，現在雖然每個家庭的子女人數減少，但家庭的數量卻增加了。由於這種「人口動勢」存在，故假如全球人口的生育率於2010年達到人口更新基準（大約為每個家庭平均生育兩個子女），則世界人口會持續增加到2060年為

止，接著在達到大約80億人時趨於平穩。

在「真實世界」系統中，還有許多其他形式的延遲現象。非再生資源可能在經過好幾個世代的開採後，其耗竭現象才會對經濟造成嚴重的影響。工業資本不可能在一夕之間建立起來。一旦工業資本開始運作，壽期將達數十年。煉油廠無法輕易、迅速改成牽引機工廠或醫院。而即便煉油廠本身要提高效率、降低污染，都需要相當長的時間。

World3模型的回饋機制中存在著許多延遲現象，包括上述的所有現象。我們假設，污染物經排放出來到對系統造成明顯影響，會歷經一段延遲時間。我們假設，從一般夫妻完全接受家庭計畫到嬰兒死亡率出現變化，大約要歷經一個世代的延遲。就World3模型內的例子而言，為了因應糧食的短缺或服務的不足，而重新投資、建造新的資本工廠、到開始全面營運，通常需要數十年的時間。此外，土地要恢復肥沃度或污染物被吸收的過程，都需要時間。

現存在最顯而易見、最不容置疑的延遲現象，已足以說明世界經濟體系的發展不可能呈現平順的S型走向。由於來自自然極限的信號會有所延遲，假如人類不自我設定極限，則超過限度的現象終不可免。理論上，這種超過限度的現象不是造成振盪，就是導致崩毀。

超過限度並出現振盪

假如成長中的實體在接收來自極限的警告信號時有延遲的現象、假如對警告信號的反應有所延遲、又假如環境在承受過度的壓力時不會因而遭到破壞，則此一成長中的實體將會暫時的超越

極限、矯正、退回極限範圍內、接著再度超越極限。這種一連串的振盪現象，最後通常會退回極限範圍內而達成某種平衡。（圖4-9c）

只有當環境在負荷過重時所受到的破壞並不嚴重或環境有能力迅速恢復原狀，才可能發生超過限度並出現振盪的情形。

再生資源如森林、土壤、魚類及地下水等會遭受破壞，但也有再生的能力。假如這些資源過度使用的情形或遭到破壞的程度並不嚴重，則將能恢復原來的狀態。一座森林只要時間、種籽、土壤和適當的氣候等因素全都齊備，即有能力長回原來的樣子。魚群的棲息地和食物供應若未遭破壞，將有能力再生。土壤也可以重建，尤其是農夫採取積極作為，更有助於達成此一目的。假如大自然的污染吸收機制沒有遭受嚴重的擾亂，將有能力降低許多種污染物的累積量。

因此，「超過限度並出現振盪」的行為模式很可能就是世界系統的行為模式。現在，世界某些地區的某些資源已呈現出這樣的行為模式。舉例而言，新英格蘭地區已經出現過好幾次「鋸木廠的數量超過林木永續採收量所能支持」的時間。每一次出現這種情形時，商用原木森林最後都會被開採殆盡、鋸木廠隨之關閉，接著，木材工業會等上數十年的時間讓森林恢復原貌，隨後鋸木廠又紛紛開張，數量再度超過限度。挪威沿海的漁業起碼經歷過一次魚源耗竭週期，當時該國政府著手收購並淘汰漁船，俾讓魚群得以再生。

超過限度並出現振盪的衰退階段，可不是一段令人愉快的時期。濫用資源的工業將面臨困境，暴露於高污染環境的人口會有健康變差之虞。我們最好能避免振盪現象，但此種現象通常不會對系統造成重大危害。

超過限度的現象造成的損害若是不可逆的，則可能引發災難。物種滅絕後是無法起死回生的；使用化石燃料的行為終將耗盡此種燃料。某些污染物，如放射性廢料，是無法由任何自然機制消除其危害。假如氣候出現大幅的改變，依地質學的資料顯示，氣溫和降水量的模式可能無法在對人類社會具有意義的時段內恢復正常。長期、有計畫的資源濫用，可能會徹底耗盡再生資源並摧毀污染吸收程序。當熱帶林遭砍伐的速率大於重新生長的速率時、當海水將鹽分滲透到地下淡水層時、當土壤被沖刷到露出岩石時、當土壤的酸性出現改變導致其所含重金屬流失時，則地球承載能力的下降將成為永久性的現象，起碼對人類而言，將是漫長而無止境的現象。

因此，超過限度並出現振盪的模式，並不是人類走向成長極限的唯一模式。還有另一種可能性存在。

超過限度並導致崩毀

假如來自極限的信號或對此一信號做出的反應都有所延遲、假如環境負荷過重並因而遭到不可逆的破壞，則正在成長中的經濟，將超過環境的承載能力、削減資源根基，並導致崩毀現象。（圖4-9d）

超過限度並導致崩毀的情形造成的結果是：環境將長期處於貧乏狀態，物質生活水準將遠低於環境未承受過度負荷之前的水準。

超過限度並出現振盪與超過限度並導致崩毀兩者不同之處在於：後者是系統中的**侵蝕回饋圈**造成的結果。這是最糟的一種正回饋圈，它通常處於休止狀態，但當某一情況變壞時，它會加快

其惡化的速度。

　　舉例而言，全世界的草原都和草食動物如水牛、羚羊、駱馬或袋鼠等共同演化。當草被啃短之後，殘留的梗和根部會從土壤中吸收更多水分和養分，並因而長得更茂盛。草食動物會因遭到其他食肉動物的捕食、季節性遷徙和疾病等因素而維持穩定的群體數量。於此種情形下，生態系統不會遭到侵蝕。但當草食動物的天敵被消滅、遷徙行動受阻礙或草原過度放牧時，則這些草食動物的數量將大增，導致草被連根啃光，因而加快草原的侵蝕速度。

　　一旦草木日漸稀疏，土壤的植被隨之減少，土壤開始受到風吹雨打而流失。土壤減少，草木隨之減少，如此一來，又造成土壤的進一步流失，因而形成惡性循環。土地的肥沃度也將一路下滑，直到草原變成沙漠為止。

　　World3模型中有幾種侵蝕回饋圈。茲舉例如下：

- 缺糧的情形愈嚴重，人們就會在土地上進行更密集的耕作。此舉可增加短期內的糧食產量，卻未顧及對土壤的長期保持做投資。結果是，土壤的肥沃度漸漸降低，糧食產量更形減少。

- 當出現需要更大量工業產出的狀況如：因為污染而需要有消除污染的裝備，因為糧食短缺而需要更多的農業投入，或因為資源的欠缺而需要更努力探勘並開採資源，則現有資本可能必須把注於解決眼前的問題，而不是用於保養現有工業資本以防折舊。假如現有的工業資本工廠開始出現折舊問題，未來的工業產出將進一步減少；而工業產出減少後，可能會耽擱保養工作，使得折舊問題益形惡化。

- 經濟衰退，人均享有服務可能隨之減少，用於家庭計畫的開支減少，最後可能導致出生率上升。此點將造成人口的增加，因而進一步減少人均享有服務。
- 假如污染程度大增，可能會侵蝕污染吸收機制，因而降低污染吸收率並進一步加快了污染累積速率。

　　上述最後一項侵蝕作用，也就是會阻礙大自然吸收污染能力的一種機制，可說特別難以察覺。我們在三十多年前首次設計World3模型時，並沒有充分的證據可以說明此種現象。當時我們對這種互動現象的瞭解是：殺蟲劑傾倒至水域中後，會毒死本來能清除有機廢物的微生物，或將氧化氮和揮發性有機化學物質釋放至空氣中，而這兩種物質會發生交互作用，產生有害的光化煙霧。

　　其後，有關地球本身的污染管制機制遭到破壞的事例逐漸浮現出來，其中一例是，短期性的空氣污染物，如一氧化碳，會破壞扮演空氣淨化劑的烴化物。空氣中的烴化物能和溫室氣體甲烷產生作用並加以摧毀。當空氣污染導致烴化物消失後，甲烷的濃度因此升高。換句話說，短期性空氣污染物會破壞空氣中的污染清除機制，而導致氣候長期變壞[14]。

　　另一個例子是，空氣中的污染物質會阻礙林木的生長，甚或造成林木的死亡，而削弱大自然吸收溫室氣體二氧化碳的能力。第三個例子是，化學肥料或工業廢氣會造成土壤的酸化。土壤的酸度若維持正常，將有能力吸收污染物質。土壤可與有毒金屬結合，而將這些金屬隔絕，使其不致滲透至河川和地下水中，因此也就不會進入生物體內。但在酸性環境中，土壤與有毒金屬的結合會遭到破壞。1991年時，史提格利亞尼（W. M. Stigliani）曾

描述此種過程：

> 　　土壤酸化後，長時期（數十年到一個世紀）積存於土壤中的重金屬可能會釋出，並迅速滲透至表水和地下水中，或直接為植物吸收。歐洲的土壤因為酸性物質的沉澱而有持續酸化的趨勢，因此造成的重金屬濾出問題，實在令人憂心[15]。

　　除了 World3 模型的諸多例子外，「真實世界」中還有許多其他形態的正回饋圈會造成快速的侵蝕作用。我們提過，侵蝕作用在自然系統和生態系統中具有的強大潛力。另一個性質非常不同的侵蝕作用，顯現於社會秩序的瓦解過程。當一個國家的掌權人物認為其國內貧富差距甚大的現象可以接受時，他們可能會利用權力拉大他們與大多數人民的收入之差距。這種不平等現象可能會令中產階級感到沮喪和憤怒，並站出來抗議。抗議會造成社會運作中斷並引來鎮壓行動。鎮壓行動會進一步拉大掌權人物與社會大眾的距離，還會讓這些當權者對其所秉持的倫理和價值觀更加理直氣壯。當收入差距進一步擴大、憤怒和沮喪的情緒益形激化後，又會招致更激烈的鎮壓行動。最後可能因而導致革命或社會的瓦解。

　　要將任何形態的侵蝕機制加以量化，都是很困難的事，因為侵蝕作用是系統內多重因素的互動產生的整體現象。只有當系統承受壓力時，才會出現侵蝕作用。當侵蝕作用顯現出來後，就很難阻止。雖然有這些不確定因素存在，我們卻能篤定地說，任何系統只要其內部隱藏了侵蝕程序，就有可能出現崩毀現象。惟其先決條件是，此一系統承受了過重的負荷。

　　就局部地區的尺度而言，超過限度並導致崩毀的現象可見諸於沙漠化、礦藏或地下水的耗竭、農地或林地遭到持久性有毒廢物的污染，以及物種的滅絕。廢耕的農地、遷徙——空無一人的礦業城鎮、遭棄置的工業廢物堆積場——在在印證了這種系統行為的「存在事實」。就全球的尺度而言，超過限度並導致崩毀的現象，可能意味著大自然偉大的支持力量的瓦解。這種支持力量是地球用以調節氣候、淨化空氣和水、促成生物質量的再生、確保生物多樣性，以及化腐朽為神奇的。我們在1972年首度發布模擬結果時，大部分人都認為所謂「人類會破壞全球大自然運作程序」的說法令人難以置信。現在，此一現象已成為報紙的標題、科學研討會的焦點和國際談判的主題[16]。

World3：兩種可能的設想狀況

　　在World3的模擬世界中，我們將主要的目標放在成長議題上：只有在世界變得非常富裕後，World3模型中的人口才會停止成長；只有當世界碰觸到各種極限後，人類的經濟才會停止成長。此一模型顯示，會促成並連結各項相關決定的回饋圈內，存在著許多延遲現象。而且還顯示，自然運作程序具有極其強大的力量。因此，模擬世界的最可能行為模式為超過限度並導致崩毀，也就不足為奇了。

　　圖4-11設想狀況中的三幅小圖顯示的情形，是我們使用可「逼真的」描述20世紀下半葉世界概況的數值，並在不做異乎尋常的技術或政策假設的情形下，「按現狀」進行模擬運作得出的行為模式。1972年，我們稱此一模擬運作為「標準運作」。當時，我們並不認為此一運作代表未來最可能發生的狀況，當然，

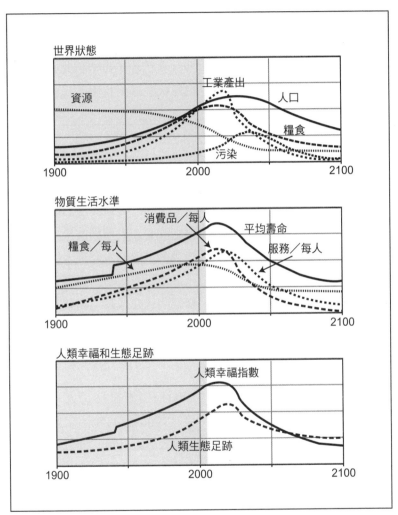

圖 4-11　設想狀況 1：一個參考點

世界社會依傳統方式發展，而未偏離 20 世紀的大部分時間裡人類所追求的政策。人口和物質產量不斷增加，直到愈來愈難獲得非再生資源為止。接下來，必須做出更大投資才能維持資源流於不墜。最後，經濟體系內的其他部門開始欠缺投資資金，導致工業貨品和服務的產出下降，糧食和醫療服務都因而減少，造成平均壽命下降，平均死亡率上升。

我們也沒把它當成對未來的預測。它只是一個出發點，一個用來進行比較的基礎。但許多人卻把「標準運作」看成比其後的諸項設想狀況來得重要。為防舊事重演，我們在本書中稱此一模擬運作為「一個參考點」，並將每個設想狀況編上號碼；我們現在討論的是設想狀況 1。

於設想狀況 1，社會盡可能長時依傳統方式發展，而未做出重大的政策改變，也就是遵循我們所瞭解的、整個 20 世紀的歷史大方針前進。糧食產量、工業貨品和社會服務的增加，是為了滿足明顯的需求，並受到可用資本的支配。社會除了對眼前的經濟問題做出反應外，並沒有投注特別的心力於消除污染、節約資源或保護土地。此一模擬世界設法讓全世界的人歷經人口過渡，並進入一個欣欣向榮的經濟體制。設想狀況 1 的世界需要有普及的健保服務和節育措施，因為服務部門正在成長；需要有更多的農業投入以獲得更大的農產量，因為農業部門正在成長；會排放更大量的污染物、需要更大量的非再生資源，且具有更大的生產力，因為工業部門正在成長。

於設想狀況 1，世界人口從 1900 模擬年的 16 億人，增加到 2000 的 60 億及 2030 年的超過 70 億。1900-2000 年，工業總產出增加將近二十九倍，到 2020 年又增加 20%。1900-2000 年間，地球上非再生資源總量只耗用了大約 30%；亦即，2000 年時仍有略高於 70% 的此類資源未利用。於 2000 模擬年，污染程度開始大幅增加到比 1990 年時高出 50%。人均貨品消費量比 1990 年時高了 15%，將近是 1900 的八倍[17]。

假如你將設想狀況 1 示意圖的右邊遮住，只看左邊 2000 年之前的曲線，你會發現世界形勢大好。平均壽命在增加中、人均享有服務和人均糧食擁有量都在成長，整體糧食產量和工業產量也

都在增加中。平均人類幸福指數持續上升中。雖然少數令人擔憂的狀況已露端倪，如污染程度升高及人類生態足跡擴大，但整體而言，此一系統仍在成長中，眼前出現重大改變的可能性很小。

接下來，在21世紀的頭二十年左右，經濟成長戛然而止並開始急遽下滑。此種成長中斷的現象，主要導因於非再生能源的成本快速增加。成本增加對各部門的主要影響是投資金額的日益減少。讓我們話說從頭。

於2000模擬年時，若以2000年的消耗率計，殘留地底下的非再生資源將可使用六十年。當時並沒有明顯而嚴重的資源極限存在。但到了2020年，殘留資源只能再使用三十年。為什麼會這麼快出現資源匱乏的現象呢？原因在於，工業產出和人口的成長提高了資源消耗量，同時降低了現有資源總量。在2000-20年間，人口增加了20%，工業產出增加了30%。在這二十年間，日漸增加的人口和工業工廠所耗用的非再生資源幾乎和整個20世紀一樣多！故於此一模擬世界，人類為了支持進一步的成長，必須挹注更多資本以探勘、開採並提煉殘留的非再生資源。

於設想狀況1，當非再生資源愈來愈難獲得時，必須將大量資本改用於開採此種資源。如此一來，可用以維持高農業產出並促成進一步工業成長的投資資金將相對減少。最後，到2020年左右，對工業資本進行的投資將趕不上折舊率的上升。結果是，工業開始衰敗，此點在所難免，因為經濟體系無法停止將資本挹注於資源部門。假如資源部門未能獲得足夠的投資，原料和燃料的短缺將很快對工業產出造成限制。

應有的維修和保養作業因此會有所拖延，工業工廠開始萎縮，維持其他經濟部門資本總量和生產速率的成長所需的各種工業產出也隨之下降。最後，衰敗的工業部門將迫使靠工業產出支

撐的服務和農業部門亦步上衰頹的道路。於設想狀況1，工業的衰敗對農業造成的影響特別嚴重，因為在2000年之前，土地濫用的情形多少已經對土地的肥沃度造成破壞。糧食產量能維持不墜，主要靠的是進一步的工業投入，例如增加肥料和殺蟲劑的使用量以及添置灌溉裝備。隨著時間的推移，此種情況日趨嚴重，因為年齡結構的失衡和社會對生育率的調適失當，導致人口數量節節上升。最後，人口數量大約在2030年達到高峰，接著因為糧食和健保服務的匱乏導致死亡率上升，人口隨之開始下降。人類的平均壽命也從2010時的八十歲開始往下降。

　　本設想狀況所描述的是「非再生資源的危機」，而不是對未來的預測。換句話說，目的不在於預測任一個模型變數的精確值，也不在於預測事件發生的精確時間。我們並不認為此一設想狀況代表「真實世界」最可能出現的結果。我們稍後將提出另一種可能性，而在第六與第七章中，還會討論更多的其他可能性。對於設想狀況1，我們所能提出的最有力論據是：**假如**會影響未來經濟及人口成長的政策和20世紀後期的相關政策類似、**假如**科技和價值觀的演變模式和該時期的模式相同、又假如World3模型中使用的數據大體上是正確的，此一設想狀況所描述的是世界系統可能出現的**概括行為模式**。

　　假如我們的假設條件和所使用的數據並不正確，將會如何？假如埋藏地底下有待開採的非再生資源的總量，實際上是我們於設想狀況1中假設的兩倍，會有什麼差別？**圖4-12**的設想狀況2將對此點加以說明。

　　誠如讀者所見，與設想狀況1相較，這次的模擬運作中出現資源耗竭的時間要晚得多，因此，成長現象持續的時間也較長，足足多了二十年，使得工業產出和資源使用量都增加了一倍。此

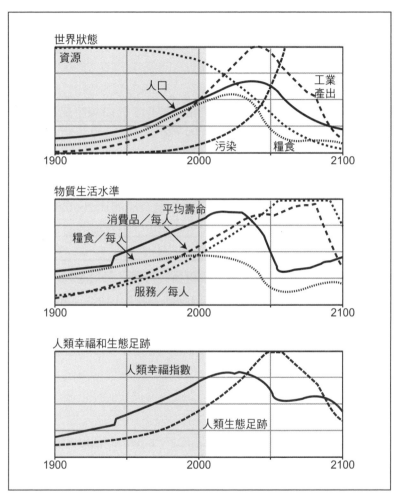

圖 4-12　設想狀況 2：擁有更豐富的非再生資源

假如我們將設想狀況 1 假設的非再生資源總量增加一倍，並假設資源開採科技的進步將可延緩開採成本的增加，則工業成長的持續時間將可延長二十年。人口將於 2040 年達到 80 億人的高峰，且享有更高的消費水準。但污染程度上升，（超出圖外！）導致糧食產量降低，故需進行龐大的投資以恢復農地的生產力。最後，因糧食短缺和污染對人類健康造成危害，人口數量開始下降。

外，人口持續成長的時間也較長，並在2040模擬年達到80億人的高峰。雖然此一模型運作中出現這些時間延長的現象，但系統的整體行為仍屬超過限度並導致崩毀的模式。此一崩毀現象的主要原因，是地球環境受到嚴重污染。

工業產出的增加，造成污染嚴重惡化；於設想狀況2內，污染程度達到高峰的時間比設想狀況1的慢了大約五十年。污染嚴重惡化的直接原因有二：一為污染的產生速率變快，一為大自然吸收污染物的程序受到損害。在設想狀況2中，污染程度於2090年達到高峰，此時污染物於環境中的留存時間比2000年時高出三倍。此外，肥料和殺蟲劑的大量使用，加上其他的農業投入，導致生態足跡的進一步擴大。

污染會對土地的肥沃度造成嚴重的影響，於設想狀況2內，土地肥沃度在21世紀上半葉出現急遽下滑的情形；即使增加投資以阻止土壤養分的流失，土地恢復肥沃度的成效，仍不足以避免2030年之後作物和糧食產量的大幅減少。死亡率接著開始上升。其後，更大量的資本挹注於農業部門，期能緩解餓荒，卻徒勞無功；最後，工業部門將因無法獲得再投資而停止運作。

設想狀況2也描述了「全球污染危機」。在進入21世紀的上半葉之後，污染的嚴重性升高到足以危害土地肥沃度的程度。假如土壤受到重金屬或毒性持久的化學藥品之污染、假如氣候的變化改變作物成長模式的速度比農民做出調適的速度快、或穿越已變薄的臭氧層進入大氣層內的紫外線輻射增強，則「真實世界」也可能發生此種情形。1970-2000年間，土地肥沃度只有輕微的下降，但2000-30年卻下降了20%；而2000年時土地先天所具有的肥沃度，到2060年已所剩無幾。此外，土壤受侵蝕的情形也日益嚴重。2030年糧食總產量開始下降，使得經濟體系必須將

資本改投資於農業部門，以維持糧食產量於不墜。但污染造成的損害太嚴重，導致糧食產量再也無法恢復原來的水平。21 世紀的下半葉，糧食的短缺加上污染情形嚴重，人類的平均壽命因而有明顯的下降。人類生態足跡變得龐大無比，直到崩毀現象將其縮小到上一個世紀的規模為止。

　　未來比較可能出現哪種狀況，是設想狀況 1 或設想狀況 2 ？假如有科學方法可以回答此一問題，那麼，這個方法依憑的將是有關尚未被發現的非再生資源「實際」總量的證據。但我們根本不可能確知此一數據。不論如何，還有許多其他不確定的數字需要我們驗證，有許多技術和政策改變需要我們去試驗。有關此，我們會在第六章和第七章中討論。到目前為止，World3 模型告訴我們的是，此一模型系統傾向於推演出超過限度並導致崩毀的狀況。事實上，我們過去多年來進行的數千次模擬運作中，迄今為止出現次數最頻繁——但不盡然一定會發生——的正是超過限度並導致崩毀的結果。現在，造成此一行為模式的原因應該很清楚了。

為什麼是超過限度並導致崩毀？

　　當人口和經濟體制以無法永續的方式開採資源或排放污染物時，即已處於超過限度的模式，但此時支持系統承受的負荷，尚未大到足以減少開採量或排放量的程度。換句話說：當人類生態足跡已大於可以永續維持的程度時，人類即已處於超過限度的狀態，但此時生態足跡尚未大到足以引發重大改變而造成本身縮小的程度。

　　超過限度的情形是回饋圈內的延遲現象造成的。決策者常未

能立即獲得有關「某些發展已超越極限」的資訊、或獲得此一資訊後未予採信、或沒有採取因應措施。超過限度的情形是可能發生的，因為我們有累積的資源總量可供消耗。舉例而言，假如你在銀行內有一筆可觀的存款，即使你每個月都透支，也可以維持好一陣子。你可以讓浴盆內的水排放的速度比水龍頭進水的速度快，此一情形可以維持到盆內一開始即積存的水量排光為止。森林歷經數十年長成與累積下來的林木，可讓你砍伐林木的速度快過於林木成長的速度。你可以讓牲口的數量不斷增加並造成草原過渡放牧，或不斷增加漁船的數量並造成過度捕撈，惟先決條件是，你面對的是以往長時期累積下來且未經砍伐的林木和未經捕撈的魚源。總之，初始總量愈大，超過限度加以耗用的數量也愈大，耗用的時間也愈長。

自然動力（physical momentum）會造成警訊傳送的延遲，故也成為對警訊反應遲緩的原因。由於森林的成長、人口的老化、污染物滲透至生態系統、受污染的水恢復清淨、資本工廠的折舊、人民受教育或再教育等過程，都需要時間，因此系統不會一夕丕變，即使系統看到並承認橫於眼前的問題。先天具有動力的系統，為了能步上正確的發展途徑，必須在其動力所能負荷的情形下，盡可能向遠處看。一艘船轉彎的弧度愈小，雷達朝前方偵測的距離必須愈遠才行。然而，世界上的政治和經濟體系的眼光都不夠遠。

造成超過限度現象的最後一項因素是：追求成長的慾望。假如你在開車時，擋風玻璃起霧或煞車失靈，而你想避免煞車不及的狀況，首先你會**放慢車速**。你不會固執的想一直加速。只要系統的運動速度不要太快，導致無法接到警訊而未能在碰觸到極限之前做出反應，則回饋圈內所發生的延遲現象都是可以處理的。

任何系統，不論多麼機靈、多麼有遠見、設備多麼完備，只要一直保持在加速狀態中，就可能有反應不及的時候。即便汽車和駕駛人都處於最佳狀態下，都無法保證高速行駛時的安全。成長的速度愈快，超過限度的情形就愈嚴重，最後下降的幅度也愈大。然而，世界上的政治和經濟體系，莫不汲汲營營於達成最高的成長率。

侵蝕現象在非線性行為模式的推波助瀾下，會將超過限度的情形轉化成崩毀現象。侵蝕現象若未受到制止，將會自行繁衍而致構成一種壓力。非線性行為（如**圖4-2**和**圖4-7**所示）就像是某種**門檻**，超過此一門檻，系統的行為會突然改變。一個國家可在國內銅礦含銅量日益降低的情形下仍持續開採，但當礦石的含銅量降低到某一程度之後，採礦成本會突然急遽上升。土壤受侵蝕後，要嚴重到農作物的根部暴露出來的程度，才會對農產量造成影響。接下來，進一步的侵蝕作用將迅速導致土地的沙漠化。門檻的存在，使得回饋圈的延遲現象造成的後果益形嚴重。假如你的車擋風玻璃起霧，煞車又不靈，則逢彎路時，要開得特別慢才行。

一個由人口、經濟和環境三大要素組成的系統，若內部有回饋延遲現象和反應遲緩現象，有門檻和侵蝕機制存在，而本身又在快速成長中，則這個系統實際上是**無法控制的**。不論擁有多麼了不起的科技、不論經濟運作多麼有效率、不論領導人多麼英明睿智，這個系統都無法趨吉避凶。假設這個系統一直在加速，必然會發生超過限度的現象。

依照定義，超過限度是一種狀態：於此一狀態中，環境發出的信號姍姍來遲，且強度不足以迫使成長趨勢停頓下來。那麼，社會如何判定是否處於超過限度的狀態？資源總量的下降和污染

程度的升高，是最基本的線索。其他的跡象還包括：

- 資本、資源和勞力改用於提供原本由大自然免費提供的服務（如污水處理、空氣和水的淨化、防洪、蟲害防治、恢復土壤養分、授粉或物種保育）。

- 原本用來生產消費品的資本、資源和勞力，改用於開採蘊藏量減少、位置更遙遠、埋藏地底更深處或純度更低的資源。

- 為了利用品質較低、蘊藏量較小、更分散且較不具價值的資源，新的科技應運而生，因為價值更高的資源已蕩然無存。

- 大自然的污染清除機制失效，污染程度上升。

- 資本折舊率超過投資率，維修保養工作延後，資本工廠走向破敗之路，使用期限長的基礎設施尤其如此。

- 軍隊或工業界需要愈來愈多的資本、資源和人力，以利獲取或保護日漸集中的少數、更遙遠或日漸具有敵意的地區內的資源。

- 對人力資源的投資（如教育、醫療保健和住屋）遭到延遲，而將經費用來滿足眼前的消費、投資或安全需求，或用來償債。

- 債務占每年實際產值的百分比愈來愈高。

- 醫療與環保目標遭到破壞。

- 衝突增加，尤其是為獲取資源來源或廢物吸收場所而引發的衝突。

- 人們已經沒有能力支付他們真正需要的物品的價格，只能買他們買得起的東西，消費形態因此出現改變。

- 人民對政府的手段漸感不齒，因為掌權人物只想保有或強化他們對日漸減縮的資源之控制。
- 大自然系統日趨混亂，「天然」災害愈來愈頻繁、愈來愈嚴重，因為環境系統的韌性變差。

你是否在你所處的「真實世界」中發現了這些跡象？若答案是肯定的，那麼你應該懷疑你所在的社會，已經處於超過限度狀態的晚期。

超過限度的狀態不見得會導致崩毀現象，然而，欲避免崩毀現象，需要有快速而果決的行動：必須盡快保護好資源根基並大幅度降低資源的消耗。必須降低污染程度並將污染物排放率降低到可接受的程度。降低人口數量、資本總量或生活水準，或許不是必要之舉，但盡快降低物質與能源的產量，卻是勢在必行的事。換句話說，人類的生態足跡必須縮小。所幸，很弔詭的是，現今全球經濟活動中存在著太多浪費和無效率的情事，以致於人類在維持、甚或提升生活品質的同時，仍有很大的潛力可以縮小生態足跡。

總之，我們提出了 World3 模型中會促成超過限度並導致崩毀現象的幾項重要假設。**假如你不同意我們的模型、我們的理論、我們這本書的內容或我們的結論，你必須能反駁以下的論點：**

- 經濟成長是件好事，是我們政治、心理和文化發展的要素。人口和經濟只要是在成長，常常就呈指數成長。
- 支持人口和經濟成長的物質與能源是有其極限的，大自然吸收人類活動產生的廢物的能力也是。
- 成長中的人口和經濟接受到的有關自然極限的信號遭受扭

曲、延遲和混淆,或被否定,對這些信號的反應顯得遲緩。

● 自然系統不但有極限存在,而且當系統內出現負荷過重或過度使用的情形時,這些極限會遭到侵蝕。此外,系統內還存在著明顯的非線性行為——也就是某種門檻,超過此一門檻後,損害迅速惡化,而且可能成為無可挽回的現象。

列出這些造成超過限度並導致崩毀的原因後,我們可以提出因應的方法以避免這些因素發生作用。為使自然系統變得具有永續性及可控制性,我們必須改變系統的結構特性:

● 人類必須依據對未來問題的預測,緩和、最後並停止人口和資本的成長,而不能靠外在極限的回饋效應達成此一目的,因為這些極限已經超越。

● 必須大幅提高資本效率以減少能源和物質的消耗。換句話說,我們必須透過去物質化(以較少的能源和原料獲得同樣多的產量)、追求更平等的社會(將富人從能源和原料的使用中獲得的利益重新分配給窮人)、以及改變生活形態(降低物質需求或改用或接受對自然環境危害較小的貨品和服務)等作為,以縮小生態足跡。

● 必須維持資源來源和廢物吸收場所的現狀,可能的話,必須設法使其恢復原來的狀態。

● 必須提高接受信號的能力並加快對信號做出反應的速度。社會必須有前瞻性的眼光,並以長期的成長效益做為現今採取行動的依據。

● 必須防止侵蝕現象的發生,若侵蝕作用已然存在,則必須緩和其進行的速度,並設法扭轉此種趨勢。

在第六和第七章中，我們將說明這些改變如何扭轉World3模型系統（也希望是我們的「真實世界」）朝超過限度並導致崩毀的狀態發展。但我們先在第五章中暫時脫離此一主題，以一項實際的事例說明我們在本章提及的所有動態原則——此一事例提供了我們對未來懷抱希望的基礎。

| 第五章 |
回頭是岸：臭氧層事件

> 我們正處於一項會改變同溫層化學結構的大規模實
> 驗中，但我們對於此項實驗會造成什麼樣的生物學
> 或氣象學上的結果，可說完全沒有概念。
> ──薛爾伍德‧羅蘭（F. Sherwood Rowland），1986 年

　　本章我們將敘述一項很有參考價值的事例，內容主要在說明：人類的活動產生了超越極限的現象，接著人類發現了此一結果，並採取適切措施，有效的使人類活動回復到具有永續性的狀態。此一事件顯示，同溫層中臭氧層吸收人造氟氯碳化物的能力有限[1]。至於最後會有什麼樣的結果，起碼要等數十年後才能有定論。但迄今為止，這件事使我們對未來懷抱希望。臭氧層事件說明了：雖然人類有所疏失，但全球的相關人員與機構可以齊心合力，共同檢視超過限度的現象，並研擬出解決之道後加以落實。在這次事件中，世界社會接受了人類必須生活在某一極限範圍內的事實，而為此所做的犧牲相當小。

　　臭氣層事件的經過情形大致如下：科學家先提出臭氧層正在消失的警訊，接著設法克服他們本身觀念上的障礙和對政治運作的經驗不足，而得以籌組跨越政治疆界的機構，期能對此事進行

徹底的研究。消費者也迅速組織起來，意圖扭轉此一有害趨勢，但光靠他們的努力並不足以提出可長可久的解決方案。各國政府和世界上的大企業一開始對此事抱持猶疑和否定的態度，所幸接下來某些政府和公司開始展現勇氣和無私的精神，帶頭設法解決此一開題。當時，環保人士被貼上「危言聳聽」的標籤，但後來證明，他們還低估了問題的嚴重性。

在各國政府設法合力處理此一不折不扣的國際問題之際，聯合國很盡職的向全世界傳達相關的重要資訊，並以中立的立場提供周到的協助。正在進行工業化的國家卻在這次臭氧層危機中找到拿喬的機會。這些國家開出條件，除非保證能獲得迫切需要的技術和財務支援，否則拒絕合作。

最後，世界各國承認它們已超越了一項事關緊要的極限。各國勉為其難的同意放棄製造許多可獲利且實用的工業產品，並在經濟體系、生物界和人類明顯受害之前，以及在相關科學研究未有定論之前，即開始落實此一決定。此舉很可能及時化解了危機。

增　長

1928年發明的氟氯碳化物，是人類製造的化合物中用途甚廣的一種。此種化學製品似乎不會毒害任何生物，可能是因為其化學穩定性高。氟氯碳化物不能燃燒、不會與其他物質發生作用、也不具侵蝕作用，熱傳導效應很低，因此製成的發泡塑膠耐熱杯、漢堡包裝盒或牆壁絕緣材料，具有極佳的隔熱效果。有些氟氯碳化物於室溫時會蒸發後再凝結。此一特性使它成為冰箱和冷氣機的最佳冷媒（做此一用途時，通常以其商標「氟利昂」

〔Freon〕稱之）。

　　此外，氟氯碳化物是清洗金屬的甚佳溶劑，可用來清洗小至電子電路板上微小的間距，大至將飛機組合起來的鉚釘。此種化學製品造價昂貴，其使用後的拋棄方式既簡單又安全——當時一般人是這麼認為——只要以氣體形態釋入大氣中或將其埋在垃圾填築地底下即可。

　　如**圖5-1**所示，1950-75年間，世界上氟氯碳化物的產量每年增加11%以上——幾乎每六年增加一倍。到1980年代中期，

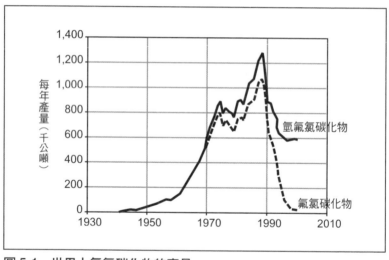

圖5-1　世界上氟氯碳化物的產量

氟氯碳化物的產量節節升高，直到1974年首批研究報告指出它對臭氧層具破壞效應為止。其後，其產量下降是因為環保人士反對人們使用含有氟氯碳化物的噴霧罐，而美國也於1978年禁止使用此種噴霧罐。1982年之後，其他形態的氟氯碳化物使用量大增，曾因而短暫的造成產量增加的現象。自1990年起，由於國際社會達成協議，決定分階段禁止氟氯碳化物的使用，因此產量又開始下降。現在氫氟氯碳化物被允許做為氟氯碳化物的替代品，預計於2030-40年間，此一化學製品將分階段禁止使用。（資料來源：Alternative Fluorocarbons Environmental Acceptability Study.）

工業界每年生產的氟氯碳化物多達100萬噸。當時，單單在美國國內，使用氟氯碳化物做為冷卻劑的冰箱就有一億部、冷凍庫三千萬部、家用空調設備四千五百萬部、車用空調設備九千萬部，以及旅館、超市和冷凍運貨車所裝設的數萬套空調與冷凍設備[2]。另一方面，北美洲和歐洲的住民每人每年平均使用0.9公斤氟氯碳化物，中國大陸和印度每人每年的使用量則低於0.03公斤[3]。當時，北美洲、歐洲、俄羅斯和亞洲的許多化學工廠，均以此種化學製品為收益的主要來源。數以千計的化學公司，都將這種化合物當成其本身生產線所需的主要投入。

極　限

我們要描述的「故事中的英雄」，是一種稱為臭氧的不可見氣體；臭氧由三個氧原子組成，一般的氧係由兩個氧原子組成。臭氧的化學活性很高，幾乎會對接觸到的任何物質進行攻擊或加以氧化。在低大氣層中，有為數龐大的粒子和物質表面可與臭氧發生作用，其中特別值得一提的是植物的組織和人類的肺。在接近地表的空間，臭氧是種具破壞力的短期性空氣污染物。然而，在同溫層中，一個臭氧分子撞擊到其他粒子的機會微乎其微，且其持續存在的時間甚長，通常達五十至一百年之久。高空中的氧氣經過陽光照射後，會源源不斷地製造出臭氧，因此臭氧層的高度距地表約6-20哩。

大氣中的臭氧非常稀少，而累積數量相對較多時就成了臭氧層。事實上，臭氧層內的氣體分子，只有十萬分之一是真正的臭氧；但此一濃度已足以吸收從太陽發射出來、極其有害的B波長紫外線UVB（見**圖5-2**）。B波長紫外線的頻率正好會裂解有機分

子，就像一連串的子彈般射向所有生命形態的組成分子——包括攜帶有生命繁殖密碼的DNA。而臭氧層就像一層薄紗般，構成一張重要的防衛網。

生物經過B波長紫外線照射後，可能會引發癌症。科學家對動物所做的相關實驗，早就證明B波長紫外線可能造成皮膚癌。人類的皮膚癌幾乎全都長在身體曝曬陽光的部分。皮膚白皙的人若待在室外的時間很長，特別容易罹患皮膚癌。澳洲人罹患皮膚

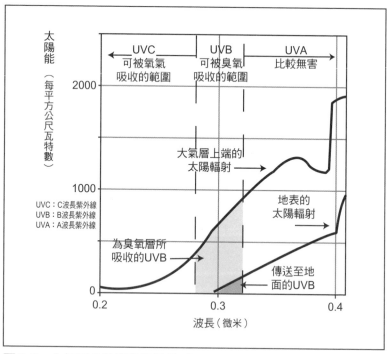

圖 5-2　大氣層吸收紫外線的情形

從太陽射向地球的紫外線，幾乎全部都在大氣層內為氧氣和臭氧所吸收。特別值得一提的是，臭氧能吸收 B 波長紫外線——對生物構成危害的紫外線。（資源來源：UNEP.）

癌的比率居世界之冠：依澳洲現今皮膚癌的發生率推算，澳洲全國人口中有半數終其一生會得到某種類型的皮膚癌。澳洲人罹患得到的最致命皮膚癌——惡性黑色素瘤——好發於十五至四十四歲年齡層[4]。據科學家的估計，臭氧層每減少1%，照射至地表的B波長紫外線量將增加2%，罹患皮膚癌的人數將增加3-6%[5]。

　　B波長紫外線對人類皮膚造成雙重傷害，除了引發皮膚癌，還會降低皮膚的免疫力，使皮膚對疱疹和其他傳染病喪失抵抗力。

　　人體除了皮膚，曝露於陽光中時間最長的器官是眼睛。紫外線會燒傷眼角膜，造成痛苦的症狀，也就是於高海拔地區滑雪和登山的人所稱的「雪盲」。偶爾的雪盲令人疼痛難忍，經常罹患雪盲則會對視力造成永久損害。B波長紫外線也可能傷害視網膜，使得水晶體上出現白內障。

　　假如更大量的紫外線照射到地表上，任何動物只要眼睛和皮膚曝露在陽光下，都可能和人類一樣受到傷害。我們現在才開始對紫外線造成的其他效應進行深入的研究，但某些結果已經很明顯：

- 單細胞生物和微生物比大型生物更容易遭受紫外線的危害，因為紫外線只能穿透幾層細胞。
- 紫外線只能穿透數公尺深海水，但大部分海中微生物都生活在此一深度中。研究顯示，這些漂浮在海水上層中的微小動、植物對紫外線輻射非常敏感[6]。迄今為止，科學家對於這些微生物受紫外線危害的程度，或紫外線對海洋中某一生態系統內各物種之間的互動造成什麼影響，仍沒有共識。但這些微生物為海洋中大部分食物鏈的基礎。因此，

　　紫外線的照射量增加，會對許多海洋物種造成不良影響。

● 植物曝露於紫外線的照射，葉子覆蓋面積會變小，主體無
　法長足高度，且光合作用會降低。不同的農作物對紫外
　線的照射會有不同的反應，但科學家研究的農作物中，有
　60% 在紫外線照射量增加後，產量因而下降。舉例而言，
　有一項研究發現，臭氧層消失 25%，會造成大豆產量降低
　20%[7]。

● 紫外線輻射會導致室外的聚合物與塑膠製品變質；而且，
　紫外線也是影響低空臭氧以及城鎮上空煙霧形成的一項重
　要因素。

　　生物以各種方式進行演化以保護本身免遭紫外線的危害：體
表形成色素、以毛髮或鱗片覆蓋身體、以複雜的機制修補受損的
DNA，而且，敏感的生物會以特殊的行為模式躲避強烈陽光的
照射。由於這些機制和行為對不同的物種有不同的效應，故臭氧
層功能的減退，可能造成某些物種總數的減少或滅絕，卻可能造
成其他物種總數的增加。草食性動物與其糧草供應、害蟲與其天
敵、寄生生物與其宿主之間的平衡關係可能因此遭到破壞。每個
生態系統都會受到臭氧層消滅的影響，但此種影響的形式卻難以
預測，尤其當其他的改變（如全球氣候暖化）也同時發生時，要
做這方面的預測更是難上加難。

最初的跡象

　　1974年有兩份科學報告不約而同的指出，臭氧層有受到破
壞之虞。其中一份報告表示，大氣層中的氯原子可能對臭氧具有

強大的摧毀能力[8]。另一份報告則聲稱，氟氯碳化物正源源不斷進入大氣層中，接著分解並釋出氯原子[9]。將這兩份報告拼湊起來，不啻做出如下的預測：人類使用氟氯碳化物，可能會造成極其嚴重的後果。

氟氯碳化物屬惰性物質且本身不易溶解，換句話說，它不會溶於雨水中，也不會與其他氣體發生作用。射達下大氣層的陽光，其波長無法破壞碳／氯原子之間和碳／氟原子之間強固的結合鍵。大氣層中的氟氯碳化物只有在上升到相當的高度並接觸了短波長紫外線——這種紫外線會被臭氧和氧氣濾除，故無法抵達地表——後，才可能被裂解。氟氯碳化物分子裂解後會釋出自由氯原子。

問題就出在這裡。自由氯原子會與臭氧發生作用而產生氧與氧化氯（ClO）。氧化氯接著會和氧原子發生作用而**再度**產生氧與氯原子，氯原子又會將另一個臭氧分子變成氧和氯原子本身（圖5-3）。

在此種周而復始的反應過程中，一個氯原子每次可摧毀一個臭氧分子。一個氯原子平均摧毀大約十萬個臭氧分子後，才會脫離此一過程（因與甲烷或氧化氮發生作用而喪失活性，最後落回地表）。

延遲現象

延遲現象會促成超過限度的狀態，而臭氧系統內就存在著許多延遲現象。氯原子不斷再生的情形意味著，一個氯原子進入同溫層後到終於停止裂解臭氧的行動為止，將經數年之久。此外，一個氟氯碳化物分子經人工合成後，到上升到達同溫層頂端，也

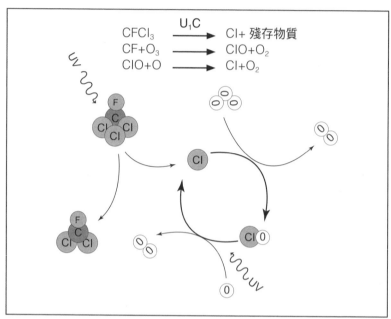

圖 5-3　氟氯碳化物破壞同溫層臭氧示意圖

同溫層中氟氯碳化物經紫外線照射後釋出氯原子，氯原子會與臭氧發生作用而產生氧化氯，氧化氯接著會與氧原子發生作用而再度釋出氯原子，這些氯原子又會與臭氧分子發生作用——如此周而復始，循環不斷。大氣層中的臭氧濃度因而大幅降低。

將歷經相當長的一段延遲時間。當做為某種用途時（例如做為噴霧劑容器內的壓縮氣體），氟氯碳化物一經製造出來，很快就會釋出，並進入空氣中；而做為其他用途時（如製造成冷媒或絕緣材料），則含有氟氯碳化物的產品通常在製造完成後數年才會釋出此一化合物。

　　已經釋出的氟氯碳化物分子要悉數由大氣層內的氣流帶至同溫層頂端，將需數十年的時間。因此，我們於任何時間量測出臭氧層變薄的現象，都是在此之前許多年，甚或數十年生產的氟氯

碳化物造成的結果。

　　此外，人類從獲得相關的新知識到最後促成科學界的共識，期間也經歷了延遲現象，雖然這種時間延遲的情形是由多項政治因素造成的。

　　上述兩份預測臭氧層遭到破壞的科學研究報告，引發科學界對大氣層內氯的化學現象進行研究的熱潮。在美國，有關臭氧層動態的資訊很快就受到政界的重視。原因之一是，其中一份研究報告的幾位撰擬者都是美國人，他們對臭氧層遭破壞的現象憂心忡忡，並積極促成社會大眾對此事的重視（羅蘭的角色尤其重要，他將這份研究報告提交美國國家科學院和國會）。另一個原因是，組織完備的環保團體發揮了重要的影響力。

　　當美國的環保人士瞭解了氟氯碳化物與臭氧層的消滅有關後，迅即採取行動。他們開始譴責使用含有氟氯碳化物成分的罐裝噴霧劑的行為。他們指稱，只因為有人自私的使用除臭噴霧劑與刮鬍膏，而導致地球上的生命面臨威脅，世事之荒唐莫此為甚。

　　這種將罐裝噴霧劑安上罪名的作法，未免將事情過度簡化，因為也有人使用不含氟氯碳化物的噴霧劑壓縮氣體，此外，還有許許多多使用氟氯碳化物的方式。但罐裝噴霧劑已經被貼上臭氧破壞者的標籤，且消費者也對此做出反應——罐裝噴霧劑的銷售量掉了60%。讀者可於圖5-1中看到此種結果。氟氯碳化物的產量曾於1975年左右暫時停止成長。其後，要求立法禁止使用氟氯碳化物製造噴霧劑的政治壓力愈來愈大。

　　當然，工業界對此一趨勢抱持抗拒的態度。杜邦（DuPont）公司的一位高階主管於1974年在國會作證時說道：「現今有關氯與臭氧互動情形的假設純屬臆測，並沒有具體的證據可支持此種

論點。」不過，他接著又說：「假如有可靠的科學資料顯示氟氯碳化物的使用會對健康造成危害，那麼，杜邦公司將停止生產此種化合物[10]。」在他說過這段話之後十四年，杜邦這家全球最大氟氯碳化物製造者，才終於兌現諾言。

美國於1978年正式立法禁止使用氟氯碳化物做為噴霧劑壓縮氣體。這項禁令的生效，加上消費者已經減少氟氯碳化物的使用，導致全世界氟氯碳化物的產量大減。然而，美國以外的國家大都仍繼續使用含氟氯碳化物的噴霧劑，而且，做為其他用途（尤其是電子工業的生產作業）的氟氯碳化物用量持續增加中。到1980年，世界上氟氯碳化物的使用量又回升到1975年時的高峰，而且繼續上升中（圖5-1）。

超過限度：臭氧層破洞

1984年10月，英國南極測量隊的科學家進行的測量作業發現，南極洲哈雷灣（Halley Bay）測量站上空同溫層的臭氧濃度下降了40%。將近十年的時間，他們所測得的10月份臭氧濃度呈現穩定下降的情形（圖5-4）。但這些科學家難以相信他們親眼目睹的數據：臭氧濃度怎麼可能下降達40%。當時，以大氣化學現象的知識為基礎所進行的電腦模型預測顯示，臭氧濃度頂多只下降幾個百分點。

他們重新檢查測量儀器，並設法從別的測量站找來印證資料，最後終於有了結果：位於該測量站西北方大約一千六百公里的另一個測量站，也提出有關同溫層臭氧濃度大幅下降的報告。

1985年5月發布的一份具有重大歷史意義的報告指出，南半球出現了「臭氧層破洞」[11]。此一新聞震驚科學界。假如此一報

告的內容正確無誤，證明人類已經超越地球的某種極限。氟氯碳化物的使用量已超過地球負荷的極限。人類已經在破壞保護他們的臭氧層。

接著，美國航太總署（NASA）的科學家急忙調閱Nimbus 7衛星自1978年來對大氣層臭氧濃度所做的測量資料。Nimbus衛星並未察覺臭氧層的破洞。航太總署的科學家發現，原來他們使用的電腦會**排拒臭氧濃度偏低的數據**，因為當初在設定電腦的相關程式時，係假設臭氧濃度讀數若偏低，必定是儀器本身出了問題[12]。

所幸，電腦排拒的測量資料尚可追回。而這些追回的測量資

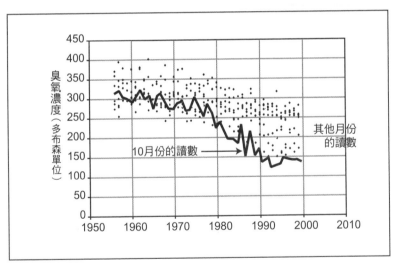

圖 5-4　於南極洲哈雷灣測得的臭氧濃度

每年 10 月份，當南半球進入春季，陽光重新照耀南極時，位於南極洲哈雷灣上空同溫層的臭氧濃度會有明顯的下降；此一現象在 1985 年有關臭氧層破洞的報告發布之前，已經持續十年以上。而自 1985 年之後，每年 10 月份的臭氧濃度仍在下降中。（資料來源：J. D. Shanklin.）

料證明哈雷灣測量站的觀測結果是正確的，而且還顯示，南極上空臭氧濃度下降的現象已經持續了十年。航太總署依據這些資料繪製出有關臭氧層破洞的詳盡地圖。從此一地圖中可以看出，臭氧層破洞的面積很大，約相當於美國本土的大小，而且此一破洞逐年擴大、變深。

為什麼會出現這樣的破洞？這件事對於保護整個地球免受紫外線危害有什麼意涵？接下來的幾年內，科學家為解開此一謎題所做的努力可圈可點。1987年，科學家搭乘了一架飛機直接從南美洲飛往南極洲，並飛進臭氧層破洞內，進行氣體測量和研究工作。這次行動蒐集到充分的證據，顯示氯原子確實是罪魁禍首。他們測得的臭氧及一氧化氯的濃度如圖5-5所示。從圖中可以看出，臭氧濃度與一氧化氯濃度有明顯的相互消長關係[13]。此外，「破洞」中測得的一氧化氯濃度比一般大氣層中高出好幾百倍。此一數據常被稱為是證明臭氧層破洞絕非自然現象的「確鑿證據」，這點連氟氯碳化物的製造廠家都無法否認。臭氧層破洞是大氣層遭到嚴重破壞的現象，元凶是人類所製造出來的含氯污染物。

科學家花了好幾年時間，才對臭氧層破洞的形成原因做出說明。茲概述如下：

由於南極洲四面環海，海風可繞著南極大陸吹送而不受陸上地形的阻礙。於冬季裡，此一現象會形成環繞極地的漩渦，將南極洲上空的空氣困住，使之無法與其他地區的空氣混合。此種漩渦因此成了南極大氣化學物質的「反應器皿」。（北極四周沒有這種強烈的漩渦，故北極上空臭氧層破洞比較不明顯。）

在冬季，南極洲上空的同溫層是地球上溫度最低的地方（達攝氏零下90度）。在這種酷寒的環境中，上升的水蒸氣被凍成細

微的冰晶後，形成大片冰霧，而扮演了催化劑的角色：這些細微冰晶的表面會強化同溫層中的化學反應，促使氟氯碳化物分解並釋出會破壞臭氧的氯原子。

　　在南極洲各季的黑暗空間中，氯原子不會立即進入破壞臭氧的連鎖反應中。事實上，此時每個氯原子只與臭氧發生一次反應並形成一氧化氯。接著，兩個一氧化氯分子會結合成一個相當穩定的二分子氯氧聚合物（ClOOCl）。這種二分子聚合物愈積愈多，準備等陽光重新照耀時再行分解[14]。

　　每年的 9、10 月份（時值南極洲的冬季），太陽輻射會裂解

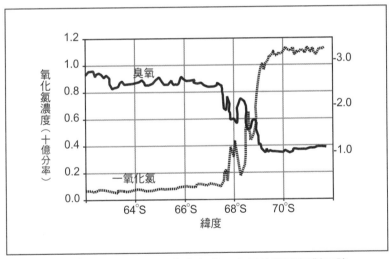

圖 5-5　南極洲上一氧化氯的濃度上升，臭氧的濃度相對下降
太空總署的 ER-2 研究飛機從智利的旁塔亞倫納（Punta Arenas，南緯 53 度）飛至南緯 72 度的南極空域，機上的儀器同時對空中一氧化氯和臭氧濃度進行測量。圖中顯示的是 1987 年 9 月 16 日蒐集的資料。當這架飛機進入臭氧層破洞後發現，該處的一氧化氯濃度極高，臭氧濃度則偏低。此一發現有助於確定「含氯污染物造成臭氧層破洞」的事實。（資料來源：J. G. Anderson et al.）

二分子氯氧聚合物，使其釋出氯原子。當氯原子數量暴增後，即開始破壞臭氧分子，大氣中的臭氧濃度因此驟降。

其後，環繞極地的漩渦將在陽光的照射下逐漸消散，南極的空氣得以再度與其他地區的空氣混合，臭氧濃度已然降低的空氣因此散布至全球各地區，南極洲上空的臭氧濃度，也開始恢復到接近正常值。

北極在春季期間，上空臭氧層破洞的情形比較不明顯。而於世界其他地區出現臭氧層破洞的可能性不大，但隨著大氣層內氣體的不斷混合，整個地球外圍的同溫層中的臭氧濃度都在下降。由於氟氯碳化物和氯原子於大氣中存留的時間很長，故臭氧層遭破壞的時間也會持續很久——起碼長達一個世紀。因此，一旦人類的活動超過了極限（此處的極限為氟氯碳化物的最大可永續排放率），就算能馬上中止含氯污染物的排放，也注定要長時期處於「臭氧層密度不足以阻擋紫外線危害」的環境中。

超過限度的狀態曾經是且未來長時期都會是如假包換的事實。

下一個反應：因應措施的延遲

臭氧層破洞的消息於1985年公布後，政治人物的因應作為是否和科學家一樣積極而徹底？曾經參與全球性環保議題談判的人，對此一問題的看法見仁見智。沒錯，有關如何限制氟氯碳化物產量的國際會談已經展開，卻未能談出具體結果。在臭氧層破洞的消息公諸於世之前兩個月，相關國家曾在維也納舉行會議，會後並提出自鳴得意的聲明，指稱世界各國應該採取「適切措施」保護臭氧層，卻未設定任何時間表，也沒有制訂任何制裁措

施。此時，工業界已經放棄研究氟氯碳化物的替代品，因為在業者眼中，顯然短期內並沒有這個必要[15]。要再過三年，南極臭氧破洞與氟氯碳化物的關係才會獲得證實。

不過，從1985年3月維也納會議後未見具體行動，到1987年9月蒙特婁會議中四十七個與會國代表簽署了第一份有關臭氧層的國際協議為止，中間倒是出現某些積極的政治作為。當然，南極臭氧層破洞引發了心理效應，而其內情仍難以理解，更放大了這種效應。可以確定的是，臭氧層有異乎尋常的現象。雖然有充分的科學資料將矛頭指向氟氯碳化物，但至此為止尚無法證實。

不論造成臭氧層破洞的元凶是否已獲證實，假如不是聯合國環境計畫積極推動國際談判，相關的因應作為可能會不了了之。這個組織的工作人員蒐集了各種科學證據並加以說明，將這些證據送交各國政府，以中立的立場促成高階層會談，並扮演調解人的角色。聯合國環境計畫主席穆斯塔法・托爾巴（Mustafa Tolba）稱得上是一位老練的環保大使，他在許多爭議事件中保持中立，對各國代表諄諄善誘，使彼等瞭解，保持地球臭氧層的完好無缺比短期的自私考量來得重要。

談判的過程十分艱辛[16]。世界各國政府面對的是一項大家尚未充分瞭解的全球性環保問題，而且，此一問題尚未對人類的健康或經濟發展造成任何可量度的損害。可想而知，氟氯碳化物的主要生產國意圖阻止減少此種化合物使用量的措施。有時，重要的決定繫乎脆弱的政治因素。舉例而言，美國在解決此一問題的努力上所扮演的領導角色，有好幾次差點因為雷根政府內部的嚴重意見分歧而遭削弱。此種政府內部意見分歧的現象，在美國內政部長唐納德・霍德爾（Donald Hodel）於公開場合講了一句不得體的話後，引起社會大眾的注意。他是這麼說的：「只要人人

出門時戴上寬邊帽和太陽眼鏡，臭氧層就不是問題。」國際媒體對此一不當發言的嘲諷（有些漫畫中還出現戴帽子和太陽眼鏡的牛、狗、樹木和玉米作物），成了美國政府團隊成員在促使總統正視臭氧層問題時的助力。

另一方面，聯合國環境計畫仍然努力不懈。而歐洲和美國的環保團體開始對政府施壓，科學家則著手辦講習會以教育新聞從業人員、國會議員和社會大眾。最後，各國政府在來自各方的強大壓力下，終於做出反應（而且速度之快出人意表）—— 1987年在蒙特婁簽訂了〈蒙特婁議定書〉。

蒙特婁議定書首先規定，世界上五種最常用的氟氯碳化物之產量，應該凍結在1986年的水準。其後，到1993年產量應減少20%，到1998年再減少30%。世界上氟氯碳化物的主要生產國全都簽署了這項〈凍結-20-30〉協議。

蒙特婁議定書具有重大的歷史意義，當時環保人士原本認為，在政治因素的干擾下，是不可能簽訂這樣的協議的。但該議定書所要求的氟氯碳化物減產量，很快就顯得緩不濟急。圖5-6顯示，依據蒙特婁議定書的污染物排放量降低規定（以及其後的倫敦協議、哥本哈根協議、維也納協議和第二次蒙特婁議定書之規定；有關此，稍後將進一步討論），對同溫層中會破壞臭氧分子的氯濃度之上升情形所做的預測。雖然在這些國際限制機制的要求下，氟氯碳化物的產量將減少，但已生產、尚未釋出的大量氟氯碳化物，以及已釋出、尚未進入同溫層的氟氯碳化物，仍會持續造成氯濃度的上升。

蒙特婁議定書本身有其缺點是可以理解的。因為大部分正在進行工業化的國家都未簽署此一議定書。舉例而言，1987年正值中國國內數百萬家庭準備購買第一部電冰箱之際，此一情形表

示中國對氟利昂冷媒將有極其龐大的需求。而當時蘇聯則閃爍其詞，說什麼該國正執行中的五年計畫，不允許氟氯碳化物的產量出現急遽的變化；蘇聯決定以較緩慢的期程分階段降低此一化合物的產量。至於大部分的氟氯碳化物製造廠，仍然希望最起碼能保住部分市場。

在蒙特婁議定書簽訂後的一年內，科學家測量發現，臭氧層遭破壞的情形反倒更加嚴重，並將相關的「確鑿證據」公諸於世。此時，杜邦公司宣布將分階段完全停止生產氟氯碳化物。1989年，美國和歐盟都宣布將於2000年停止生產五種最常用的氟氯碳化物。此外，美國和歐盟還呼籲世界各國落實蒙特婁議定書中的規定，定期評估臭氧狀態，必要時應採取更嚴格的措施。

在聯合國環境計畫再度出面領導下，1992年，來自九十二個國家的代表，於倫敦展開進一步談判並達成協議：在2000年分階段停止所有氟氯碳化物的生產。被列入分階段停產的化學製品還包括氯甲酸甲脂（Methyl chloroform）、四化碳及海龍（Halon）等會破壞臭氧層的化學物質。當時，有好幾個正在進行工業化的國家開出條件，要求國際社會籌措基金協助彼等建立起生產氟氯碳化物替代物所需的技術，否則將拒絕簽署此項協議。由於美國對資金的挹注有所猶豫，一度幾乎讓這項協議的簽訂作業胎死腹中，所幸，後來終於圓滿籌足這筆基金。關於倫敦協議在降低同溫層中氯（和溴，及其他會破壞臭氧層的化學物質）濃度方面希望達成的目標，見圖5-6。

1991年春季，衛星於北半球的高空中測量到的最新資料顯示，臭氧層消失速率是預期中的兩倍。而於北美洲、歐洲和中亞的人口密集區上空，臭氧濃度偏低的情形，首次持續到夏季猶不見改善，因此，這些地區的紫外線輻射可能會對人類和農作物造

成傷害。1990年代末期,臭氧濃度偏低的情形已向南延伸到西班牙。

此一令人憂心的消息,導致以德國為首的許多國家決定針對氟氯碳化物與海龍兩項化學製品,採取比倫敦協議要求的步調還快的分階段停產措施。許多跨國公司,尤其是電子和汽車工業界的大公司,也採取同樣的措施。某些開發中國家,如墨西哥,則宣布放棄享有的十年寬限期,願意和工業化國家一起遵循同樣的

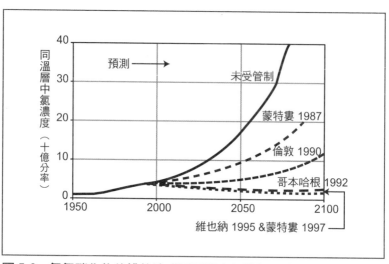

圖 5-6　氟氯碳化物的排放造成同溫層中無機氯和溴濃度增加的趨勢預測

圖中顯示,於不同政策下(亦即未受管制、受最初的蒙特婁議定書的管制及受後來多項協議的管制),同溫層中氯和溴濃度的過去與未來預測值。氟氯碳化物的生產率若維持 1986 年的水準,則到 2050 年將導致同溫層中氯濃度增加七倍。第一次蒙特婁議定書雖然定訂較低的污染排放率,但仍可能讓氯濃度呈指數增加。倫敦協議要求分階段禁止大部分(但非全部)氟氯碳化物的使用,但仍可能導致氯濃度於 2050 年左右開始增加。其後的幾項協議對於會釋出氯原子的化學製品的使用有愈來愈嚴格的限制,使得我們因此預測 2000 年之後氯濃度會逐漸下降。(資料來源:WMO; EPA; R. E. Bendick.)

減產時程。漸漸的，其他國家，如中國和印度也起而效尤。預計到2010年，所有此等化學製品的生產作業將告一段落。

　　1992年於哥本哈根舉行的另一回談判中，與會的蒙特婁議定書簽署國達成協議，決定加快分階段停產的步調：於1994年停止生產海龍，1996年停止生產所有類別的氟氯碳化物，並訂出甲基溴土壤殺蟲劑（倫敦談判中未提及的一種厲害的臭氧破壞物質）的排放限制。依據當時的大氣狀態模型資料，哥本哈根協議的「緊縮」政策，應可比倫敦協議要求的措施提早十年將臭氧恢復為1980年時的狀態（於2045年，而非2055年達成此一目標）。哥本哈根協議如果能夠落實，將可使臭氧的消失量降低28%，因而減少四百五十萬名皮膚癌病患，以及三十五萬個雪盲病例[17]。其後，事實愈來愈明顯：真要降低大氣層中的氯／溴濃度，哥本哈根協議的「緊縮」政策實為必要之舉（圖5-6）。

　　到1996年，已經有一百五十七個國家簽署哥本哈根協議。為防止臭氧層問題惡化，該做的事此時差不多都做到了。在簽訂蒙特婁議定書十週年的1997年，相關國家再度於蒙特婁簽署協議，對以往的規定做小幅度的修訂。由世界氣象組織和聯合國環境計畫共同主辦的1998年「臭氧層科學評估」[18]的內容指出：「依據以往臭氧破壞物質的排放情形，以及在蒙特婁議定書的規範下所允許的最大排放量之預測值，估計臭氧層遭破壞的最嚴重狀況，將出現於未來十至二十年內。」四年後的2002年時，「臭氧層科學評估」進一步指出：「2010年，南極臭氧濃度將開始上升，並可望在本世紀中葉回復到1980年之前的濃度[19]。」換一個角度視之，人類想要阻止臭氧損耗量於1995到2010年之間達到高峰，可說為時已晚，因為會造成此一現象的化學物質已經慢慢上升至同溫層中。

　　為了確保此一高峰不會再往上升，而且在達到此一高峰後，臭氧層最終將恢復原來的狀態，則最重要的事在於落實議定書的規定。蒙特婁議定書的簽署國仍不定期集會，以研議如何強化此一議定書的效力。舉例而言，1999年於北京召開的會議中，與會代表同意增加多國援助基金的數額，以資助開發中國家於最後期限前達成其減產目標。此外，蒙特婁議定書正將其他有害化學物質納入管制，並開始禁止臭氧破壞物質的交易。

　　2000年時，世界上「氟氯碳化物氣體」的年產量只剩不到10萬噸，與1988年的100萬噸相較，有明顯的下降（圖5-1）[20]。而工業界為了對這些重要化學製品的分階段減產計畫做出調適，蒙受的損失遠較相關國際談判展開之際預期的輕微得多（據估計，為處理臭氧層問題所耗費的成本，包括從事談判和落實協議事項的花費，約在400億美元之譜[21]）。由於氟氯碳化物也是溫室氣體，而且危害性數千倍於二氧化碳，故此種化學物質的分階段減產，也將有助於緩和全球氣候變遷的速率。須在此一提的是，現今世界上每年仍然生產50噸危害較輕微的氫氟氯碳化物（HCFCs），以做為氟氯碳化物的替代品（圖5-1）。

　　多年來，同溫層斷斷續續對外傳出訊息，1995和1996年，北極上空的臭氧濃度下降到歷史的新低，西伯利亞上空還曾短暫下降了45%。1998年冬季與春季，北半球中緯度的臭氧層平均消失了6-7%。1988年秋季，南極上空的臭氧層破洞的面積和深度都打破了紀錄[22]，其後於2000及2003年又破了紀錄。雖然臭氧層破洞擴大的速率漸漸慢了下來，但2002年世界氣象組織發布的科學評估報告，仍然無法判定「南極臭氧層破洞的面積是否已經達到最大程度」，而只表示「在未來五十年之內，臭氧層將慢慢恢復原狀[23]。」

　　在21世紀的頭二十年內，臭氧層仍將處於非常脆弱的狀態。假如蒙特婁議定書和其後的數項協議能夠落實、假如有害化學物質的非法生產作業能停止、假如地球上未出現大規模的火山爆發（會短暫破壞同溫層中的臭氧層），則臭氧層應該可以在2050年左右，恢復到接近原來的狀態。

　　然而，此種樂觀的展望中卻存在著一個陰影：氟氯碳化物的走私日益猖獗。雖然美國和歐洲國家已禁止生產及進口氟氯碳化物，但許多人願意高價購買此一化學物質，做為他們汽車空調設備或其他冷凍設備的冷媒。美國為了鼓勵氟氯碳化物的回收使用，而對新生產的此一化學製品課以甚高的貨物稅，使得其價格更形提高。而依照相關協議的規定，仍可以繼續生產氟氯碳化物至2010年為止的國家（主要為俄羅斯、中國和印度），都難以抗拒此一利潤豐厚的市場。走私販慣用的手法，是將新生產的氟氯碳化物貼上「回收品」標籤。美國司法部的報告指出，非法進口氟氯碳化物的收益高過於進口古柯鹼。現今根本不可能得知非法進口的氟氯碳化物到底數量有多大——估計每年2-3萬噸[24]——不過其數量尚未大到足以影響全球氟氯碳化物減產的趨勢。

　　儘管有此類的小問題存在，全世界大體上對於臭氧問題已有共識，而且在解決此一問題的工作上已獲得重大進展。人類花了超過二十五年的時間才交出這樣的成績單，但此事充分顯示，超過限度的趨勢是可以扭轉的。

沒有氟氯碳化物的世界

　　在各國透過談判解決問題的同時，工業界也極具巧思的研究出降低現有氟氯碳化物的釋出量以及運用替代物的方法。只要節

約使用，降低對這種化學製品的需求，問題就解決了三分之一。舉例而言，強化隔熱功能，可減少對冷氣機的需求；進行回收使用，可降低化學物質的排放量。其次，暫時使用替代品，如氫氟氯碳化物，問題又解決了三分之一。氫氟氯碳化物對臭氧層的破壞力只及氟氯碳合物的2-10%，而且世界各國預計在2030年開始分階段停止生產此一化學製品；暫時使用此一替代品，可讓相關人員有時間找出比較長期性的解決方案。最後，改用完全不會破壞臭氧層的化學製品，將可解決剩下來的三分之一問題。

美國於1978年禁止使用氟氯碳化物做為噴霧劑壓縮氣體，自此之後，製造業者改用別的化學物質，而且還發現，這些化學物質大部分比氟氯碳化物便宜。如同大氣化學家馬里奧‧莫利納（Mario J. Molina）所說的：「美國於1978年禁止使用氟氯碳化物做為噴霧罐內的壓縮氣體時，專家表示，此一禁令將會讓許多人失業，但結果並非如此[25]。」

以往，電冰箱和冷氣機用舊、拋棄後，常任令其冷卻劑釋入空氣中。現在，有許多回收裝置可收集、淨化並重新使用這些冷卻劑。在美國國內，新生產的氟氯碳化物會被課以重稅，此一做法在於鼓勵氟氯碳化物的回收使用——以及冷卻劑管路破損之修補——使得回收作業有利可圖。進行回收作業時，比較傷腦筋的是如何避免將有害臭氧層的冷卻劑與其替代品混在一起。

電子和航空裝備製造業，已經使用替代溶劑來清洗電路板與飛機零件，有時只以水做為溶劑。此外，有些製造程序經重新設計後，可完全不需要清洗作業，也因此節省了不少費用[26]。

化學公司開始出售氫氟氯碳化物及其他新研製的化合物，以取代氟氯碳化物。汽車的空調設備也使用一種稱為HFC-134a的冷卻劑取代氟氯碳化物，且費用並非如原先預估的每輛汽車需花

1000-1500美元，而只需50-150美元。

　　現今，做為絕緣材料的發泡塑料內已充填了別種氣體；漢堡已改用紙或紙盒包裝，不再使用含氟氯碳化物的塑膠盒；具有環保意識的消費者使用的是陶瓷咖啡杯，而不是用後即丟的免洗杯。

　　哥倫比亞的花農發現，他們採用縮合蟲害管理法後，即可免於使用甲基溴土壤殺蟲劑；肯亞的農夫開始以二氧化碳來取代甲基溴，做為儲存穀物時的消毒劑；辛巴威的菸農嘗試採行作物輪種法，以避免使用甲基溴殺蟲劑。聯合國環境計畫的研究報告指出，改用其他的蟲害治法後，可使甲基溴殺蟲劑的用量降低90%，而且，通常所需的成本也較低。

臭氧層事件的啟示

　　1999年，來自三十五個國家的三百五十位科學家在世界氣象組織的協調下，研擬了一份報告，對臭氧層未來的展望達成了以下共識。

　　　遭到人造氣、溴化合物破壞的臭氧層，在大自然的運作慢慢將這些化合物排出同溫層後，可望在21世紀中葉左右逐漸復原。但此一重大的環保成就，應歸功於旨在管制臭氧破壞物質的生產和使用並具有劃時代意義的國際協議[27]。

　　臭氧層事件中隱含許多教訓，這些教訓見仁見智，端視你的全球觀和政治取向而定。現在將我們的心得概述如下：

- 應經常監控環境中的重要特性，並迅速、誠實的報告監控的結果。

- 國際社會可凝聚政治意志，以防止人類活動踰越地球的極限。

- 為避免未來環境遭到破壞，相關的國際協議必須有方法、有意願從事眼光長遠的預測。

- 人民與國家本身雖非十全十美，也能針對困難的議題推動國際合作；同樣的，雖然沒有十全十美的知識或科學證據，也能採取行動。

- 欲處理全球性問題，不見得要有一個世界政府，卻必須進行全球科學合作；必須有全球資訊系統；必須有國際論壇以利達成特定協議，必須進行國際合作以落實這些協議。

- 科學家、技術人員、政治人物、公司企業和消費者在發現事屬必要時，可迅速做出反應——但非即刻做出反應。

- 工業界預測，遵守環保規定會因而造成嚴重的經濟損失。此點可能有誇大之嫌：可能是為了遲滯政治改變而刻意扭曲事實，更可能是有計畫的低估技術進步和社會改變的影響力。

- 當對問題的瞭解未臻透徹時，環保協議的條文必須具有彈性且應定期檢討。應時時追蹤問題的發展狀況，必要時應做出調整，並規畫改進措施。千萬不能認為某一全球性問題已獲得最後的解決。

- 許多組織和人員在促成臭氧相關協議的簽訂上扮演重要的角色，未來仍需要他們貢獻心力；這些組織和人員包括：聯合國環境計畫之類的國際協商機構，少數願意在政治上起帶頭作用的國家，行事有彈性又具有責任感的企業，有

能力且有意願與決策者進行溝通的科學家，能針對某些議題施加壓力的環保激進人士，願意基於環保要求而改用不同產品的消費者，以及能從事創造和發明的技術專家，當人類必須調整生活形態俾使其活動不致超越地球極限時，這些專家可使人類猶能過著安適、不虞匱乏的生活。

● 當然，我們也在臭氧層事件中看到會造成超過限度並導致崩毀現象的所有因素：指數成長、會受到侵蝕的環境極限，以及自然界與政治界反應遲緩。從科學家於 1974 年首次提出有關臭氧層問題的警訊到 1987 年簽訂蒙特婁議定書，其間歷經十三年；又過了十三年，也就是到 2000 年，業經加強內容的蒙特婁議定書才終得以徹底落實。而要將迄今為止仍然拒不合作的國家、欺騙者和走私犯全部「一網打盡」，可能要花費更長的時間。至於要將同溫層內的氯清除盡淨，則從 2050 年算起，最少還需要一個世紀之久。

以上討論的是有關超過限度的真實事件，也是有關人類放慢步調以追求永續發展的事例。人人都希望此一事件不會導致崩毀現象，但究竟會不會發生，將取決於諸多因素：臭氧層恢復原狀的難易程度，未來是否會出現出人意料的大氣變化，有識之士是否能保持警覺，是否能阻止特殊利益團體和政客逃避禁止生產臭氧層破壞物質的規定。假如這些條件都能獲得滿足，則同溫層中臭氧層破洞擴大或縮小的情形，都可做為人類在處理其他地球極限問題時的參考。

| 第六章 |
科技、市場和超過限度

> 所有的證據都顯示，我們向來誇大科技天才的貢獻
> 而低估自然資源的貢獻。……我們必須找回因為急
> 忙追求發展而失去的特質：對極限的感知和對資源
> 重要性的體認。
>
> ——史特華·尤達爾（Stewart Udall），1980 年

　　人類已經在地球上生活了十萬年，並在大約一萬年前開始從
事農耕活動、組建城鎮。過去三百年來，人類經歷了人口和資本
呈快速指數成長的過程。數個世紀以來，技術和制度的大幅創
新——蒸汽機、電腦和公司體制的問世，國際貿易協議的簽訂，
以及其他許許多多的改變——使人類經濟得以超越明顯的自然極
限和管理極限而持續成長不輟。尤其過去的數十年中，在工業文
化的影響下，幾乎全球的每個社區都期望能見到永不休止的物質
成長。

　　對許多人而言，成長可能有其極限的觀念，簡直是不可思
議。極限是政治上不能提、經濟上不能想的議題。這種文化深信
科技力量、自由市場機制和經濟成長將可解決所有問題——甚至
是成長所衍生的問題，故而否認有極限的存在。

原先的World3模型遭到最多批評的地方是，此一模型低估了科技的力量，而且未充分說明自由市場的自我調適能力。沒錯，我們原先的World3模型並不認為科技進步的速率，足以使造成人類生態足跡呈指數成長的相關問題全都迎刃而解。因為我們當時（現在仍然）認為，這麼了不起的科技不會從天上掉下來，也不是單靠自由市場機制就可以創造出來。科技是可能會有明顯（甚至於充分）的進步，但惟有社會展現決心和意願，並付諸行動、做出投資，方得以獲致這樣的成果。而即便如此，人類所需的科技，仍必須歷經相當長的時間延遲才可能問世。我們在三十年前認為現實的狀況是如此，今天，我們仍然抱持同樣的觀點，而此一觀點反映於現在的World3模型中[1]。

World3模型以多種方式，反映科技的進步和市場機制的運作。我們在此一模型中假設，市場發揮了功能，得以在未發生延遲現象的情形下，妥善的將有限的投資資本分配給彼此相互競爭的需求[2]。此外，我們還將某些因素，如節育措施、資源替代品和綠色革命等方面的進步情形，納入此一模型中。我們在好幾個設想狀況中，對科技進步速度加快以及未來的技術躍進超乎「正常」發展的情形進行檢驗。我們心中所想的問題是：假如物質幾乎能全部被回收利用，會如何？假如糧食產量倍增後又再度倍增，會如何？假如在新世紀中，廢物排放量以每年4%的速度減少，會如何？

即使有這些假設，模型呈現的世界仍然會超越其本身的極限；即使我們認為人類可能擁有效用卓著的科技和強韌的經濟能力，**若單單只有這兩個領域的改變**，則模型傾向於產生崩毀的設想狀況。

> 二十年前有人提及成長的極限，但今天我們確信，成長是帶動改變的火車頭，成長對環境是和善的。
>
> ——美國總統布希（George H. W. Bush），1992 年

> 我的長期預測簡單的說是這樣的：在大部分時間內、對大部分國家的大部分人而言，物質生活水準將永無止境的不斷提升。在一兩個世紀內，所有國家和大部分人類的生活水準都會相當於或高於現今歐洲國家的生活水準。然而，我猜想，還是會有很多人認為並表示，我們的生活水準正江河日下。
>
> ——朱利安・賽門（Julian Simon），1997 年

> 1972 年，羅馬俱樂部曾出版了一本名為《成長的極限》的書，對經濟和人口成長的永續性提出質疑。依《成長的極限》所做的估計，現在我們會開始看到糧食產量、人口成長、能源可用量和平均壽命都出現下降的趨勢。但事實上，這樣的發展根本沒有開始，也沒有跡象顯示短期內會開始。因此，羅馬俱樂部的估計並不正確……。
>
> ——埃克森美孚公司（ExxonMobil），2002 年

我們將於本章中說明原因所在。但在繼續進行討論之前，我們必須承認，我們碰觸的不只是科學研究的議題，也是信仰的問題，假如我們指出，科技或市場機制本身有問題或存在著極限，則有人會認為我們是在散布異端邪說，還會把我們貼上反科技的標籤。

　　事實絕非如此。達娜擁有哈佛大學（Harvard University）的博士學位；丹尼斯和喬詹都擁有麻省理工學院的博士學位。這兩所大學都在科技發展上居於領導地位。科學是解決人類問題的利器，對此我們深感佩服且心嚮往之。我們在出版這一系列書籍的過程中，充分體會到科技進步所展現的強大威力。1971年，我們使用電動打字機撰寫《成長的極限》，我們親手繪製圖表；而且，我們必須以龐大的主機電腦執行World3模型的運作。當時，要產生一個設想狀況需要10-15分鐘。1991年，我們對World3模型進行修改，並使用桌上型電腦撰寫新書、繪製圖表和安排版面。此時，要以World3模型產生一個涵蓋200模擬年設想狀況，只需三至五分鐘。到2002年，我們已經可以使用手提電腦執行World3模型運作、透過網際網路修訂本書的內容，並將所有模擬結果儲存在一片光碟上。現在，我們大約四秒鐘就可以執行一次模型運作。我們希望借助科技的效用，使人類能以最小的代價，從容的將其生態足跡縮小到地球極限範圍內。

　　此外，我們也無意排斥市場機制。我們瞭解並重視市場的能力。我們當中有兩人擁有重要商學院的博士學位；喬詹曾擔任挪威管理學院（Norwegian School of Management）院長八年；丹尼斯曾於達特茅斯的塔克商學院（Dartmouth's Tuck School of Business）擔任過十六年教職。我們現在還參與高科技公司的管理委員會。我們親自體驗過中央計畫經濟體制的荒謬性及其運作的困難。我們希望市場訊息和科技的改進能創造一個有生產力、繁榮的永續社會。但我們既不相信也沒有客觀的基礎可期待，科技進步或市場的運作本身，在不求變、未受到永續概念的引導下，會有能力創造一個永續社會。

　　我們必須在非線性、以回饋作用為重心的模型中。精確表達

出**科技的內涵**和**市場的功能**等概念。這種訓練使得我們對科技和市場有相當的瞭解，也因此對這兩種系統的信心是有限度的。任何人若必須以模型具體地表達這兩種系統，而不只是對其做概括性描述，都會發現它們既有強大的能力，也有侷限與不足之處。

在本章中，我們將：

- 描述 World3 模型中的科技和市場回饋程序。
- 假設科技克服地球極限的效能愈來愈強，並顯示依此假設所執行的電腦模擬狀況。
- 說明為什麼在這些模擬狀況，超過限度並導致崩毀仍然是最可能的行為模式。
- 最後以兩則簡要的研究案例（一則有關石油問題，一則有關漁業問題）說明：為什麼現今的科技和市場並不能保證讓世界平順地過渡到永續性。

「真實世界」中的科技和市場

究竟什麼叫科技：是解決任何問題的能力或人類發明天分的展現？是每人每小時或某一資本單位的產值呈穩定指數成長的現象？抑或對大自然的宰制？是某一群人以大自然做為手段對另一群人遂行控制的能力[3]？人類心理模型中包含許多關於科技的概念，前述的問題只是指出幾個例子罷了。

究竟什麼叫市場？有人說，市場只不過是買賣雙方聚在一起訂定代表商品相對價值的交易價格的場所；也有人說，自由市場是經濟學家建立的空中樓閣；而從未見過市場可以免受官僚體系控制的人，則會認為自由市場是一種能將充裕商品提供給消費者

的神奇體制。市場是指個人私自擁有資本並能保有收益的權利和
能力？或是分配社會的產品的最有效方法？抑或某一群人以金錢
為手段來控制另一群人的機制？

　　我們認為，當人們提及科技和市場可消除成長的極限時，他
們的心理模型中想必存在以下的思維程序：

- 出現了可能會碰觸極限的問題：某種資源開始短缺，或某
  種污染物開始累積。
- 市場造成此一資源的價格上漲；或污染物開始需要投入成
  本加以處理，此點反映於製造污染的商品或服務之價格上
  漲。（此處表示，市場必須有大幅度的矯正行為，以反映
  像污染之類的「外在因素」所衍生的成本。）
- 價格的上漲促成了因應措施。價格上漲後，將可雇用地質
  學家以找尋更多礦物資源，雇用生物學家以培養更多生物
  資源，雇用化學家以合成更多化學製品。價格上漲後，製
  造商會以來源更豐富的資源取代日漸匱乏的資源，並加強
  回收作業。價格上漲後，將迫使消費者減少使用由匱乏資
  源製成的產品，或以更有效率的方式使用此種產品。價格
  上漲後，將促使工程師發展污染管制裝置、尋找適當場所
  儲存污染物，或發明根本不會產生污染的製造程序。
- 這些供需雙方的因應措施會在市場上相互競爭，而買賣雙
  方因此產生的互動將可決定，哪種科技和消費形態可以最
  低的成本、最快和最有效的方式解決問題。
- 最後，問題終獲「解決」。系統已克服特定資源短缺的問
  題，或已降低污染物造成的損害。
- 社會能以其樂意支付的成本來落實以上所有因應措施，而

　　且，落實的速度很快，足可以避免發生無法挽救的損害。

　　上述的模型並不完全依賴科技，也不完全依賴市場，而是假設兩者間存在著順利、有效的互動關係。市場需用來反映問題、挹注資源尋求解決之道，並選擇及獎勵最佳的解決方案；科技需用來解決問題。兩者構成的整體系統必須能發揮良好的效應：沒有來自市場的訊息，科技將會派不上用場；沒有科技的精巧效能，市場傳出的訊息將無疾而終。

　　另應注意的是，此一模型呈現了負回饋圈效應——也就是以一連串的因果關係扭轉趨勢、改正問題、恢復平衡狀態。資源短缺的問題獲得解決，污染物清除或隔絕，社會因此得以持續成長。

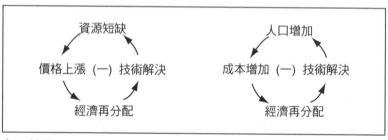

負回饋圈

　　我們認為，這種有調節功能的回饋圈確實存在而且甚具重要性。World3 模型中有許多這種回饋圈，但是並非以單一、整體性、具神奇效用而且被稱為「科技」的變數存在。科技出現在World3 模型中的許多地方並且具有多種效應。舉例而言，每當模擬世界的服務部門有能力支付更佳的保健措施時，World3 模型內會自動出現此等措施，並使得平均壽命因而提高。當保健體系能支持節育措施時，當小家庭成為風尚使得節育措施成為必要

之舉時，World3 模型內就會出現節育技術。此外，只要糧食有所欠缺而且有資本可供使用，World3 模型內也會自動出現農地糧食產量增加的狀況。

假如非再生資源漸漸供不應求，World3 模型內的經濟體制會提供更多資本以探勘並開採此等資源。我們假設原有的非再生資源可以被完全使用盡淨，雖然，隨著資源的漸漸耗竭，欲探勘並開採殘留資源所需的成本將愈來愈高。我們也假設各種非再生資源彼此之間可完全相互取代，而且毋需成本，也沒有時間延遲的問題。因此，我們將非再生資源全歸併成一項變數，而未加以逐一區分。

我們可以改變模型內的數字，以強化或減弱這些假設的市場／科技調適作為。假如我們不改變這些數字，則於模擬世界中，這些科技的進展程度大約與能達成現今高度工業化國家人均工業產出的科技水平相當。

於 World3 模型中，對內在科技——如與保健、節育、農業改良、資源探勘和資源替代品有關的科技——之需求，會很明確且無延誤的傳達給資本部門。而資本部門在充分的工業產出或服務產出的支持下，會立即將資金挹注於此項需求。我們並未表述價格，因為我們假設價格是運作迅速而完美的調適機制中的媒介信號。換句話說，我們在描述此一調適機制（資源短缺引發技術反應）時，並未提價格這項媒介因素。此外，我們的假設還略去在「真實的」市場體制內所存在的許多延遲和不精確的現象。

World3 模型中的許多其他科技，只有當我們在測試設想狀況中加以啟動時才會發生效用。這些科技包括資源效率提升和資源回收科技、污染管制科技、糧食增產科技，和土壤侵蝕控制科技。建立第一個模型時，我們並不認為這些科技已成熟到能普遍

為人使用[4]。因此，經過我們設定後，這些科技只有在模型使用者認為有必要時才會被啟動。例如，我們可以假設，全世界將於2005年開始積極投入回收作業或於2015年開始齊心合力展開污染防治工作。於目前的World3模型中，我們將這些科技當成「調適性科技」，也就是當模擬世界需要增加資源、減少污染或增加糧食時，會配合做出演變的科技[5]。然而，我們會讓模型的使用者自行決定這些科技反應的強度。這些「待啟動」的科技需要資本，而且通常要歷經一段時期的發展與施行上的延遲後（通常設定為20年），才會應運而生。

我們使用電腦模型的原因之一，是要測試我們所做的諸多假設，以探討各種不同的未來狀況。舉例而言，我們可以檢視第四章最後一次模擬運作（設想狀況2）中，污染危機導致成長終止的現象，然後提出這樣的問題：假如模擬世界能提早對污染防治科技做出投資，以因應污染曲線上升的趨勢，則將出現什麼樣的結果？圖6-1的設想狀況3即顯示可能的結果。

提高World3模型中的科技極限

於設想狀況3和其後的所有電腦運作中，我們仍將沿用設想狀況2的假設：非再生資源蘊藏量非常龐大，而且用以改採此種資源的科技不斷進步中。更具體的說，我們係假設，依2000年時非再生資源的消耗率，這年地球上殘留的此種資源將可供人類使用一百五十年之久。而每年獲取此種資源所需成本，約占社會的工業產出的5%。是故，設想狀況2將做為我們於其後的各項設想狀況中，對科技和政策改變進行比較的基礎。

我們在模型運作中，每次只使用一項科技變數：先使用污染

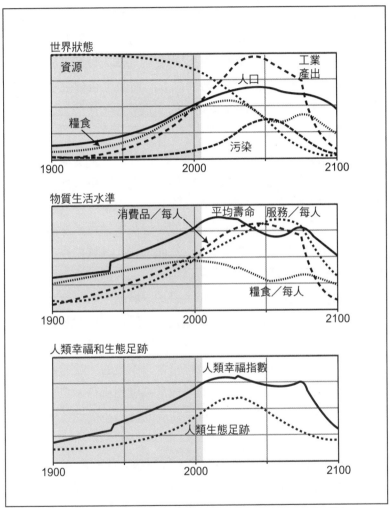

圖 6-1　設想狀況 3：更容易獲得非再生資源和污染防治科技

於此一設想狀況中，我們假設資源的供應和設想狀況 2 一樣充裕，而且污染防治科技的效能日漸提高，使得自 2002 年起，每單位工業產出所製造的污染量以每年 4% 的速度下降。如此一來，污染造成的負面效應降低，故在 2040 年以後，將會有更多人能過著更富裕的生活。但最後糧食產量開始下滑，農業部門必須向工業部門獲取資本，終致爆發崩毀現象。

防治科技變數，接下來使用農產量提升科技變數等等。之所以如此，並不是因為我們認為這個世界一次只運用一種科技，而是因為依此方式，將有助於使模型的反應更容易讓人理解。我們在操作World3模型時，即使想同時測試三項變數，也會逐項為之；如此一來，我們可先瞭解每項變數的個別效應，接著再設法瞭解三項變數同時運作的交互效應。

　　對許多經濟學家而言，科技是某種變體的柯布—道格拉斯生產函數（Cobb-Douglas production funtion）中的單一指數——亦即，科技會自動發揮功效，其過程沒有延遲現象、毋需成本、且沒有極限，而且，只產生我們想要的結果。難怪經濟學家對於科技解決人類問題的能力如此痴迷！然而，在「真實世界」中科技並沒有這種神奇的效果。我們所看到的科技大都只能處理某些特定的問題，而且需要投下時間和金錢加以發展。新科技在經實驗室驗證成功後，還必須籌措資本、人力，雇用銷售和服務人員，建立行銷和財務機制，才能普遍供人使用。此一過程將造成相當長的時間延遲。此外，這些科技經常會有不良的、延遲發生的及預料不到的副作用。而最優質的科技常被專利所有人視為禁臠，其他人欲使用這種科技，必須付出甚高的費用並接受各種限制條件。

　　我們不可能在World3模型中呈現科技的所有面向，此種作法也沒有意義。我們是以每一部門的三項概括性參數——終極目標、最優良的實驗室每年的科技進步率、和科技經實驗室研發成功到廣為使用之間的平均延遲時間——表述在降低污染、資源運用和糧食增產等方面的科技進步情形。在描述每一設想狀況時，我們會告知讀者哪些科技已經啟動。在接下來的模擬運作中我們假設，必要時，實驗室中的科技可達到每年4%的進步率。我們

假設，一項新能力從實驗室普及到全球生產資本，平均需要二十年的時間。**表**6-1顯示，在設想狀況3中，以上的假設對持久性污染物的排放量造成的影響。

表 6-1　於 World3 模型中科技對持久性污染物排放量的影響

年	降低的百分比
2000	0%
2020	10%
2040	48%
2060	75%
2080	89%
2100	95%

當實驗室中的科技以每年 4% 的速率進步，且平均在歷經二十年的延遲之後可以普及全球生產資本，則將可迅速降低污染物的排放量。本表顯示World3 模型的設想狀況 3 中，人類善用科技降低污染物排放量的百分比。

　　假設 2000 年時，農業和工業的資本總量會排放一千個單位的持久性污染物。假設科技每年進步4%，而普及過程歷經二十年的延遲，則同一資本總量於2020年時將只會排放九百個單位的持久性污染物。到2040年污染物排放量將近會減少一半，到2100年，污染物排放量只及最初值的5%。於 World3 模型中，當個別科技被啟動後，糧食產量會增加，資源的使用效率也有所提高。

　　在設想狀況3中，我們假設於2002模擬年時，世界決定在全球污染程度上升到會對健康和作物造成嚴重危害之前，將污染物排放量降低至1970年中期的水準，並有計畫的挹注資本以達成此一目標。其所選擇的是「從煙囪頂端著手」的方法，也就是從

污染物的排放點而不是排放源頭著手，來減少排放量。污染物排放量降低的情形見**表6-1**，但相關的資本投資增加了20%。到2100年，污染程度已降低到21世紀伊始的水平。

於此一設想狀況中，雖然有污染降低計畫的存在，但污染程度仍持續上升將近五十年，原因在於計畫落實上的延宕，以及工業產量仍持續成長中。但污染程度卻遠低於設想狀況2中的情形，且從未高到足以危害人類健康的地埗，因此，這項「全球反污染工作」將人口龐大、生活富裕的狀態延長了一個世代以上。但這段好光景於2080年告一段落，此時的人類幸福指數突然下降，發生的時間比設想狀況2的情形慢了四十年。但污染已於此一世紀初期對土地造成不良影響。農產量並沒有立即下降，因為農業投入的增加，多少抵銷了土地肥沃度降低的現象。「真實世界」中的此種現象可見諸於使用石灰來抵銷酸雨的效應、以人工肥料彌補土壤微生物因遭受殺蟲劑的毒害而降低製造養分的能力，以及以灌溉來因應氣候變遷導致降雨量不穩定的情形等等作為。

在設想狀況3中，阻礙土壤肥沃度流失的作為和農業投入的增加，使得2010-30模擬年間，糧食產量基本上維持穩定。然而，人口持續增加中，故人均糧食擁有量開始下降。但工業和服務部門的產出，仍足以維持基本生活水準達數十年之久，儘管這段期間必須陸續對農業部門及污染防治工作進行投資。21世紀的最後三十多年裡，污染程度有顯著下降，土地因而恢復原有的肥沃度；但人口壓力很大，而且因為城鎮面積擴大及土壤遭受侵蝕，導致可耕地面積減少。另外，由於資本改用於農業部門和污染防治工作，使得降低折舊率所需投資減少。經濟開始走下坡，崩毀現象登場，到21世紀末，非再生資源日益減少，崩毀現象

更形惡化。

　　於設想狀況3中，社會大幅降低了污染程度，並讓相當高的人類幸福指數維持一段長時間；但最後糧食供應出了問題。因此設想狀況3可被稱為「糧食危機」狀況。當然在「真實世界」中，人類會採取行動以維持基本的糧食需求。就此而言，假如社會將其科技用於提高糧食生產量，將出現什麼結果？圖6-2設想狀況4顯示其可能的結果。

　　在此一模擬運作中，設想狀況3的污染降低計畫再度啟動。另一方面，模型社會決定於2002年積極處理於1990年代開始出現的人均糧食擁有量停滯不增的現象。資本因此改用於發展可以增加糧食產量的科技。我們假設，平均要花二十年才能使新科技普及至全世界的農地，並且在必要時每年提高4%的糧食產量。2040年，此種科技上的投資使資本成本增加6%，到2100年，足足增加了8%。而一直到2050年為止，糧食產量並沒有大幅增加，因為世界上的糧食仍然充足；但於21世紀的後半葉，由於假設中的科技進步呈指數成長，使得平均糧食產量出現大幅成長的情形。

　　結果是，21世紀中葉左右有相當長的時間，人口數量和人類幸福指數都維持在高峰。新科技促使糧食產量自2050年以後開始增加（相對於設想狀況3而言），但是糧食問題並未獲得解決。土地肥沃度的下降及可耕地因為受侵蝕和因城鎮／工業用地的擴大而喪失，最後抵銷了新科技在促進糧食生產方面的效應，導致2070年後，糧食總產量開始下降。於此一模擬世界中，農地的過度使用，造成土地遭受侵蝕的速度加快──不只是土壤因而流失，土壤的養分也會流失、土壤被壓實和鹽分增高──而使土地的生產力大為降低。

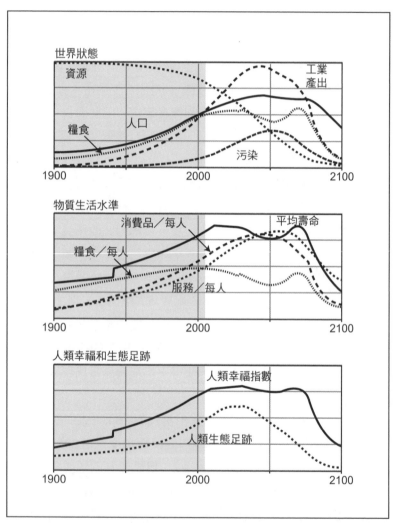

圖 6-2　設想狀況 4：更容易獲得非再生資源和污染防治科技，並強行提高糧食產量

假如模擬世界使用一系列新的污染防治科技以大幅提升單位土地的糧食產量，則農業產出將先盛後衰。最後全世界的農夫都必須設法強行以愈來愈少的農地盡可能獲得最多的糧食產量。此一作法顯然不見永續性。

可耕地減少之後，農民設法以殘留的耕地獲得更高的糧食產量。耕地的過度使用導致土壤遭到更嚴重的侵蝕，正回饋作用造成土地系統的毀壞。因此，設想狀況4可被稱為「土地侵蝕危機」狀況。此種狀況於2070年後導致可耕地急遽減少，連促使糧食產量增加的科技都無法阻擋此一趨勢。糧食的短缺接著造成人口數量的下降。狀況吃緊的農業部門，必須從經濟體系中汲取更多資本和人力資源，於此同時，日漸減少的非再生資源也亟需資本的挹注。在2100年之前，社會即將出現全面崩解的情形。

當然，腦筋清楚的社會，應不致尋求既可增加糧食產量但也會破壞土地品質的科技。令人遺憾的是，今天世界上還真有這樣的事例（加州中央峽谷的土地因鹽分堆積而無法耕種，附近土地的作物收成卻不斷增加）。但我們將假設未來世世代代的農民會有更明智的作法。我們假設他們會同時採用土地保護科技、污染防治科技和作物增產科技。**圖6-3**的設想狀況5顯示同時運用這三種科技可能造成的結果。

我們假設，從2002年開始，農民除採用污染防治科技和作物產科技外，還採行了可防止全球土地遭侵蝕的措施。讀者應記得，我們先前曾假設前兩種科技需要有額外的資本投資。但我們假設第三種做法不需有額外投資，因其主要是靠更審慎的耕作技術來延長土壤具有生產力的時間。

此一作法直到2050年後才出現正面的影響，此時因為耕作的技術改良，使得土地遭侵蝕的速率大幅降低。結果是，在2070年後，人類還短暫地維持相當富裕的生活。但此種情形是不具永續性的。最後，設想狀況5在資源、糧食和高成本等危機幾乎同時發生的情形下，而步上崩毀的下場。大約在2070年之前，人類幸福指數一直維持相當高的數值，雖然組成要素的強度

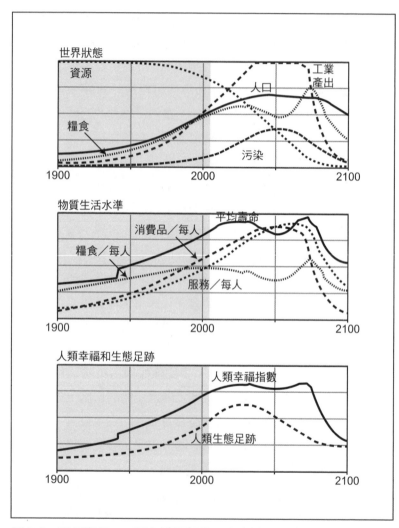

圖 6-3　設想狀況 5：更容易獲得非再生資源和污染防治科技、強行提高糧食產量及採行土地侵蝕防護措施

除了設法提高糧食產量和降低污染程度外，還運用了土地保持科技。其結果是略微延遲了 21 世紀末的崩毀現象。

有高低起伏的現象。於此一設想狀況中，糧食大致上是充裕的（雖然21世紀中間的三分之一時間裡糧食產量偏低）、污染程度尚能忍受（雖然21世紀中間的三分之一時間裡污染程度偏高）、經濟有所成長（起碼在2050年之前是如此）、人類普遍享有更多服務、而且平均壽命維持在七十歲以上。但到2070年之後，使用各式各樣的科技和從日漸耗竭的礦場中開採非再生資源所需成本愈來愈高，而經濟體系已無力提供這方面的資本。結果是，在2070年之後，突然發生崩毀現象。故狀況5可說是各種危機的總成。

　　可能有人會為了社會特別重視的因素中，哪項因素會先式微而爭論不休。社會是否將任由土壤遭受侵蝕、讓污染程度升高、或設法適應原料不足的事實？World3模型假設，為了維持充裕的工業產出，俾有足夠的資本可用於其他的經濟部門，社會應將原料與燃料當成優先獲取項目。至於對其他經濟部門的投資，以及在投資資本逐漸不足後可能出現的確切行為模式，則沒那麼重要。我們不諱言，假如事情走到此一地步，世界會呈現何種樣貌不是我們能預測的；我們並未將注意力放在某一項重要變數開始急遽衰敗後的模型運作狀況。重點是，這種困境是可能發生的，而且很可能是社會所必須面對的。

　　假如非再生資源的短缺，是造成設想狀況5出現崩解後果的最後一擊，則我們為此一設想狀況增添「資源節約科技」因素，應該有所助益。圖6-4設想狀況6顯示其可能的結果。

　　我們於2002模擬年開始設法將每年每單位工業產出所需的非再生資源用量降低4%，而為提高污染防治效用、增加糧食產量和減少土壤流失所執行的科技計畫仍維持不變。簡言之，此一作法等於是21世紀的一項宏偉的效率提升計畫（投下的成本很

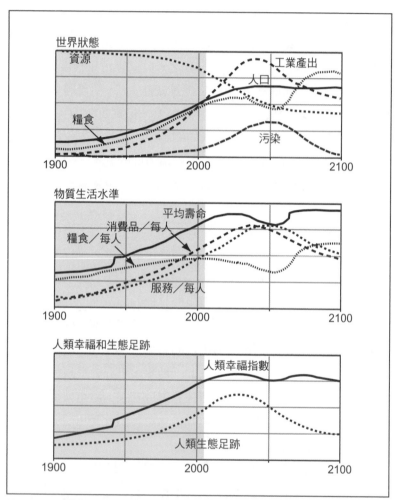

圖 6-4　設想狀況 6：更容易獲得非再生資源和污染防治科技、強行提高糧食產量及採行土地侵蝕防護措施，並添增可提高資源使用效率的科技

於此一模擬運作中，世界同時效力於發展效能強大的污染防治科技、糧食增產科技、土地保護科技和節約使用非再生資源的科技。我們假設發展這些科技都需要成本且需要歷經二十年的時間才能全面落實和運用。於模擬狀況中，這些科技的綜效使得世界變得相當繁榮和富庶，直到這些科技的成本累積到某一程度後，這種好光景才開始衰頹。

龐大，2050年時，資本成本增加了20%，在接近2090年時，更增加了100%），惟其目標在於大幅縮小人類生態足跡。

這些科技的結合，有助於在設想狀況5中21世紀最後三分之一的時光裡，避免崩毀狀態的發生。但我們展開此一科技計畫的時機嫌晚了些，以致無法避免人類幸福指數於21世紀的後三分之一時期出現下滑的趨勢。於此一設想狀況中，人口並沒有中幅減少，但平均壽命在2050年左右開始下降。另一方面，當污染程度高到足以破壞土壤肥沃度時，糧食產量有顯著的下降；然而在糧食增產科技和污染防治科技發揮效用之後，糧食產量始回升。非再生資源的消耗率趨緩，開採成本也未升高。興衰互見的21世紀在行將結束時，世界上有將近80億人生活在高科技、低污染的環境中，屆時的人類幸福指數約相當於2000年時的水平。平均壽命和人均糧食擁有量都增加了，人均享有服務的多寡維持不變，但人均貨品消費量低於21世紀初的標準。2040年左右，工業產出開始下降，因為用於解決饑餓、污染、土地侵蝕和資源短缺等問題所需的費用大幅增加，導致可用於維持工業成長的資本相對減少。接著人均享有服務和物質消費水準也隨著下降。最後，科技、社會服務，和新投資都需要龐大的資金，導致模擬世界無法維持其既有的生活水準。是故，設想狀況6是「成本危機」狀況。

World3模型力有未逮之處

在費神研究某一模型（電腦模型或心理模型）後，最好稍歇片刻，退一步想想，此一模型並非我們經歷的「真實世界」，而只是種表述方式；在某些情形下，此種表述「很逼真」，在另

外的情形下卻可能「不切實際」。重要的是，我們必須能從看似「逼真」的設想狀況的特性中，找出模型隱含的深刻意義。此外，能夠判斷模型內的不確定因素或經刻意簡化的概念，會如何限制其表述的意義，也是很重要的事。在討論了以上一系列的電腦模型運作後，我們有必要停下來，讓思想沉澱一下。

　　我們必須記住，World3模型並未將世界上的富人與窮人區分開。我們假設飢荒、資源短缺和污染係全球性的問題，故而世界以其整體能力處理這些問題。這種簡化的表述，使得此一模型呈現的狀況顯得非常樂觀。於「真實世界」中，若饑荒主要發生於非洲、若污染危機主要發生於中歐、若土地品質下降的情形主要出現於熱帶地區、若最先遭遇某些問題的恰巧是最欠缺經濟或技術能力解決這些問題的人，則問題要獲得解決勢必將歷經很長的時間延遲。因此，「真實」的系統也許無法像World3模型系統那樣，做出強而有力或效果斐然的反應。

　　此一模型中，功能無懈可擊的市場和科技（沒有出人意料的副作用）；以及關於政治決策可在毋需成本、沒有延宕的情形下順利出爐的假設，都未免失之樂觀。我們還應記住，World3模型中沒有軍事部門會耗用具有生產力的經濟體系所需的資本和資源，沒有戰爭會造成人員死亡、耗盡資本、使土地成為廢墟、或製造污染，也沒有種族衝突、沒有貪污、沒有水災、地震、火山爆發、核子意外事件、愛滋病或料想不到的環境問題。因此，就許多方面而言，此一模型的確是樂觀得可以。

　　此外，也有人說此一模型中的科技能力太有限。他們會想在此一模型中使用發展速度更快，甚或能力不受限的科技（如設想狀況0所示）。我們對於可供探勘的資源、可供開發的土地，及大自然吸收污染物的能力等所做的假設，數值或許偏低，但也可

能偏高。事實上，我們已依據手頭上的資料及對技術能力的評估，設法使World 3模型中的假設能「切合實際」。

由於有以上的不確定因素存在，我們在研究各項設想狀況中的曲線時，當然不能認為這些曲線呈現的數值是精確無誤的。舉例而言，我們並不認為設想狀況3中，糧食危機比資源危機先發生的現象具有特別意義。因為實際的情形可能恰恰相反。我們也不會依據狀況6顯示的情形，就預測工業發展會在2040年開始走下坡。我們擁有的資料，並不足以對World 3模型或任何其他模型的運作狀況做出這樣的解讀。

既然如此，我們能從這些模型運作中看出什麼門道呢？

為何光靠科技和市場無法避免崩毀

總括而言，以上諸項設想狀況指出一個現象：人類生態足跡傾向於擴大到無法永續存在的程度，而此一趨勢又回過頭來迫使生態足跡縮小。生態足跡被迫縮小後，通常伴隨而來的是平均生活水準的降低。此點反映於人均糧食擁有量及人均工業／服務貨品消費量的減少，或人類環境污染程度的惡化。人類面對這種狀況時，通常會設法移除眼前的限制，期能使人口和經濟持續成長。

我們從上述的6個模擬運作中可以看出，在一個複雜且資源有限的世界裡，假如你移除或提高某一極限並繼續追求成長，則勢將碰到另一個極限。尤其是在指數成長的情形下，新極限的出現將快得出奇。世界上存在著**多層次的極限**。World3模型只涵括少數極限。「真實世界」中的極限遠較World3模型中的極限來得多，其中大部分極限具個別性、特定性和地區性。只有非常少

數的極限，如與臭氧層或地球氣候有關的極限，才真正屬於全球性的極限。

我們認為「真實世界」的不同地區若持續成長，則會在不同時間依不同的順序達到不同的極限，而且，任何地區都可能像World3模型一樣，出現**連續性且多重的極限**。而於現今世界經濟連結日益緊密的時代裡，一個社會不論位居何處，只要陷入困境，將對其他所有地區造成影響。此外，全球化可能會造成世界上彼此之間有熱絡貿易關係的不同地區，約略於同一時間各自達到許多極限。

上述的實驗也顯示，人類的確可能發展並使用新科技，以降低工業與農業所需的原料和能源，進而縮小生態足跡。當這些科技廣為使用後，將可使人類在不改變生態足跡的情形下，提高平均生活水準。

我們的第二項心得是，社會愈能有效的透過經濟和技術上的調適延遲極限的到來，則愈可能於同一時間達到多種極限。從World3模型的大部分運作中，包括本書未顯示的許多運作狀況中都可以看出，世界系統並不會完全耗盡土地、糧食、資源或污染吸收能力。真正會左支右絀的，其實是人類**處理問題的能力**。

我們於World3模型中，係以每年可投資於解決問題的工業產出量來表述「解決問題的能力」。當然，這樣的作法是過於簡單了。在「真實世界」中，人類處理問題的能力還取決於其他許許多多因素：受過良好訓練的人員之多寡，這些人是否幹勁十足，政界對問題是否給予充分的關注、是否有解決問題的意圖，處理財務風險的能力，發展、普及和運用新科技的能力，管理能力，媒體和政治領導人對重大問題保持關注的能力，選民對有待處理的優先要務是否有共識，人們預見未來問題的能力等等。假

如社會願意投資發展這些能力，這些能力將會與時俱增。但所能發揮的實際效用卻是有限的。理論上可逐一加以處理的問題若出現指數、多樣化的成長，則將使處理能力無法招架。

事實上，World3 模型的根本限制是**時間**，而我們認為「真實世界」亦復如此。只要有足夠時間，相信人類處理問題的能力是不可限量的。成長，尤其是指數成長會形成棘手的問題，因其縮短了人類採取有效對策的時間。指數成長對一個系統造成不良影響的速度愈來愈快，使得原本有能力處理緩慢變化的因應機制，最後落得一籌莫展。

科技和市場機制原本有能力處理因為社會追求指數成長所衍生的問題，後來卻開始顯得力有未逮。原因有三，大體係與目標、成本和延遲現象有關。第一個原因是：市場和科技不過是用來達成及滿足社會的整體目標、倫理需求和對未來的展望。假如一個社會的目標在於開採自然資源，讓掌權人物富裕起來，因而忽視長期展望，則這個社會所發展的科技和市場機制，將會破壞環境、擴大貧富差距、且只專精於謀求短期利益。總之，這個社會所發展的科技和市場將加速，而非防止崩毀現象的發生。

科技存在著弱點的第二個原因是：調適機制所費不貲。科技和市場的**成本**是以資源、能源、金錢、勞力和資本加以計算的。當成長逼近極限時，這方面的成本通常會出現非線性的增加。此一事實是系統行為難以預測的另一原因。

我們已經在圖3-19和圖4-7中顯示，當資源的品質降低後，開採資源所需的能源和產生的廢物量都會大幅增加。圖6-5顯示另一種成本增加曲線：降低氧化氮排放量所需的邊際成本增加曲線。欲清除廢氣中的將近50%的氧化氮，所需成本相當低；欲清除80%的氧化氮，所需成本將會增加，但仍支付得起；但若

欲跨越某一極限、某一門檻，欲進一步清除殘留的氧化氮，則所需成本將急遽上升。

　　或許科技的進一步發展能使圖中的兩條曲線都向右推移，亦即，能提供支持得起的方法將空氣清除得更乾淨。或許新科技可以完全消除某種廢氣排放，卻會產生另一種廢氣排放，而平添額外的污染消除成本。然而，污染消除成本曲線的基本形態永遠不會改變。當我們要求達到百分之百消除污染物質的目標——即零污染排放——則所需成本將極為可觀，根本原因在於，煙囪和排煙管的數量不斷增加，導致此一成本居高不下。我們也許支付得起將每輛車的污染排放量降低50%所需的成本。問題是，假

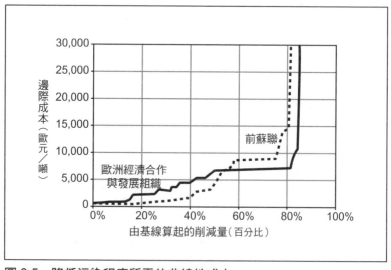

圖 6-5　降低污染程度所需的非線性成本

欲清除廢氣中所含的大部分空氣污染物質氧化氮，只需相當低的成本；但要進一步清除殘留的氧化氮，所需成本將急遽上升。本圖預估於 2010 年時歐洲經濟合作與發展組織以及前蘇聯為清除氧化氮所需支付的邊際成本。（資料來源：J. R. Alcamo et al.）

如汽車數量倍增，為維持空氣品質，必須將每輛車的污染排放量降低50%；假如汽車數量增為四倍，必須將每輛車的污染排放量降低75%；假如汽車數量增為八倍，則必須將污染排放量降低87.5%，才能維持原來的空氣品質。

因此，在達到某一臨界點後，所謂「成長使經濟富足，而有能力支付降低污染所需成本」的說法，就站不住腳了。換句話說，成長會將非線性成本曲線推到一個臨界點，使人類社會再也無力支付降低污染的成本。當一個理性的社會走到這一步時，應該會停止其擴張的程度，因為追求更大幅度的成長已經無法增加民眾的福利。

科技和市場不能自行解決這些問題的第三個原因是：其透過回饋圈進行運作的過程中，存在著資訊扭曲和資訊延遲的情形。市場和科技的反應行為中的**延遲現象**，時間遠較經濟理論或心理模型預期的更長。科技／市場回饋圈本身就是超過限度、振盪和不穩定現象的根源。有關全世界都曾感受到的此種不穩定現象的例子之一，是1973年之後的數十年期間石油價格的起伏不定。

市場機制缺陷的事例：石油市場的起伏

造成1973年「石油價格震撼」的原因很多，但最根本的原因是，相對於石油消耗資本（汽車、鍋爐和其他使用石油的機器）而言，石油生產資本（油井）有所不足。1970年代初期，世界上的油井維持90%以上的生產能量。在此情形下，中東地區因為政治動盪導致的石油微幅減產，就已經是其他地區增加石油產量也無法加以彌補的。石油輸出國組織沒有錯失這個提高石油價格的機會，於是，石油漲價了。

　　這次的石油漲價和1979年的第二次石油漲價（**圖6-6**），引發了一連串激烈的經濟和技術反應。就供給方而言，於石油輸出國組織以外的地區，許多國家紛紛鑽探新的油井和裝置新的石油抽取設備。原本開採價值不高的石油蘊藏突然間具有經濟價值，開始投入生產行列。只是，從油源的探勘、開採設備的添購、煉油廠和儲油槽的建造、到生產作業的展開，需要相當長的時間。

　　另一方面，消費者開始節約用油，以因應油價的上漲。汽車製造廠推出省油的車款；人們著手改善住家的隔絕效果。電子公司停止使用燃油發電機，改用燃煤發電機或核能發電設施；各國政府推行各式各樣的能源節約措施，並鼓勵工業界發展替代能源。這些因應措施的落實也要花許多年的時間，而且最後造成世

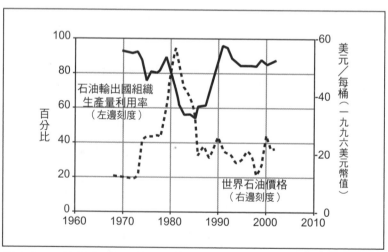

圖6-6　石油輸出國組織生產能量利用率與世界石油價格

1970年代，石油輸出國組織的生產能量利用率非常高，因此石油供應稍受干擾，就可能造成其價格出現突然的、急遽的變動。石油價格的波動持續了十年以上，導致世界性的經濟動盪和興衰互見的情形。（資料來源：EIA/DoE.）

界資本總量出現影響久遠的變化。

市場機制的倡議者似乎認為，市場總是會對問題做出迅速的反應。但全球石油市場卻花了將近十年的時間，才開始讓供需狀況恢復平衡——使消費率降低以因應油價的上漲。到1983年，全球石油消耗量與1979年時的消耗量高峰相較，已經下降了12%[6]。然而，石油生產資本仍然偏高，迫使石油輸出國組織必須進一步將其生產能量降低至只剩50%。世界石油價格開始緩步下滑，接著在1985年急遽下降，一直到1990年代末期才停止此一趨勢。

至此為止，石油價格上漲和下降的幅度都很離譜。接下來，當石油生產設施接續關閉、產油地區出現營運蕭條後，原先的能源節約措施和具有高燃料效率的汽車設計都束之高閣，用於發展替代能源的投資也告枯竭。最後，當這些調節機制發揮強大威力時，開始為下一波的供需失衡和油價上漲創造條件。新千禧年的頭幾年裡，石油價格偏高可能與此不無關係。

這種過猶不及的現象，是石油市場中不可避免的反應延遲造成的結果。而石油市場為了調節生產資本和消費資本的相對規模，導致國際間龐大的財富轉移、巨額的債務和盈餘、營運的大起大落，和銀行的破產。但石油價格的暴漲和暴跌，卻與地底下實際的原油蘊藏量（穩定地下降中）或鑽探、運送、提煉和燃燒石油對環境造成的影響都沒有關係。市場價格主要反映了石油供應量的多寡。

基於諸多原因，石油市場釋出的訊息，並無助於我們瞭解人類社會距離自然的極限有多遠。產油國政府會介入石油價格上漲的運作過程；這些政府對於本國的石油儲量有撒謊的誘因，故而會高估此一儲量，俾能獲得更高的生產配額。非產油國政府會設

法壓低油價，這些政府也可能高估其本國石油儲量，俾削弱個別石油生產者手中的政治權力。此外，投機商可能會擴大油價漲跌的幅度。是故，隨時可用的石油儲備量對石油價格的影響力，遠大於尚埋藏地底下的石油蘊藏量。石油市場對未來的長遠發展不屑一顧，也不理睬資源來源和廢物吸收場所的終極狀況，等到地球系統已不堪負荷時，即使提出高明的解決之道，恐怕也為時已晚。

從石油價格的例子可以看出，經濟訊息和科技反應能引發很大的效應，卻未能與地球系統發生關聯，以致無法讓社會清楚瞭解自然的極限。

最後，我們要回歸到科技和市場的**用途**上。科技和市場只是工具，充其量只能反映創造它們的人類官僚體系的智慧、遠見、節制或惻隱之心。是故，其所產生的效果取決於使用者的身分和意圖。假如科技和市場用來追求無關宏旨、不符公義或殘暴的目標，就會產生這樣的不良後果；假如用來追求不可能達成的目標，例如在這個資源有限的星球上進行永無休止的物質擴張，則最後將徒勞無功；假如用來追求可行的永續性目標，則將有助於為人類帶來永續性的社會。我們將於下一章中討論此一可能性。

科技和市場受到管制並用於促成長期的公共利益，將可造福人類。當世界決定擺脫氟氯碳化物的危害後，科技在數十年內使此一改變成為可能。我們認為，沒有創新的科技和相當自由的市場，不可能出現一個富足、平等和永續發展的世界；但我們不認為光靠科技和市場即足以成事。人類為了建立一個永續世界，還必須具備其他的能力；否則，科技的進步和市場的繁榮反倒可能破壞永續性並加快重要資源的耗竭。不幸的是，海洋漁場就有這樣的遭遇。

科技、市場和漁場遭到破壞

　　我記得以前收網八次可捕獲 5000 磅魚，現在要收網八十次才能捕到這個數量。以往，在春季裡捕到的鱈魚每條平均有 25-40 磅重；現在，平均才 5-8 磅。

　　　　　　　　　　——喬治沙洲漁場的某位漁民，1998 年

　　你想知道有關鱈魚的狀況，我告訴你，現在已經沒有鱈魚了。

　　　　　　　　　　——加拿大漁民戴維·莫里，1988 年

　　近幾十年來世界漁業的發展狀況顯示，科技和市場可能無法妥善因應漁撈業迫近極限的問題。某些「正常」的現象，如不承認魚類資源有限、更努力想維持傳統的漁獲量、驅逐外國漁船、對本地漁民提供補貼，以及社會遲遲未制訂有關進出漁場的規定等，都曾對全球漁場的狀況造成影響。而某些事例——如上述有關加拿大東海岸鱈魚漁場狀況的談話——顯示，社會採取行動的時間太遲，以致未能阻止魚類資源的耗竭。

　　現在，要進入大部分的大型漁場，都必須受到相關規定的約束。「開放的海洋」已不復存在。魚類資源有限已經是顯而易見的事實，也是世界漁業最關切的問題。由於魚源匱乏和漁撈規定的束縛，全球野生魚類的捕獲量已停止成長。1990 年代，全球海洋魚類捕獲量在每年 8000 萬公噸以下起伏不定[7]（圖 6-7）。我們還需要許多年的觀察才能瞭解，8000 萬公噸是否為可以永續捕撈的上限，或此一數值代表魚類系統崩毀的開始。1990 年左右，聯合國糧食及農業組織認為，海洋所能承受的最大商業漁撈

量為每年1億公噸──只比1990年代的捕撈量高一點。

　　因此，於同一時期魚類養殖業的蓬勃發展就不足為奇了。養殖魚類產量從1990年的每年13公噸，增加到現在的每年4000萬噸。今天，人類食用的魚有三分之一來自養殖場。難道我們不應該為市場和科技做出的這項反應感到高興嗎？養殖魚類產量的成長，不正顯示科技和市場具有解決問題的能力嗎？不盡然，理由有三：海上的漁場是食物的來源，養殖場則是殘餘食物的吸收場；魚類和其他海產以往是窮人的重要食物，現在的養殖場則專門提供富人所需的海鮮；海中的魚群是自然環境的一部分，養殖場則是破壞環境的元凶。

　　首先，海洋漁場是人類食物的來源。這些漁場將平凡無奇的海中植物轉化成鮮美的魚肉。養殖場則不是純粹的食物來源，其

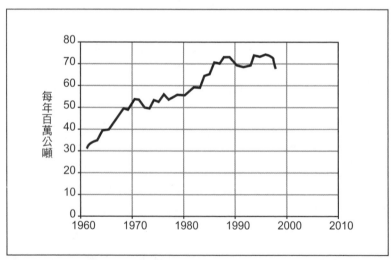

圖6-7　世界野生魚類撈獲量

1960-90年，全世界的野生魚類捕獲量有明顯的成長。但在20世紀的最後十年，此一成長趨勢已然停止。（資料來源：FAO.）

功能只是將某種形態的食物轉化成另一種形態的食物，而於此一過程的每個階段都免不了會有食物耗損的情形。一般養殖場使用的飼料通常為穀類製品或魚粉。其次，以往魚類是窮人的重要營養來源，他們只要花一點成本或完全不需成本，就可以在當地水域取得這種食物。窮人社區的人們，只要使用簡單的工具，大家分工合作，花一點時間，就可捕撈到足供他們自己食用的魚獲。相形之下，養殖場的經營是為了在市場上獲取最大的利潤。人工養殖的鮭魚和蝦類，最後上了富人家的餐桌，而不是進了窮人的肚子。更嚴重的問題是，養殖場會對近海漁場造成破壞。現在許多近海漁場的魚群已消失，殘留的魚群則因為遠方市場的消費需求而導致價格上漲。結果是，窮人愈來愈吃不到魚。再者，魚、蝦和其他水產的養殖作業，對環境造成嚴重的危害。養殖魚種入侵野生魚類棲息地、魚飼料的廢料擴散至各水域、抗生素流入海水中、病毒的散布，以及沿海濕地生態遭到破壞等等，都和這項新的養殖技術脫離不了關係。我們不能將這種有害的效應當成意外事件。因為這是市場機制運作下的產物，而且屬「外在因素」，根本不會對重要魚市場的價格或利潤造成影響。

依據世界糧食組織於2002年的估計，世界上的海洋漁場大約有75%已經達到或超過漁撈極限[8]。世界十九個漁區中，已有九個漁區的捕撈量超過可永續捕魚的下限。

有幾個令人矚目的事件凸顯了世界各漁場面臨的重大壓力。如上文提及的，加拿大政府已於1992年關閉該國東海岸的所有漁場，包括鱈魚漁場。由於魚群數量恢復得不夠快，2003年時這些漁場仍未開放。美國於1994年開始大幅縮減西海岸水域的鮭魚捕撈量[9]。濱臨裏海的四個國家，眼見鱘魚（魚卵可製成名聞世界的魚子醬）的年捕獲量從1970年代的22萬噸掉到1990年

代末期的區區1萬噸，乃於2002年達成協議，開始執行鱈魚保護計畫[10]。世界上黑鮪魚（通常可活三十年並長到七百公斤重）的數量在1970-90年的二十年期間裡減少了94%。此外，挪威海域內經濟價值較高的魚種數量遽減，漁民只有靠捕撈經濟價值偏低的魚種，才得以維持總漁獲量於不墜。

　　另一方面，挪威政府在對鯡魚和鱈魚實施十年的禁捕令後，這兩種魚類的數量已恢復到原來的水平，顯見公共政策的介入是可能扭轉負面的趨勢。歐盟則不容易做到這一點，而只能設法減少其漁船隊的捕撈量。現在歐盟的漁船隊已漸漸從歐洲海域轉移到相對較貧窮的開發中國家的海域從事漁撈作業，因而剝奪了當地居民迫切需要的工作機會和動物性蛋白質。總之，可以確定的是，全球的漁場正日漸迫近地球的極限。

　　雖然在1990年之前，全世界的漁業享有相當自由和繁榮的市場，但漁撈科技已有長足的進步。配備冷凍庫的漁船可以滯留遠處漁場，而毋須將當天的漁獲匆匆運回母港。雷達、聲納和衛星可用來偵測魚蹤，使捕撈作業的效率大為提高。長達三十哩的流刺網使得漁船即使在深海水域作業也能滿載而歸。其結果是，愈來愈多漁場有捕撈過度的現象。看來，這些科技是用來捕光海裡的魚，而不是用來執行魚類保育工作（圖6-8）。

　　雖然大部分人的直覺，都認為這種捕魚方式會導致魚類資源的枯竭，但市場並沒有發出要求矯正的訊息，以阻止競爭者從事過度捕撈的行為；相反的，市場積極獎勵那些搶得先機、捕撈無度的業者[11]。而即使市場藉由提高魚價反映魚類資源的匱乏，最富有的人仍然願意出高價買魚。1990年代初期，日本東京用來做壽司的鮪魚一磅售價高達100美元[12]；2002年，原本是斯德哥爾摩窮人最常食用的鱈魚，售價竟然高達一磅80美元[13]，弔詭的

是，這麼高的價格，促使漁民在魚群數量日益減少的情形下，反而更積極展開捕撈作業。不過，魚價偏高倒是抑制了需求量的成長，但可悲的是，漁獲因此分配到能付得起錢買魚的人，而不是最需要有魚吃的人。

那些忙於滅絕魚類資源的市場參與者，腦筋是非常清楚的。以他們在整個系統中占據的特殊位置看到的報酬和限制而言，他們的所作所為是完全合理的。因此，錯不在人，而在於**系統**。市場體系支配了再生能力緩慢的共有資源，若此一體系本身未受控管，勢必導致超過限度的現象並對共有資源造成破壞。

也許你認為捕鯨業是個重視鯨魚保育的組織。但事實上，將其視為意圖獲取最大收益的組織，還比較恰當。假如

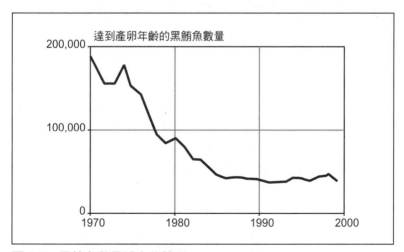

圖 6-8　黑鮪魚數量減少的情形

西大西洋海域內達到產卵年齡（八歲以上）的黑鮪魚數量，在過去三十年中已減少 80%。但由於黑鮪魚具有很高的經濟價值，故捕撈的作業仍在持續中。（資料來源：ICCAT.）

捕鯨業以具有永續性的方式捕捉鯨魚只能獲得 10% 的利潤，而若在十年內抓光世界上的所有鯨魚將可獲得 15% 的利潤，則他們會選擇在十年內滅絕鯨魚。接著，再將從中所賺得的金錢用來滅絕其他的海洋生物資源[14]。

只有政治約束力才能保護資源，但是這種政治約束力得來不易。而且，各種禁制規定也不見得能發揮很大的效果。最近的研究顯示，當再生資源的所有權完全落在私人手中時，也常常會造成過度捕撈的現象，於此種情形下，就沒有所謂「共有資源的災難」這樣的問題存在[15]。超過限度的現象之所以發生，只因為有關資源根基的資訊——如資源總量的估計資料、漁獲量和成長率的資料——不確實、眾說紛紜，故不適用於傳統的管理決策法則。結果常常是，對捕撈資本做出過度投資，對漁業資源進行過度捕撈。

傳統的市場和科技已經將全球的海洋漁場推向崩毀的邊緣。再繼續這樣下去，將無助於恢復這些漁場的生機。在運用市場和科技時，若心中沒有極限的概念，將成為導致超過限度狀態的手段。然而，市場和科技的力量若受到規範、引導，並在極限的範圍內妥善運用，將可使全球捕魚業界一片欣欣向榮，同時能讓往後世世代代的漁民也都享有豐富的漁獲。

小結

地球上的人口、資本、資源使用和污染程度都呈指數成長，而背後的驅動力為人類解決切身問題（從失業、貧窮，到欠缺地位、權力和自我接受等）的意圖。

　　指數成長可能很快就會突破任何固定的極限。就算某一極限已向後推延，指數成長將很快會碰觸到另一極限。

　　由於來自極限的反應訊息有延遲的情形，故全球經濟體系可能會超越其永續運作的基準。事實上，攸關世界經濟發展的許多資源來源和廢物吸收場所，都已出現超過限度的情形。

　　科技和市場運作依據的資訊既不完整又姍姍來遲。於此種情形下，科技和市場可能會促使經濟的發展超過限度。

　　科技和市場向來是為社會最有權力的部門服務。假如這些部門的主要目標是追求成長，則科技和市場就會竭盡所能的促進成長。假如這些部門的主要目標是追求平等和永續性，則科技和市場也會設法達成此一目標。

　　一旦人口和經濟的成長超越地球的自然極限，則退回極限範圍內的方式只有兩種：日益嚴重的資源短缺和接踵而至的危機，造成地球體系不由自主的崩毀；或人類社會做出明智的抉擇，有計畫地縮小生態足跡。

　　於下一章中，我們將探討若把科技的進步和人類社會的抉擇結合起來以抑制成長趨勢，會出現什麼樣的結果。

|第七章|
過渡到一個永續性系統

靜止狀態對我們環境資源的需求減少，但對我們精
神資源的需求卻大增。

——赫曼‧戴利，1971 年

當人類社會發現資源使用和污染排放有超過永續極限的跡象
時，可能會做出三種反應。第一種反應是對這類訊息加以否認、
掩飾和擾亂。這種反應的方式形形色色：有些人聲稱，根本沒有
必要擔心極限的問題，市場和科技自然會解決這些問題；有些人
聲稱，在沒有進行更深入的研究之前，不應該試圖限制所謂超過
限度的行為；更有人設法將他們超過限度的行為造成的代價，轉
嫁給在時空上距離他們很遙遠的人。舉例而言，可能會發生以下
的情形：

- 樹立更高的煙囪，俾使污染廢氣飄到更遠的地方，讓別人
  呼吸遭受污染的空氣。
- 將有毒化學製品或核廢料運送至遙遠地區進行處理。
- 以保住眼前的就業機會或支付債務為由，從事過度漁撈或
  過度砍伐林木的行為，卻因此耗竭用以支持就業機會和償

債能力的自然資源。

● 對因為資源枯竭而致營運困難的採掘工業提供補貼。

● 未能有效率的使用已開採的資源，卻不斷地探勘新的資源蘊藏。

● 不斷施肥以彌補土壤肥沃度的下降。

● 以法令或補貼來壓低價格，導致市場無法以價格的上漲來反映資源匱乏的現象。

● 因為資源成本過高，無力支付，而改以運用武力或威脅運用武力的方式，確保對資源的使用權。

這些反應非但不能解決因為生態足跡擴大所衍生的問題，反而使問題更形惡化。

第二種反應係以科技或經濟的應急措施，緩解各種極限所造成的壓力。可能的具體作為如下：

● 降低汽車每行駛一哩或發電機每生產一千瓦電力所產生的污染量。

● 更有效率地使用資源、進行資源的回收利用，或以再生資源來取代非再生資源。

● 運用能源、人類資本和勞力來取代以往由大自然執行的功能，如污水處理、防洪、或增加土壤的肥沃度。

這些措施確實有其迫切性，因為可提高生態效率、可暫時緩解壓力，也可以爭取寶貴的時間以利發展徹底解決問題的方法，卻無法消除造成壓力的原因。假如汽車每行駛一哩產生的污染量已經減少，但開車的人愈來愈多，或者，處理污水的能力增加，

但污水的排放量愈來愈大，則將只能延緩問題所造成的危害，而無法根本解決問題。

第三種反應是從問題的肇因著手，設法尋求解決之道；也就是退一步想想，承認人類的社經體系結構本身難以管理、已經超越自然極限並朝崩毀的狀態發展，因此，釜底抽薪的辦法是**改變系統的結構**。

改變結構此一用詞常常具有負面的意義。就革命分子而言，此一用詞表示要將掌權的人物趕下台，而且在過程中有時還會扔炸彈。或許有人認為，改變結構是指改變**實體**結構，也就是先破壞再建設的過程。更有人解釋為改變權力結構、統治集團和指揮系統。基於這種解釋，改變結構顯然困難重重、極其危險，而且會對經濟和政治力量構成威脅。

然而，在系統學的名詞裡，**改變結構**與驅逐人員、拆除建築物或摧毀官僚體制等並不相關。事實上，採取這些行動但卻未能**真正**改變結構，則只會造成新一批人進駐新建築物或新單位，並花更多時間、更多金錢追求相同的目標，最後產生的結果和舊體制一模一樣。

在系統學的名詞裡，改變結構指的是改變一個系統內的**回饋結構，也就是訊息的連結關係**：包括系統內的行為者必須處理的資料之時效與內容，以及會促成或限制行為的觀念、目標、誘因和回饋資訊。假如系統內的行為者認為有充分的理由做出改變，又假如他們能自由行事而且又有誘因做出改變，則同一批人、同一個組織和同一個實體結構，可能會有完全不同的行為。此外，一個系統若有了新的資訊結構後，假以時日，也可能會改變本身的社會和實體結構。這個系統可能發展出新法規、新組織、新科技、具有新技能的人員、新機器或新建築物。這種轉變不見得需

要由一個中央單位來加以督導。這種轉變的發生可以是毫無計畫的、自然的、帶有革命性質而又令人感到興奮和愉悅的。

新的系統結構自然會產生無所不在的改變。我們不必做出犧牲或施加脅迫，除非為了防止既得到益者忽視、扭曲或阻撓相關資訊的傳播。人類歷史已出現過好幾次重大的結構性轉變，其中影響最深遠的兩個事例為農業革命和工業革命。這兩次革命都肇因於種植糧食、運用能源和組織工作的新**觀念**。事實上，我們在下一章會討論到，正因為以往的結構性改變獲致重大成就，世界才有必要進行下一次的結構性轉變，我們稱此一轉變為永續性革命。

World3模型現在並無法開始呈現一個正在進行自我調整的系統之演變動態，卻可用來測試一個社會因為決定從超過限度的狀態退回永續發展狀態，不再追求永無止境的物質成長，所可能產生的某些簡單的改變。

在上一章，我們以World3模型檢視：假如世界做出**數量**的改變，而非結構性改變，會發生什麼狀況。我們在模型中設定了更高的極限、更短的延遲現象、更強而有力的技術反應，和更輕微的侵蝕現象。如果我們假設這些結構特性都不存在——沒有極限、沒有延遲和侵蝕現象——則我們將可以完全避免超過限度並導致崩毀的現象（如設想狀況0的「無限進、無限出」運作狀況）。但極限、延遲和侵蝕是地球本身的固有特性。人類可以運用科技緩和、強化或操控這些特性，可以改變生活形態接納這些特性，卻無法完全消除這些特性。

我們在第六章的模型運作中，並未改變最可能導致人類活動超過限度的結構性原因：會驅動正回饋圈而造成人口和有形資本呈指數成長的原因。具體而言，這些原因促成人們生育的子女人

數超過人口更新基準的規範、目標、期望、壓力、誘因和成本。
這些原因化成根深蒂固的想法和行為，造成自然資源的浪費比金
錢的浪費更嚴重，造成收入和財富的分配不均，使人們主要以消
費者和生產者自居，使社會地位和物質或財富的累積息息相關，
並使得人們志在獲取更多物質，而非做出更多貢獻或以擁有適量
物質為滿足。

　　本章，我們將改變在世界系統內造成指數成長的正回饋圈。
我們將探討如何使人類活動擺脫超過限度的狀態。我們討論的重
點不在於用來改變極限的科技，而在於用來驅動成長現象的目標
和期望。一開始，我們將只討論此種正回饋所造成的改變，而不
討論我們在上一章中探討的技術改變，接著，我們會將兩者合併
討論。

妥適限制成長趨勢

　　假如從2002年開始，世界上每一對夫妻都能瞭解人口進一
步增加對他們及別人子女的福利造成的影響；假如社會能保證所
有人，不論他們的子女人數多麼少，都能被接受、被尊重、有充
分的物質供應，且在年長時能受到妥善的照料；假如讓每一個小
孩都能有充足的營養、舒適的居所、良好的保健服務和教育，成
為社會的共同目標；假如存在以上條件，因而使得所有的夫妻都
決定只生育兩個小孩，而且，所有的夫妻都能實行節育措施，以
有助於達成此一目標。

　　則這樣的改變，先決條件是人們必須調整對養兒育女的成本
與利益的看法、必須有更長遠的眼光，且必須關心別人的福利。
這樣的改變會給人帶來新的權力、新的選擇和新的責任。此一狀

態相當於（但不等同於）世界上出生率已降低或已低於人口更新基準，也就是比較富有的人已經身處其中的狀態。這樣的改變絕非不可能，其所提出的假設是，世界上所有人都採行了工業化程度的最高社會中大約10億人早就採行的節育措施。

假如在World3模型中只做出此一改變，造成的結果顯現於圖7-1設想狀況7。

為產生此一設想狀況，我們設定在2002模擬年以後，模型人口每個家庭平均有兩個子女，而且節育措施百分之百有效。於此種情形下，模型世界的人口成長速率緩慢，但年齡結構的動勢仍使人口數量於2040年增加到75億人的高峰。此一人口高峰和設想狀況2的人口高峰相較之下，少了5000萬人。因此，於2002年時全球所採行的兩個子女政策產生效果，使人口高峰值降低了10%。當然也可以說，即使沒有此一政策，在新千禧年來臨之際，模型人口也會因為生活水準的迅速提高而希望擁有小家庭，而且採行的節育措施也會達到接近百分之百的效果。

然而，人口高峰值的下降是有正面效應的。由於人口成長速率趨緩，故人均貨品消費量、人均糧食擁有量和平均壽命的數值均高於設想狀況2中的相關數值。當2040年人口達到高峰時，與設想狀況2相較之下，人均貨品消費量增加了10%、人均糧食擁有量增加了20%、平均壽命增加了大約10%。此乃因為人口數量較少，用於滿足人口的消費和服務需求的投資數額相對減少，故有更多資金可用來促進工業資本的成長。結果是，工業產出的成長速率比設想狀況中還快，幅度也更大。到2040年，人均工業產出已經增加為2000年時的兩倍。模型人口比21世紀伊始時富裕得多；而在2010-30年間的「黃金時代」裡，龐大的人口過著相當幸福的生活。

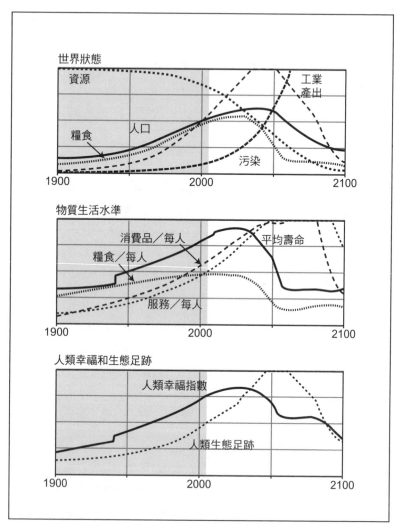

圖 7-1   設想狀況 7：世界自 2002 年起尋求人口的穩定

此一設想狀況假定在 2002 年後，世界上所有夫妻決定只生育兩個子女，而且全都採行有效的節育措施。然而，年齡結構的動態，使得人口數量仍持續增加一個世代。但人口成長速率趨緩，工業產出增加的速度因而變快，最後，處理人口問題所需成本太高，導致工業產出停止成長──一如設想狀況 2。

　　但工業產出於2040年達到高峰，接著開始下降，且下降的速率和設想狀況2的速率一樣，原因也完全相同：資本工廠規模擴大，排放出更大量的污染物，對農業生產造成不良影響。資本必須轉移至農業部門，以維持糧食產量於不墜。接著，在2050年後，污染程度高到對平均壽命造成不良影響。總之，模型世界經歷了「污染危機」，嚴重的污染破壞土地的利用價值，導致糧食短缺的後果。

　　因此，設想狀況7的模擬世界在面臨諸多極限、科技的效用不彰，以及未對人類的物質慾望設限的情形下，顯然無力供養數量相對較少的75億人。假如我們只設法穩住世界人口數量，則將無法避免崩毀現象的發生。資本的持續成長和人口的持續成長一樣，都不利於世界的永續發展。假如這兩種成長趨勢都未能減緩，則人類生態足跡將擴大到地球無法承載的地步。

　　但假如世人不只是決定要調整養育子女的人數，還決定要調整物質生活形態，那會如何？假如世人追求的是適中的生活水準，而不是奢侈無度的生活水準，那會如何？我們現今所處的世界中，倡議這種假設性結構改變的主張，並不像要求減少子女人數的主張那麼引人注意，但也不是沒有這方面的聲音[1]。因為幾乎每種宗教都在倡導這樣的改變：不是物質或政治領域中的改變；而是人心的改變，是人生目標和對生命意義的看法的改變。為了做出這種改變，世人必須摒棄以追求不斷增加產量和不斷累積財富的方式，來建立個人的地位和對生活的滿意度。

　　圖7-2設想狀況8顯示，模擬世界除了仍然假設每個家庭只生育兩個子女，而且採行效用百分之百的節育措施外，還為**足夠**一詞訂出標準。此一世界決定要將人均工業產出增加到比2002年的平均值高出10%。此點實際上代表的意義是，世界上的窮人

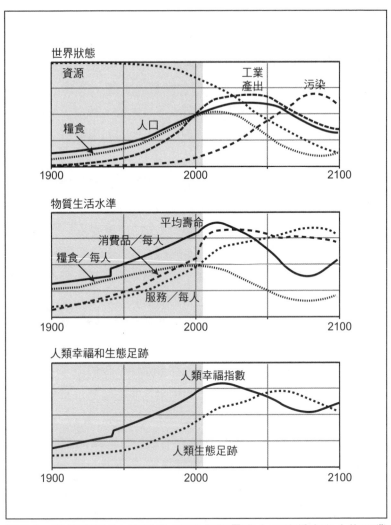

圖 7-2　設想狀況 8：世界自 2002 年起尋求人口的穩定和人均工業產出的穩定

假如此一模型社會每個家庭只養育 2 個子女，且設定固定的人均工業產出，則將可以稍微延長設想狀況 7 內從 2020-40 年間人類過著相當幸福生活的「黃金時期」。但污染對於農業資源的危害愈來愈嚴重。人均糧食產量開始出現下滑的情形，最後導致平均壽命和人口數量也開始下降。

將向前邁進一大步，而世界上的富人的消費形態將有大幅改變。此一模型世界進一步假設，以較少的資本，即可達成上述的工業產出水準，因其設定的資本裝備使用期限延長了25%。此外，此一模型世界還假設：工業資本的平均使用期限從十四年增加到十八年、服務資本的使用期限從二十年增加到二十五年，而農業投入的有效期限則從二年增加為二年半。

　　讀者可從電腦運作結果中看出，這些改變使得2002年以後的頭十年裡，人均貨品消費量和人均享有服務都有大幅增加。事實上，這兩項數值增加的幅度和速度，都大於前一次的電腦運作（當時並未降低工業成長速率）。之所以會產生這樣的結果，是因為資本的使用期限變長，故維持資本成長及更換折舊裝備所需的工業產出投資隨之減少。因此，有更多的工業產出可立即供消費之用。結果是，2010-40年的三十年間，此一假想的社會讓**每一個人**都享有雖不算奢侈卻相當高的物質生活水準。

　　但此一經濟體系並不穩定，其生態足跡已超越可永續發展的程度，並於2040年之後被迫進入漫長的蕭條時期。設想狀況8的世界，勉力讓超過70億的人口能在2010-40年將近三十年的時間裡享有相當高的生活水準。人均貨品消費量和人均享有服務都比2000年的數值高出50%左右。然而，糧食總產量早在2010年就已達到高峰，其後因為受到污染造成的不良影響而呈現穩定的下降，此一趨勢持續了數十年之久。為了緩和糧食產量下降的速率，愈來愈多投資挹注於農業部門。在相當長的一段時間內，仍有足夠的資本可做此用途，因為資本並沒有用來提高工業成長的速率。最後工業部門逐漸無以為繼，導致平均壽命和人口數量的下降。

　　這次電腦運作中的模擬社會，成功的達成它希望的物質生活

水準，並維持此一生活水準為時將近三十年，但在這三十年間環境和土壤均不斷惡化。可見，在系統已發生超越極限的現象後，再來限制消費量、限制家庭的子女人數，以及講求社會紀律，已經為時太晚，而且，光靠這些作為並不能保證社會的永續發展。為了讓社會能永續發展，設想狀況8的世界不只必須設法控制成長，還必須將生態足跡縮小到地球環境承載能力的範圍內，並以協同一致和適切的科技發展強化社會的重整工作。

限制成長並運用更進步的科技

　　圖7-3設想狀況9中，模型世界和設想狀況8一樣，也假定從2002年開始，一般家庭只養育兩個子女，並採行最有效的節育措施，而且也對工業成長設定適度的限制。此外，設想狀況9的模型世界，自2002年開始發展、投資和運用我們在第六章設想狀況6中測試的科技。這些科技會提高資源使用效率、降低單位工業產出的污染排放量、防止土壤遭受侵蝕，並增加糧食產量直到人均糧食擁有量達到所期望的標準為止。

　　我們於設想狀況9中參照設想狀況6的方式，假設這些新科技必須經過二十年的發展延遲時間才能發揮實際效用，而且發展這些科技需要資本的投入。在設想狀況6中，由於社會要同時處理因為成長快速所衍生的各式各樣的危機，故沒有足夠的資本可用來採購及裝設這些科技。

　　於設想狀況9，社會的發展比較有節制，人口的成長速率比較緩慢。資本不必用於促成進一步的成長或處理層出不窮的問題，而能充分用來支持科技的發展。整個21世紀中，這些科技穩定的發揮效用，而得以將單位工業產出使用的非再生資源減少

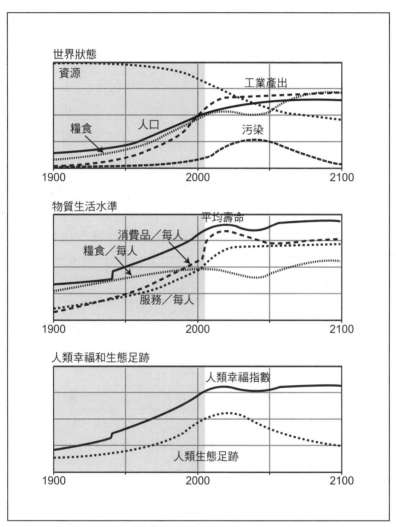

圖 7-3　設想狀況 9：世界自 2002 年起尋求人口的穩定和人均工業產出的穩定，並採用污染防治、資源運用和農業發展科技

於此一設想狀況中，人口成長和工業產出和上一次的模型運作一樣，都受到限制；此外，還運用科技減少污染、保持資源、增加糧食產量，以及保護農地。一個永續社會於是應運而生：世界上將近 80 億人過著相當幸福的生活，且生態足跡持續縮小中。

80%，將單位產出排放的污染量降低90%。由於工業產出的成長受到抑制，這些科技造成的效應縮小了人類生態足跡，而不只是提高了某些部門的成長速率。

　　原本呈穩定成長的糧食產量，因為污染程度的增加（係20世紀末污染排放的延遲效應——且可能因「真實世界」出現全球暖化現象而變得更加嚴重），於21世紀上半葉有微幅下降的情形。但到2040年，科技的進步再度使得污染累積程度下降。糧食產量恢復原來的水平，並在21世紀剩餘的時間裡開始緩慢成長。

　　在設想狀況9中，人口於接近80億人後維持平穩，而於整個21世紀中，世界人口都能享有其所希望的物質生活水準。平均壽命相當高，但在糧食產量下滑期間，平均壽命略有下降。人均享有服務比2000年時的水平高出50%。到21世紀末，人人都有充裕的糧食。污染程度曾達到高峰，所幸在尚未造成不可挽回的損害之前，又開始下降。非再生資源的消耗速率非常緩慢，到2100模擬年時，原有的資源蘊藏有將近50%仍未開採。

　　設想狀況9的模型社會，設法在2020年之前開始降低整體社會對環境造成的負擔；自此之後，整體人類生態足跡逐漸的縮小。2020年之後，非再生資源的開採速率變慢，而土地受侵蝕的情形也於2020年之後迅即獲得改善。十年後，持久性污染物的排放量達到高峰。地球系統放慢成長步調而得以返回本身極限的範圍內、避免成長失控導致崩毀現象、維持相當高的生活水準，並已非常趨近平衡狀態。總之，設想狀況9顯示了永續性，也就是地球系統已達到平衡狀態。

　　在系統學的用語中，**平衡**是指系統內正、負回饋圈的效應相當，系統的要素——在本文中為人口、資本、土地、土地肥沃

度、非再生資源和污染等——處於非常穩定的狀態。平衡**不**見得表示人口和經濟處於停滯狀態，而表示這兩項要素的整體規模大致上維持不變，就像河川的水量基本上維持不變一樣，雖然河水源源不斷地流動。於設想狀況9的「平衡社會」中，有人出生，有人死亡；新的工廠、道路、建築物和機器開始啟用，舊的設施和裝備則報廢或重新整修後再展開運作。科技不斷進步，而人均物質產出流量幾可確定會改變形態、會有多樣化的內容，而且品質會提高。

就像河川的流量有高低起伏，不會完全維持平均流量一樣，一個平衡的社會，也可能因為主觀的選擇或意想不到的機會與災難而出現改變。河川本身有自我淨化的功能，當污染程度降低之後，河川可孕育的水中生物之數量和種類都會增加；人類社會本身也能清除污染、獲取新知識、提升生產作業效率、改變科技、改進自我管理效能、採取更公平的分配措施，並且從學習中求進步。我們認為，當一個社會面臨的成長壓力有所減輕，當一個社會改變的速率很緩慢，因而有充分的時間可瞭解、反省所做決策的效應並選擇可行方案時，這個社會比較可能落實上述的所有作為。

我們認為，基於我們對地球系統的瞭解，這個世界是可能建立如設想狀況9顯示的永續社會。於這樣的社會中，將有足夠的糧食、消費產品和服務，可讓世界上將近80億人都過著相當舒適的生活。這個社會會投入相當大的心力，並運用不斷進步的科技保護農地和土壤、減少污染，並以很有效率的方式使用非再生資源。由於這個社會的物質成長速率逐漸趨緩而終致停止，由於這個社會使用的科技能迅速發揮效用，而將生態足跡縮小到可讓世界永續發展的程度，因此這個社會將有**時間**、**資本**和**能力**解決

其他問題。

我們認為，這樣的世界是人類想要的，是可以實現的。這樣的世界，當然比上一章內的數種模擬世界更吸引人，因其不會持續成長直到出現多重危機才停下來。然而，設想狀況9並不是World3模型所能產生的唯一可以永續發展的狀況。在系統的極限範圍內，我們可以做出許多取捨和抉擇。我們可以增加糧食產量並減少工業產出，或做出與此相反的抉擇；我們可以讓人口增加，人均生態足跡縮小；或者，讓人口減少，人均生態足跡擴大。但其中存在一個很明顯的道理：開始朝永續平衡狀態進行過渡的時間每延遲一年，相關取捨和抉擇的價值就多減損一分。我們可假定設想狀況9內的諸項政策能提早二十年實施，用以說明此種現象。

二十年可能造成的差異

在接下來的模型運作中，我們要問的問題是：假如模型世界是在1982年而不是2002年採取設想狀況9中可促進永續性的政策（要求每個家庭只能養育兩個子女、擁有適度的物質生活水準、發展提高資源使用效率，以及防治污染的科技），將會如何？二十年的時間可能造成什麼樣的差異？

圖7-4設想狀況10與設想狀況9完全相同，只是開始做出改變的時間是1982年，而不是2002年。提早二十年追求永續性，將可提早讓世界變得更安全、更富裕，農業部門必須採取的調整措施也較少。於此一設想狀況中，人口剛過60億（而非近80億）就趨於平穩。污染程度提早二十年達到高峰，且嚴重性遠低於設想狀況9，對農業造成的損害也遠較設想狀況9輕微。平均壽命

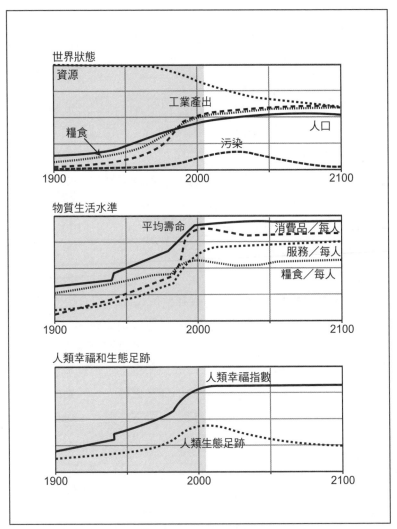

圖7-4　設想狀況10：設想狀況9的永續發展政策提早二十年，也就是在1982年開始實施於此一模擬狀況中

所有的改變作為都和設想狀況9相同，不過這些政策是在1982年而非2002年開始實施。提早二十年追求永續性意味著最終的人口總數較少、污染程度較不嚴重、殘留的非再生資源較多、人類的平均幸福指數也較高。

超過八十歲且一直維持不墜。到21世紀末，殘留的非再生資源蘊藏量較多，探勘和開採這些資源所需成本較低。此外，平均壽命、人均糧食擁有量、人均享有服務，以及人均貨品消費量都高於設想狀況9的相對數值。

於設想狀況10，世界上的人口有能力維持生活水準，也有能力提升科技水準。這樣的社會擁有更宜人的環境、更充裕的資源、更多的自由，而且和設想狀況9相較之下，距離各種極限更遠。人類曾經一度可能建立這樣的社會，卻未能在1982年抓住機會。

除了本書討論的十一種假設狀況外，我們還使用World3模型模擬許多其他設想狀況。我們探討許多可能有助於使人口和物質經濟的成長緩和下來，讓世界回到可永續性的許多不同政策。當然，於World3模型中，我們將許多變數簡化和省略，但仍然能從這些模型運作中獲得兩項重要的見解。第一項是，若做出重大改變的時間有所延宕，則有關人類未來長遠前途的選擇方案就會變少；換句話說，著手降低人口成長和穩定生產資本總量的時間愈晚，人口將變得更龐大，資源消耗量更驚人，污染情形更嚴重，遭破壞的農地面積更大，維持人口所需的糧食、服務和商品都將大增。簡言之，需求變得更大、問題變得更嚴重，生產能量捉襟見肘。

假如設想狀況9的各項政策不是在2002年，而是再晚二十年實施，將可充分說明此種狀況。二十年的延宕，世界上的人口將比設想狀況9更早達到80億人，工業產量將遠比設想狀況9的工業產量大得多。工業活動增加，而污染防治科技卻晚了二十年才發揮功用，污染危機遂浮現出來。污染性造成糧食產量減少、人均糧食擁有量減少、平均壽命下降、人口也開始減少。延遲二十

年才開始追求永續性，會使我們的模擬世界所擁有的選擇方案變少，並因而走上一條顛簸、失敗的道路。原本妥適的政策再也無法充分發揮效用。

多大幅度才算過度？

　　第二項見解是，過度消耗地球系統，也會以失敗收場。我們曾將設想狀況9的人均工業產出增加一倍，其餘假設條件維持不變，依此方式進行模擬運作。模型世界也在2002年開始緩和其人口和經濟成長，並採用同樣的資源節約及污染防治科技。然而，於這次的電腦運作中，雖然所有的相關科技都派上用場，但模型世界的人口已超過70億人，故無法維持人均工業貨品消費量的目標。

　　人均工業產出在2020年之後曾短暫的達到目標，並於2030年左右達到高峰，隨後開始緩慢下降。人均糧食擁有量於同一時間達到高峰後，開始迅速下降。原因在於，為達到更高的物質目標及降低環境受到的損害，需要極其龐大的資本。到2050模擬年，此一野心較大的世界，人均糧食擁有量和人均工業貨品消費量均遠低於設想狀況9的模型世界，後者以達成較適度的目標為滿足。

　　這次電腦運作是否對一個有75億人口的「真實世界」的生活水準做出可靠的估計？根本不可能！因為此一模型使用的數據和假設條件都不精確。事實上，沒有一種模型可以對未來三十至五十年的世界狀況做出精確的陳述。未來，可能有更龐大的人口可以過著比設想狀況9更高的生活水準。但World3模型假設世界上沒有戰爭、沒有衝突、沒有貪污、沒有人為過失，此點未免失

之過分樂觀，故實際上，未來的世界也可能永遠無法達到設想狀況9的消費水平。

　　就某些方面而言，World3模型就像建築師的設計草圖，顯示的只是各種重要變數之間的相互關係。World3模型有助於我們對希望看到的未來世界做概括性的思考，卻無法提供在過渡到此一未來世界的過程中牽涉的複雜政治、心理和個人問題的細部內容。這項工作超出我們的能力範圍。欲瞭解這些細節的問題，必須做相關的實驗、必須有謙卑和開放的心胸、必須能視狀況調整研究方法。

　　我們並不想依據World3模型的實驗結果就斷定，假如現在採行永續性政策，必可擁有一個吸引人的未來，而假如慢了十或二十年採取行動，則注定要面對一個蕭條的社會。但我們確信，行事延宕會降低我們最後可以永續享有的富裕程度。我們並不想依據我們的設想狀況就斷定，假如未來的消費目標和今天的水平一樣或比今天的水平高出10或20%，勢必將具有永續性，而假如消費目標是現今的兩倍，則注定會造成災難。但我們確信，一個永續性的系統，將可讓現今世界上許多人享有相當高的消費水準。不過，此一系統將無法讓60-80億人享有非常高，甚或無限制的物質消費水準。

　　我們無法使用World3模型對一個設法想在永續性的上限運作的社會進行微調。現在沒有（可能從來也沒有）一種模型可以達到這樣的數值精確度。World3模型倒是告訴我們，竭盡所能擴大人類生態足跡是件危險的事，因為成長的極限是會改變、是不確定的，而我們總是在經過一段時間的延遲後才知道極限之所在，也才能夠做出反應。因此，比較安全，比較可取的作法是，學習如何在地球的極限範圍內過著稱心如意的生活，而不是傾全

力追求最大幅度的成長。

我們設計 World3 模型的目的，是要探討一個內部聯繫緊密、非線性、有反應延遲現象，而且本身有其極限的系統之行為模式。World3 模型的目的，不在對未來進行精確的預測，也不在於研擬一套詳細的行動計畫。但我們相信，本章的幾種模型運作，獲致了很有價值的概括性結論，而這些論點完全未見於公共論述中。想想看，假如以下的資訊已廣為人知、被普遍接受，則相關的決策、投資的目標和新聞報導的內容，將會出現什麼樣的改變？

- 世界可能在不減少人口或工業產出的情形下，過渡到一個永續社會。

- 然而，過渡到永續性的過程，需要有縮小人類生態足跡的積極政策；而此等政策將回過頭來要求個人減少家庭的子女人數、降低工業成長目標，和提高對地球資源的使用效率。

- 達成永續社會的方法很多，而有關要擁有多少人口，什麼樣的生活水準，做出什麼樣的科技投資，如何分配工業貨品、服務、糧食和其他物質等，也有許多不同的選擇。不見得全世界每個地方都要做出相同的選擇，但顯然事不宜遲。

- 人類社會勢必要在「地球能供養的人口數量」與「每個人享有的物質生活水準」之間做出取捨。這種取捨的情形無法精確地量化，因其將隨著科技、知識、人類處理問題的能力和地球的支持系統的改變而改變。即便如此，有個通則是不變的：人口愈多，用以支持人類生活的物質產量就

愈感不足,每一個人擁有的生態足跡就愈小。

● 世界經濟體系花愈長的時間降低其生態足跡及朝永續性的
目標前進,則最後地球系統能供養的人口數量就愈少,能
維持的生活水準就愈低。

● 社會對人口數量和物質生活水準設定的目標愈高,則超越
及侵蝕本身極限的風險就愈大。

我們的電腦模型、心理模型、對模型資料的解讀,以及在
「真實世界」中獲得的經驗全都告訴我們,當前刻不容緩的事是
放慢成長的步調,回歸極限範圍內,並設定永續性的目標。在降
低產量和過渡到永續性的工作上,若有所延宕,輕則減少未來世
代所擁有的選擇方案,重則導致崩毀現象的發生。

我們實在沒有理由浪費時間。對許多人而言,永續性是一項
不易瞭解的新觀念,但全世界都有人致力於實現一個永續世界。
他們認為人類可以帶著一顆喜樂而不是勉強的心,在不覺被犧牲
只覺在冒險的情形下,向永續性的目標前進。一個永續世界將遠
較我們現今的世界更美好,此點殆無疑義。

一個永續社會

永續性的定義可能有很多種。依最簡單的說法,一個永續社
會可世世代代延續下去。此一社會具有足夠的遠見、足夠的彈性
和足夠的智慧,故不會破壞本身的物質或社會支持系統。

1987年,世界環境與發展委員會以下面這句意味深長的話
說明永續性的觀念:

一個永續社會「能滿足當今的需求而又不損及未來世代滿足其本身需求的能力[2]」。

就系統學的觀點而言，一個永續社會擁有適當的資訊、社會和制度機制，可遏止會促使人口和資本呈指數成長的正回饋圈的運作。易言之，在這樣的社會中，除非技術改變和社會決策允許人口或資本進行審慎、有限度的改變，否則其出生率約略等於死亡率，其投資率大致上等於折舊率。為了具有社會永續性，人口、資本和科技之間必須能配合無間，使每個人都能享有適切的物質生活水準。而為了具有物質和能源方面的永續性，經濟生產量必須能符合赫曼・戴利的三個條件[3]：

- 對再生資源的使用速率不能超過再生速率。
- 對非再生資源的使用速率不能超過發展再生資源替代品的速率。
- 污染排放速率不能超過環境吸收污染物的能量。

這種具有永續性的生態足跡的社會，與大部分人現在所處的社會有明顯的差異。21世紀伊始，我們的心理模型所呈現的最明顯圖像，是持續的貧窮或快速的物質成長，以及不計代價想維持此種成長的行為。人類的意識中充滿令人沮喪的發展停滯和輕率追求成長的圖像，故而看不到一個有意義、富足、公義，而且能永續發展的社會。在我們詳細說明永續性**可能**代表什麼意義之前，先談談永續狀態**不必然**代表哪種狀況。

永續性不必然代表「零成長」。一個社會如果專注於追求成長，則可能會迴避任何對此種作法的質疑；但對於追求成長有所

質疑，並不代表否定成長的重要性。誠如羅馬俱樂部的創始人奧雷利歐‧沛希於1977年指出的，所謂零成長不過是另一個過度簡化的說法罷了：

> 忠誠捍衛成長的人，曾對所有協助破除成長迷失的人給予最殘酷無情的嘲弄。其中有些人還指控《成長的極限》報告是在鼓吹零成長。顯然，這些人對羅馬俱樂部和有關成長的議題根本一無所知。零成長的說法和無限度成長的說法都過於簡化且極不精確，因此，在一個充滿活力的動態社會中提及這種說法是荒謬的[4]。

一個永續社會感興趣的是質的發展，而不是物質的擴張。這個社會視物質成長為一種嚴謹的手段，而不是永無止境的需求。這個社會既不贊成也不反對成長，而會仔細鑑別成長的種類以及成長的目的。這個社會甚至會理性考量以負成長來緩和過度的生產和消費，使人類活動回到地球極限的範圍內，停止會消耗太多自然和社會成本而致得不償失的行為。

一個永續社會在決定展開某一特定成長計畫之前，會先自問：此一成長的目的為何？哪些人會受益？成本為何？能持續多久？地球的資源來源和廢物吸收場所是否能滿足此一成長的相關需求？基於本身的價值觀和對地球極限的充分知識，這個社會選擇的成長模式，必須能滿足重要的社會目標，同時又能強化永續性。一旦物質成長已達成目標，這個社會即停止追求成長。

一個永續社會**不會**讓現今資源分配不均的現象永遠持續下去；更不會讓窮人永不得翻身。否則，這個社會將無法永續發展，理由有二：第一，窮人不會也不應該忍受這種狀況。其次，

除非採行高壓措施或死亡率有所增加，否則任由某一部分人一直窮下去，並無法穩定人口。因此，不論基於現實的理由或道德上的理由，一個永續社會都應該讓所有人享有富足和安定的生活。此外，從現今狀態過渡到永續狀態的過程中，尚殘留的成長空間——包括使用更多資源的空間或排放更多污染物的空間——以及因為富人提高資源使用效率與改變奢侈生活形態而釋出的空間，都應該分配給最需要這種成長空間的人。

一個永續社會**不至於**發生現今經濟體系因為成長受挫而衍生的蕭條、停滯、失業和破產等現象。一個永續社會與現今經濟不景氣的社會是截然不同的，就像有意識的煞車使汽車停下來，與讓汽車撞牆後才停下來是大異其趣的。當現今的經濟體系出現超過限度的情形後，轉向的速度太快、太突然，使人員或企業來不及進行新的訓練、人事調派和調整措施。過渡到永續狀態的穩當作法，過程緩慢且會適時發出警訊，使人員和企業能在新的經濟體系中找到自己的定位。

一個永續社會不必然會面臨技術或文化落後的困境。這樣的社會可免於焦憂和貪婪，因此有很大的空間可以發揮創造力。而且因為社會和環境都不需要付出龐大的成長代價，故科技和文化將有機會大放異彩。約翰・彌爾（John Stuart Mill）是首批（也是最後一批）堅認經濟發展不應超越地球極限的經濟學家之一。他曾指出，他所謂的「靜止狀態」是可以推動社會的演變和進步的。他在一百五十多年前寫道：

老派政治經濟學家通常毫不保留的表達對資本和財富處於靜止狀態的厭惡，我對此頗不以為然。我認為，整體而言，相對於現今的狀況，靜止狀態其實是重大的進步。許多人認

為，於正常狀態下，人類會相互踐踏、推擠、拚命想追求繁
榮，而這就是人類嚮往的理想生活。我得承認，我並不欣賞
這樣的生活。事實上，人口和資本的靜止狀態，並不代表人
類的進步也處於靜止狀態，此點不言而喻。前者的靜止狀態
同樣可讓文化、道德、社會和生活的藝術等都有改進的空間，
而且，還更可能使其獲得實質的改善[5]。

　　一個永續世界不會也不可能是一個人口、生產力及一切的一
切都處於病懨懨停滯狀態的僵化世界。現今許多人的心理模型中
最怪異的假設是，一個有節制的世界必然是個由政府遂行嚴格中
央管制的世界。對一個永續經濟體系而言，這種管制是行不通、
不可取，也是不必要的。（就系統學的觀點而言，這種管制是有
其嚴重缺陷的，前蘇聯的情形充分說明了此一論點。）

　　當然，和每個人類文明一樣，一個永續世界需要有規則、法
律、標準、界線、社會協定和限制。這些為達成永續性而設的規
則，與我們現在習以為常的規則並不相同。現在，國際臭氧層協
定和溫室氣體談判，都已提出相關的必要管制措施。就像每項具
可行性的社會規定一樣，為達成永續性的規則並不是要剝奪我們
的自由，而是要創造或保護我們的自由。打個比方，禁止盜匪有
搶銀行的自由，就是確保其他人有安全地存、提款的自由。同樣
的，禁止過度使用再生資源或禁止危險污染物的排放，將可使我
們的許多重要的自由因此得到保障。

　　我們不難想出一套最基本的社會結構──也就是能傳送有關
成本、後果和制裁措施的新訊息的回饋圈──俾使我們得以從事
演進、創造和改變，並使我們獲得的自由遠較在一個不斷擠向極
限，甚或超越極限的世界中獲得的來得多。最重要的新規則之一

將能完全符合經濟理論：此一規則將知識與規定結合起來，而將市場體系的外在因素「加以內化」，俾產品的價格能充分反映成本（含對環境和社會所造成的影響）。數十年來，每一本經濟學的教科書都要求採取這種措施（但都徒勞無功）。此一措施可自動引導投資與採購，使我們能在貨幣領域做出正確選擇，而不至於未來在物質和社會價值領域中感到後悔。

有些人認為，一個永續社會應該停止使用非再生資源，因為此種資源的使用理論上是不具有永續性的。這種觀點對永續性代表的意義做了過度僵化的解讀。當然，一個永續社會使用地殼中的非再生資源的方式，會比現今的世界更審慎、更有效率。這樣的社會將給此類資源制訂更合理的價格，俾讓未來的世代能擁有更充裕的資源。但只要使用此種資源的方式符合既定的永續使用規範，也就是，不致使大自然的廢物吸收場所不堪負荷而且能發展再生替代資源，則並沒有理由停止使用此種資源。

一個永續社會並沒有理由一成不變。和大自然的情形一樣，永續性是人類社會多樣化的因，也是果。有些心存永續概念的人認為永續性是分散式的，也就是地區經濟體比較依賴當地的資源，而比較不依賴國際貿易。他們會設定界線以防止每一社區威脅到其他社區或整體世界的效能。在這樣的世界中，文化多樣性、自主性、自由及自決的程度只會更高，不會更低。

一個永續社會並沒有理由會是非民主、單調或欠缺挑戰的社會。今天讓人感到興趣盎然且願意全心投入的競爭行為，如武器競賽或無限度累積財富等，在這樣的社會中可能會變成不可行、不受敬重且不令人感興趣的事。但是仍然有競爭、挑戰和尚待解決的問題，可讓人們有機會證明自己的價值、造福人群、考驗自己的能力，並過著舒適的生活——而且可能是比今天更令人心滿

意足的生活。

我們可以列出一長串清單說明一個永續社會**不應該**是什麼樣的社會。在此一過程中，我們也隱約道出我們認為一個永續社會可能是什麼樣的社會；但我們無法靠少數的電腦模擬狀況詳述這個社會的狀況，一個永續社會的實際狀況，將取決於數十億人的觀念、眼光和才能。

本書對世界系統進行的結構性分析，只能提供一套簡單、概括性的指導方針，以利重整系統，使其走向永續發展的道路。我們將這些指導方針臚列於下文中。每一項指導方針都可以由各階層——從家庭、社區、公司、國家到整體世界——以數百種方法落實。人們應該會瞭解如何在他們的生活、文化和政治與經濟體系中，落實這些指導方針。落實每一項指導方針都代表向永續性邁出一步，但要真正建立一個永續社會，必須能落實所有的指導方針。

- **擁有更長遠的眼光。**現今的抉擇應考量長期成本效益，而不只是在今天的市場或明天的選舉中產生的效益。應設法讓媒體、市場和選舉活動有誘因、方法和程序對未來數十年中某些重要問題的可能發展狀況加以重視、報導，並為之負起責任。

- **改進訊息傳遞的方式。**應更深入瞭解人類的真正福祉之所在，以及人類活動對世界生態系統造成的實質影響，並時時注意這兩件事的發展[6]。應設法讓政府與民眾能持續、迅速瞭解經濟發展概況以及環境與社會狀況。應將環保和社會成本納入經濟成本內；應重新訂定如國內生產毛額等經濟指標，使之不致將成本與收益、產量與福利，或自然

資本的損耗與收入等混為一談。

- **加快反應步調**。應積極發掘重要訊息，以瞭解環境或社會是否已經負荷過重。應事先決定好一旦問題浮現將採取何種對策（可能的話，應能預測問題的發生），並做好必要的制度和技術安排，俾能做出有效的因應。應提倡行事彈性、鼓勵創造能力，並培養重塑自然和社會體系所需的重要思維及能力。電腦模型運作有助於此方面的作為，但普及系統思維教育也很重要。

- **盡量減少使用非再生資源**。應以最有效率的方式使用化石燃料、地下水和其他礦物，可能的話，應回收使用（燃料不能回收，但礦物和水可以）。此外，在使用此等資源的同時，應設法改用再生資源。

- **防止再生資源遭到侵蝕**。應保護土壤的生產力、表層水域、可再充滿的地下水，以及所有的生物，包括森林、魚類和野生鳥獸等等，並盡可能使其恢復原有能力和數量。取用這些再生資源的速率不能超過其本身的再生速率。要做到這點，必須瞭解其再生速率，而且應以強有力的社會制裁措施或經濟誘因，防止此等資源的過度使用。

- **以最有效率的方式使用所有的資源**。若能在某一特定的生態足跡範圍內，達到更高的人類幸福程度，則可使社會在不超越極限的情形下，提高人民生活水準。提高資源使用效率，是技術上可行、經濟上可取的作法[7]。假如現今的世界人口和經濟成長想回到地球極限範圍內，以免引發崩毀現象，則勢必要以更高的效率使用所有的資源。

- 緩和、最後並終止人口和資本的指數成長。上述六項指導方針的落實都有其侷限性。因此，本項指導方針顯得特別

重要。此一指導方針牽涉到制度與理念的改變，以及社會的創新作為；要求能界定人類所想望，而且具有永續性的人口數量和工業產量；並且要求基於發展的觀念而不是成長的觀念，來界定人類所追求的目標。總之，此一指導方針重視的是有關人類生存的更有意義的願景，而不只是物質的擴張和累積。

為了進一步闡述上面最後一項追求永續性的重要步驟，以下我們將探討幾項促成成長的迫切問題：貧窮、失業，以及未獲得滿足的需求。現今追求成長的模式不是未能解決這些問題，就是解決問題的速度太慢、太沒效率。然而，在更有效的解決辦法問世之前，人類社會將不可能戒除追求成長的癮頭，因為人們迫切需要希望。成長或許是虛幻不實的希望，但總比完全沒有希望好得多。

為了恢復人們的希望並確實解決問題，我們有必要以全新的思維來面對以下的三件大事：

● **貧窮**。在政治論述中，分享一詞是犯忌諱的，原因可能在於人們極為擔憂真正的分享會導致每個人都有所匱乏。其實，「不虞匱乏」與「休戚與共」的觀念，將有助於我們研擬新辦法終結貧窮。我們全都處於過度成長的狀態中，假如管理得當，世界上的資源是足夠分配的；然而假如管理不善，則沒有一個人，不管是多麼富有的人，可以躲得掉貧窮的後果。

● **失業**。人類需要工作，藉由工作可自我考驗、自我磨練，可擔負起滿足自己基本需求的責任，可獲得參與的滿足

感，而且可被當成社會中成熟、負責任的一分子。就業的需求不應被漠視，但也不應以有損人格或有害的工作應付此一需求。另一方面，職業不應該只是圖溫飽的手段而已。我們需要有創造力，以超越某些人為其他人「創造了」就業機會的狹隘觀念，以及勞動者只不過是可以刪減的成本的更狹隘觀念。我們需要的經濟體系必須能使用並支持所有人做出的貢獻，必須能公平分配工作、閒暇時間和經濟產值，但不得遺棄因暫時或長期的原因而無法工作的人。

● **未獲得滿足的非物質需求。**人們並不需要豪華禮車，他們需要的是別人的尊重；他們不需要一直添購新衣服，他們需要的是品味、好心情、有變化和美感；人們不需要電子娛樂，他們需要能調劑身心的有趣事物。職是之故，設法想以物質條件來滿足非物質需求——如認同感、社交、自尊、挑戰、愛和喜悅——則不啻緣木求魚。一個社會若講求非物質需求，而且能找到非物質方法滿足此種需求，則只要以非常少的物質和能源，就能讓人獲得很大的滿足感。

既然如此，應如何解決這些問題？世界要如何產生一個能解決這些問題的**體系**呢？這是我們展現創造力和做出選擇的機會。活在21世紀登場之際的這個世代的人，不只要設法將他們的生態足跡縮小到地球極限範圍內，還應重新調整他們的內在和外在世界。此一過程將碰觸到生活的每一層面、需要人類的每種才能、需要技術和企業的創新作為，還需要有社區、社會、政治、藝術及精神上的創造活動。五十年前，路易斯·芒福德（Lewis Mumford）即體認到此一工作至為艱鉅且具有獨特的人性內涵；

此一工作將挑戰並發展每一個人的**人性**。

　　一個講求平衡的時代，正在取代一個講求擴張的時代。
達成此一平衡狀態乃未來幾個世紀的重要工作。……新時代
的主題不是武器和人，也不是機器和人；而是人性的復甦、
自然方法取代機械運作，以及重新將以人為本的精神當成人
類所有努力的基礎。涵養全世界的新文化提出的口號是：教
養、人性化、合作和共生。生活的每個領域都會記錄下此一
改變：它將影響教育工作與科學程序、企業的組織、都市計
畫、區域發展，以及世界資源的交換[8]。

　　將工業世界帶向下一個演進階段，並不會造成災難，反倒提
供一個難得的機會。如何抓住這個機會，如何實現一個可永續發
展、功能卓著、平等，而且是令人非常嚮往的世界，事關領導能
力、倫理、願景、勇氣等來自人心，而非來自電腦模型的特質。
　　走筆至此，本章將告一段落。我們要暫時關閉電腦，將我們
的資料和各項設想狀況擱置一旁。接下來，我們將以內心和直覺
產生的深刻見解，加上科學分析獲得的結果，為本書做出結論。

|第八章|
過渡到永續狀態的方法

我們不要灰心喪志，未來仍有一線希望。
　　——艾德瓦·沙烏瑪（Edouard Saouma），1993 年

我們能將國家和人民帶往永續發展的方向嗎？若答
案是肯定的，則此舉對社會影響之大，只有兩項變
革差堪比擬：新石器時代晚期發生的農業革命，和
過去兩個世紀內發生的工業革命。這兩次革命是自
發的、漸進性的，且大體上是不由自主的。然而，
我們新的這次革命將是在科學提供的遠見之指引
下，進行的一種全然有意識的行動。……我們果能
付諸行動，則這次的革命勢必會是人類歷史中無以
倫比的大工程。
——威廉·洛克蕭斯（William D. Ruckelshuas），1989 年

　　我們為促成世界的永續發展而從事著述、討論及投入實際行
動，已經超過三十年。我們有幸得知，世界各地有數以千計志同
道合的人，正以自己的方法、自己的才能、在自己的社會中為追
求永續性的目標而努力。當我們和官方機構進行接觸時，或聆聽
政治領導人的講話時，常常感到挫折；但與個別人員切磋研究

時，總是會受到鼓舞。

　　到處都有人關心自身的前途、關心別人的狀況、關心他們兒孫輩的幸福。他們體認到人類的困境及周遭環境的惡化；他們質疑，遵循舊的政策一味追求更大幅度的成長，是否能帶來改善。他們之中有許多人感覺得到（卻常常難以言說），世界正朝著錯誤的方向發展，而要避免災難，必須做出重大的改變。他們願意為推動這些改變而努力，惟先決條件是，他們要確定做出的努力能有所助益。

　　他們會問道：我能做什麼？政府能做什麼？企業能做什麼？學校、宗教、媒體能做什麼？一般民眾、生產者、消費者、為人父母者能貢獻什麼？

　　基於這些問題所做的實驗，比任何特定的答案更重要，雖然答案多得是。有所謂「拯救地球的五十種簡易方法」，例如購買能源使用率佳的汽車、對瓶罐進行回收利用、在選舉中投下明智的一票——假如你有機會購買汽車、使用瓶罐或投票的話。另外，還有比較不容易的方法：講求節儉淡雅的生活形態、最多養育兩個子女、主張提高化石能源的價格（鼓勵增加能源使用效率並刺激再生能源的開發）、以愛心和民胞物與的精神協助一個家庭脫離貧困、找到適合自己的「謀生之道」、好好照料一塊農地、竭盡所能反對會壓迫人民或濫用土地的制度、自己投入選舉。

　　所有這些作法都有助益。當然，光靠這些作法是不夠的。永續、富足和平等的願景，必須靠結構性改變才能實現，必須進行革命，但不像法國大革命那種具有政治意義的革命，而是像農業革命或工業革命這種意義更為深遠的革命。回收利用是重要的作法，但此一作法本身並不足以帶來革命。

　　什麼作為可以促成革命？為了找尋此一問題的答案，我們發現，如果設法瞭解人類文明經歷過的兩次重大革命，當會有所助益。

前兩次革命：農業和工業

　　大約在一萬年前，世界上的人口經過數千年的增長，已達到相當龐大的（就當時而言）1000萬人左右。這些人屬於游牧的狩獵／採集者，但於某些地區，他們的數量已經超過當地植物和野生鳥獸所能供養的程度。他們採取兩種作法因應野生資源逐漸消失的問題。有些人進一步強化他們的遷徙生活形態，從他們在非洲和中東的祖居地遷移到野生鳥獸為數甚多的地區。

　　另外一些人開始馴養動物、種植植物，並在某地定居下來。這是種全新的生活形態。這些最早期的農民從來沒想到，他們因此改變了地球的風貌、人類的思想，以及社會的形態。

　　此時，擁有土地首度具有意義。人們不必隨身背負家當也可以累積財產，而且，有些人還能累積得比別人多。財富、地位、遺產、貿易、金錢和權力等觀念於焉形成。有些人能靠別人生產的多餘糧食過活，因此，他們可以成為全職的工具製造者、音樂家、文字抄寫者、祭司、士兵、運動員或國王。某種形態的工會、樂隊、圖書館、廟宇、軍隊、競賽活動、朝代和都市乃應運而生。

　　身為農業革命的繼承者，我們認為此一革命是人類向前邁出的一大步。不過，當時此種新的生活形態可能利弊參半。許多人類學家認為，農業生活並不是更好的生活形態，卻是養活愈來愈多人口的必要生活形態。定居的農民從每公頃土地獲得的糧食多

於狩獵／採集者，但此種糧食的營養成分較低且種類較少，而且要花更多勞力才能有收穫。農民比游牧者更容易受天氣、疾病、害蟲、和外來者入侵的危害，及受到新形成的統治階級的壓迫。此外，農民不會搬離他們自己製造的廢物之堆積地，因而最早體驗到人類製造的長期污染。

儘管如此，農業不失為因應野生動植物日漸稀少的有效對策。農業生活使得人口成長的速度加快，幾千年下來，人口增加的數量非常可觀：從早先的1000萬人增加到1750年的8億人。人口劇增後，出現了新的資源短缺問題，尤其是土地和能源日漸不敷使用。此時，需要有另一波的革命。

工業革命始於英國，帶來的主要變化是以豐富的煤礦取代消失中的林木。使用煤礦牽涉的實際問題包括廢土的移除、礦場的構築、抽水、運輸和燃燒控制等。這些問題很快就獲得解決，使得勞力開始大量集中於礦場和礦石碾碎廠。此一革命凸顯了科技和商業在人類社會中的地位——超越了宗教和倫理。

和農業革命一樣，此時許多事物都出現料想不到的改變。機器，而不是土地，成為生產的主要手段。封建制度為資本主義及與資本主義作對的衍生體制共產主義所取代。大地上出現公路、鐵路、工廠和煙囪。城市日益擴大。同樣的，這些改變也是利弊互見。工廠的勞力工作比農村的勞力工作更低下、更辛苦，新建工廠附近的水和空氣髒得嚇人，大部分工業勞動人口的生活水準遠不如農民。但農地取得不易，工廠的工作卻多的是。

現在的人很難理解工業革命為人類思想帶來多麼重大的改變，因為已然改變的思想，迄今仍塑造了我們對世事的看法。1988年，歷史學家唐納德・沃斯特（Donald Worster）深刻描述了工業主義對人類思想造成的影響。今天看來，他的觀點仍然非

常中肯：

　　資本家保證，他們以科技支配世界後，將可讓每個人過
著更公平、合理、有效率和更具生產力的生活。……他們的
方法只是在促使個別企業能免於傳統的層級系統和社會的束
縛，不論這些束縛是來自其他人或來自地球本身。……此點
意味著要教導每個人以坦率、積極和自主的態度面對地球、
相互打交道。人們必須經常想要如何賺錢；必須視他們周遭
的每一樣事物——土地、自然資源和本身的勞力——為可能
在市場上賺取利潤的潛在商品；必須要求有權利能在不受外
在規定和干擾的影響下，生產、購買和出售這些商品。……
隨著需求的邊增和市場的擴大，人類和大自然的關係只剩下
最起碼的工具主義而已[1]。

　　工具主義帶來極其可觀的生產力，使得現在的世界能養活
60億人——此一人口數量比發生農業革命之前的人口數量足足
高出六百倍。市場的擴大和需求的邊增，驅使人類孜孜矻矻向大
自然獲取資源，從極地到熱帶地區，從山巔到深海，不錯失任何
機會。工業革命的成就，和以往狩獵／採集行為與農業革命的成
果一樣，都造成資源的短缺，不只是野生鳥獸、可耕地和燃料及
金屬的日漸稀少，地球環境的整體承載能力也為之下降。人類生
態足跡再一次超越能永續發展的程度。工業革命的成就，創造了
進行另一次革命的需求。

下一次的革命：永續性

現在任何人都不可能描述永續性革命可能造就什麼樣的世界，就像公元前6000年的農民無法預見現今愛荷華州——一望無際的玉米田和大豆田，以及公元1800年的英國煤礦工人無法想像豐田汽車公司（Toyota）的自動化裝配線一樣。一如其他的重大革命，即將到來的永續性革命將改變大地的風貌及人類認同感、制度和文化的基礎。一如以往的幾次革命，永續性革命也要花好幾個世紀才能完全展開，雖然嚴格地說它已經開始。

當然，沒有人知道如何促使這樣的革命發生。並沒有一套準則可以告訴我們：「為完成全球性的重大改革，應遵循這二十項步驟。」像以往的重大革命一樣，這波新革命無法預先加以計畫且其本身不受控制。它不會聽命於政府的一連串法令或電腦模擬的指使。永續性革命將是結構性的改變。它將產生自數十億人的願景、見解、實驗和行動，促使其發生的責任不在於任何一個人或團體。沒有一個人能獨攬功勞，但每一個人都能做出貢獻。

我們的系統學訓練以及實務經驗都告訴我們，複雜的系統中有兩項特性與我們此處討論的重大革命息息相關。

第一，**資訊是改革的關鍵**。此點並不見得表示我們需要**更多**資訊、更精確的統計數字、更大的資料庫或全球資訊網，雖然這些因素都可能發揮某種效用。我們需要的是**妥切、令人信服、精選的、強有力、適時**而又**精確**的資訊，這些資訊能以新的模式流向新的資訊接受者、能攜帶新的內容、能顯示出應該有什麼樣的規則和目標（規則和目標本身也是資訊）。任何系統只要資訊流出現改變，行為也將隨之改變。舉例而言，前蘇聯推動的**開放政策**——開放以往長時期封閉的資訊管道——即導致東歐國家發生

出人意料的快速變革。舊的體系因為資訊受到嚴格控管而故步自封，一旦解除管制後，整個體系即開始改弦更張（因此出現動盪難測的狀況乃在所難免）。

其次，系統會強烈抗拒有關其資訊流，特別是其規則與目標的改變。現有系統中的既得利益者，會極力反對這種改變，此點不足為奇。頑固的政治、經濟和宗教勢力，幾乎會完全禁止個人或小團體有違反規則的行為，或追求系統不允許的目標。改革者可能會受到忽視、排斥、嘲弄、被剝奪晉升的機會、無法獲得資源，或被禁止公開發表意見。他們的理念將徹底被扼殺。

但唯有改革者能察覺這個世界需要有新資訊、新規則和新目標。他們會致力於傳播改革理念、推動改革計畫，而使這個世界脫胎換骨。瑪格麗特‧米德（Margret Mead）說得好：「不要否定一小群努力想改變世界的人展現的力量，唯有這種力量能真正發揮效用。」

我們都能體會，假如一個社會體制期望、倡議和鼓勵消費，則人們難以過著有節制的物質生活。但我們可以自我要求，朝節約的目標努力。假如一個經濟體制製造的產品無法有效率的利用能源，理所當然，人們也就難以有效率地使用能源。但我們可以設法找出——必要時自己發明——更有效率的運用能源的方法，並讓更多人能使用這些方法。

總之，在一個只接受舊資訊的體制裡，要提出新的資訊是很困難的。讀者不妨試試看，有機會的話，於公共場合質問追求更大的幅度成長的價值何在，甚或問起成長與發展的差別為何，就會瞭解我們的觀點。欲挑戰一個既有體制需要有勇氣和清楚的頭腦，但我們是可以做得到的。

我們為了設法鼓勵一個天生會抗拒改革的體制能以和平方式

進行改造，曾經試過許多方法。走筆至此，我們已在本書中展現其中比較明顯的方法：理論分析、資料蒐集、系統學的思考、電腦模擬及最清楚的說明。有科學和經濟學背景的人應當很容易瞭解這些方法的效用，然而，和物質的回收利用一樣，這些方法雖然有其效用且屬必要之舉，卻仍有所不足。

我們並不曉得怎麼做才足以成事。在本書接近尾聲時，我們想提出另外五種**有用的**方法。我們在1992年《超過限度》一書中首度提及這些方法。其後，我們的經驗證明這五種方法不是可以隨意取捨的，而是每個想長期生存下去的社會不可或缺的特性。我們在本章中重提這些方法，並不是要將其當成追求永續發展的**不二法門**，而只是當成**部分**方法。

我們於1992年說道：「我們對於是否要討論這些方法有點猶豫不決，因為我們不是這方面的專家，而且討論這些方法要使用的詞句，不容易出自科學家的口中或文書處理器。想法消極的社會大眾，可能會認為這些方法『太不科學』而不當一回事。」

讓我們這麼謹慎以對的五種方法究竟為何？答案是：懷抱願景、建立網絡、說出真話、認真學習和發揮愛心。

對於我們想推動的重大改變而言。這五種方法能發揮的力量似乎微不足道。但因為其中的每一種方法都可以成為正回饋圈內的要素，故一開始雖然只有少數人實行這些方法，產生的效用卻可能造成重大的改變，甚至於挑戰現有體制而終於促成革命。

我們在1992年曾說：「在世界資訊流內，若我們能以誠懇、堅定的態度多談這五種簡單的方法，或許有助於促成社會過渡到永續性。」但當時我們有感於大部分的人可能不易接受這些方法，所以顯得不夠理直氣壯。

我們之中有許多人對人類文明的未來在面臨威脅的情形下，

我們仍依賴這種「軟弱」的方法來因應問題，內心感到不安，尤其是，我們並不知如何建立自己和別人對這些方法的信心。因此，我們不再考慮這些方法，而改為討論回收、排放交易、野生動植物保育及其他促成永續性革命的必要而非充分作為——但起碼這些作為是我們知道如何處理的議題。

　　接下來，我們就要討論這些我們尚不知道如何運用的方法，因為人類必須盡速深入瞭解這些方法。

懷抱願景

　　懷抱願景就是在心中形成**你真正想望的事物**之圖像，一開始此種圖像可能模糊籠統，但其後將愈來愈清晰明確。也就是，你所憧憬的未來，是你真正想望的，而不是別人告訴你或你自甘將就的。懷抱願景就是把「可行性」、懷疑和以往的失望挫折等限制全都拋諸腦後，讓你的心思集中於最美好、最振奮人心、最寶貴的夢想。

　　某些人，尤其是年輕人，能夠輕鬆愉快地在心中形成願景。某些人則覺得要建構願景是件可怕或痛苦的事，因為心中那光輝燦爛的圖像，只會使得現今的處境顯得更難忍受。某些人從來不承認自己心中有什麼願景，因為害怕被認為不切實際或「脫離現實」。他們在閱讀本書的這段文字時，想必渾身不舒服。另外還有些人因為有過夢想破滅的經驗，故只會侃侃而談願景不可能實現的原因。以上這些情形其實都不礙事，心中有懷疑是正常的，願景必須經得起懷疑的考驗。

　　針對懷疑的問題，我們想馬上指出的是，我們並不認為光有願景就能促成任何事情的發生。有願景沒行動，亦是枉然；但有

行動無願景，則茫茫然不知所為何事。故我們絕對需要願景引導和驅動我們的行為。更重要的是，當許多人有共同的、堅定的願景時，的確可能**促使新制度的誕生**。

我們的說法是很實在的。在空間、時間、物質和能源的極限內，人類的願景不只可以帶來新資訊、新回饋圈、新行為、新知識及新科技，還能帶來新制度、新物質結構以及帶給人類新的力量。一百五十年前，愛默生（Ralph Waldo Emerson）即體悟此一意義深長的事實：

> 每個國家、每個人都急著使自己置身於能夠與他們的精神狀態或思想狀態完全相稱的物質設備中。看看人的思想，不論對錯，是如何呈現在社會、房屋、城市、語言、儀式及報紙上。看看今天的每一項觀念，是如何體現在社區內的某一項宏偉的設備上，以及木材、磚塊、石灰和石頭是如何組成許多人心中的重要觀念所要求的形體。⋯⋯
>
> 職是之故，一個人做出的微小改變將會改變他所處的環境；他的觀念稍微擴大、他對別人的感覺稍趨緩和⋯⋯都會對外在事物造成莫大的影響[2]。

人類普遍心存永續性的願景之後，才可能徹底實現此一願景。易言之，必須有許多人懷抱此種願景，才能使它趨於完美且更具說服力。因此，為了拋磚引玉，鼓勵大家共同構思心中願景，我們將於此臚列我們在所想望的永續性社會（而非我們願意屈就的社會）中看到的一些人、事、物，我們開列的不是一份底定的清單；我們在此提出這些事項的目的，不外乎想請讀者加以發揚光大。

- 永續性、效率、富足、平等、優美和休戚與共等觀念成為社會的最高價值。

- 所有人都享有物質的豐足和保障。當然先決條件是,不論是出於個人的選擇或社會的規範,都應設法降低出生率並維持人口數量的穩定。

- 工作能讓人感到有尊嚴,而不會覺得身分受貶抑。此外,人們有誘因要對社會做出最大貢獻,並可因此而獲得適切的報酬;同時,在任何情形下,都能確保讓每個人擁有充分的生活必需品。

- 領導人秉性誠實、受尊敬、有智慧、謙遜,而且在意的是如何克盡職守而非保住權位,是如何服務社會而非贏得選舉。

- 經濟是手段而非目的;經濟的運作對環境有利無害。

- 有效率的再生能源系統。

- 有效率的封閉循環材料系統。

- 技術設計有能力將污染排放和廢物減少到最低程度;社會能達成協議不再製造科技和大自然無法處理的污染和廢物。

- 農業耕作的方式能蓄積土壤、使用自然方法恢復土壤肥沃度和進行蟲害防治,及生產大量無污染糧食。

- 保存生態系統的多樣性,使人類文明能與生態系統和諧共存;大自然和人類文化都具有高度多樣性,而且人類能欣見這種多樣性。

- 行事彈性、改革(社會與技術)和知識上的挑戰。科學大放異彩,人類知識持續增長。

- 每個人都有適當的教育,能更深入瞭解整體系統的運作。

● 能將經濟力量、政治影響和科學專業技術分散化。
● 政治結構允許人們能在短期利益和長期考量之間取得平衡；能夠為後代子孫的幸福而施展政治壓力。
● 人民和政府都善於以非暴力手段解決衝突。
● 媒體能反映世界的多樣性，並通盤考慮歷史和整體系統的來龍去脈，而將文化與妥適、正確、適時、公正和理性的資訊結合起來。
● 增進人類生活水準的方法不在於累積有形物質。

建立網絡

　　沒有網絡，我們將無法推動工作。我們使用的網絡大部分都是非正式的。這些網絡即使有經費也少得可憐，而且沒幾個算得上是世界性組織[3]。這些網絡沒沒無聞，功能卻不容忽視。非正式網絡傳送資訊的方式和正式機構完全相同，但往往更有效率，故成為新資訊的最佳來源，而且可能演化成新的系統結構[4]。

　　我們的網絡概屬地方性質，部分則具國際性質。其中有些是電子網路，有些只是人與人之間每日的會面。不論網絡的形式為何，組成分子彼此之間在生活的某些領域中有著共同的利益；彼此保持聯繫，相互傳送資料、方法、觀念和精神鼓勵；彼此相互欣賞，相互支援。網絡的最重要功能之一，是讓組成分子知道他們並不孤獨。

　　網絡並不是一種層級式組織，組成分子人人平等；網絡的形成，靠的不是力量、責任、物質誘因或社會契約，而是共同的價值觀和共同的認知——某些工作不能單打獨鬥，必須集群智以達成之。

　　我們知道，農民透過網絡分享害蟲防治方法。此外，還有為環保新聞從業人員、「綠色」建築師、電腦模型設計師、策略設計者、土地信託和消費合作社等而設的網絡。人們基於共同目的而建立的網絡成千上萬。其中有些網絡因運作頻繁且極具重要性，漸漸變成設有辦公室且有預算的正式組織，但大部分網絡的設立只是應一時之需。當然，全球資訊網的問世，對於網絡的建立和維持有很大的助益。為建立一個能與地方生態系統相安無事又能使本身的運作不致踰越全球極限的永續性社會，我們尤其需要有致力於追求永續性的地方性和全球性網絡。關於地方性網絡，我們在此無法多加討論。因為彼此之間的差異太大。不過，我們認為地方網絡的重要功能之一，是有助於重建自工業革命以來已消失殆盡的休戚與共的意識。

　　至於全球性網絡，我們則呼籲能讓這些網絡真正有全球性。現今，參與國際資訊流的機會和生產手段一樣，都有嚴重分配不均的問題。有人說，東京市的電話數量比整個非洲還多。就電腦、傳真機和聯運飛機的數量，以及參與國際會議的機會而言，此種差距必定更為嚴重。但人類的發明能力，似乎再度提供了令人驚喜的解決方法——全球資訊網及其他獲取資訊的廉價裝置。

　　可能有人會指稱，非洲和世界其他落後地區百廢待舉，而獲取電腦和使用電腦網路並不是最重要的事。我們對這種看法不以為然；除非窮人的心聲得以傳達出來，否則沒有人能知道他們的需求，世界也無法從他們所做的貢獻中獲益。須知，物質和能源的使用效率能大幅提升，很大一部分原因是有了新式的通信裝備。我們可以在能永續發展的生態足跡範圍內，讓每個人都有機會使用全球性及地方性網絡。我們必須消除「數位隔閡」。

　　假如你對永續性革命感到興趣，你可以尋找或建立一個由志

同道合的人所組成的網絡。此一網絡將有助於你瞭解，要到何處找資料、有哪些刊物和方法可供利用、到何處尋求行政和財務支援，以及哪些人可以對某些特定工作提供協助。一個健全的網絡不只有助於你學習新知，還使你能將學習心得與他人分享。

說出真話

我們不見得比別人更確定事情的真實性，但通常可以馬上聽出不實的言論。許多不實言論有其目的。說者和聽者心裡都有數。人們以不實言論達到操控、哄騙或引誘的目的，或延遲行動、為牟私利的行為合理化、獲取或保住權力，以及否定令人感到不快的事實。

謊言會扭曲資訊流。一個系統的資訊流若受到謊言的破壞，則該系統將難以有效運作。系統理論的最重要原則之一是，資訊不應受到扭曲、延遲或隔絕，這點相信我們已在本書內說得非常透徹。

富勒（Buckminster Fuller）曾說：「假如我們每個人都不敢從現在開始只說實話、完全說實話、即刻說實話，則全體人類將身陷險境[5]。」你在街上、在工作中，只要有機會和任何人、和一群人，尤其是和兒童說話時，都可以努力肯定真話、制止謊言。你可以否定「一個人擁有的東西愈多就愈了不起」的觀念；你可以質疑「讓富人更富，將對窮人有利」的說法。愈努力糾正錯誤的觀念，我們的社會就會愈井然有序。

我們在討論成長的極限時，經常會碰到偏見和過分簡化的想法、言詞陷阱和不實的言論。我們認為，想要清楚思考人類經濟運作及其與資源有限的地球之關係，有必要將最常見的錯誤觀念

和不實言論列舉出來，並加以糾正。

不是：有關未來的警訊就是有關地球浩劫的預測。

是　：有關未來的警訊是人類應採循不同發展途徑的建議。

不是：環境是人類在支付得起時，會加以購買的奢侈品、競
　　　爭性需求或商品。

是　：環境是一切生命和所有經濟活動的根源。民意調查報
　　　告通常顯示，社會大眾願意付出更多費用以確保環境
　　　的清潔。

不是：改變代表犧牲，故應加以避免。

是　：改變就是挑戰，故乃必要之舉。

不是：停止成長將使窮人永不得翻身。

是　：富人的貪婪和冷漠無情才是窮人翻不了身的原因所
　　　在。富人必須改變態度，讓成長也能滿足窮人的需求。

不是：每個人都應享有和最富裕的國家一樣的物質生活水
　　　準。

是　：我們根本不可能將每個人的物質消費水準，提高到現
　　　今富有國家享有的水準。每個人的基本物質需求都應
　　　得到滿足。但只有在不踰越能永續發展的生態足跡，
　　　及能讓所有人一體獲益的情形下，才應滿足進一步的
　　　物質需求。

不是：所有的成長都是好的，毫無質疑，也不必鑑別或研究。

也不是：所有的成長都是不好的。

而是：我們需要的是發展而不是成長。只要發展需要進行物
　　　質擴張，則此一擴張應講求平等、能支付得起、具永
　　　續性，而且應將實際成本納入計算。

不是：科技可以解決所有問題。

也不是：科技除了帶來問題外，一無是處。

而是：我們必須發展科技以縮小生態足跡、增進效率、保存資源、有效獲知警訊，並終止物質的匱乏。

而且：我們在處理問題時必須考量全體人類的利益；不應只靠科技，應以更多方法處理問題。

不是：市場體制自然會帶來我們所想望的未來。

而是：我們必須自行決定想擁有什麼樣的未來。在做成決定後，我們可運用市場體制以及其他許多有組織的機制達成我們的目標。

不是：工業是所有問題的罪魁禍首或解決之道。

不是：政府是問題的肇因或問題的解決者。

不是：環保人士是問題的肇因或問題的解決者。

也不是：其他團體（我們想到了經濟學家）是問題的肇因或問題的解決者。

而是：所有人與機構都在大規模的系統結構中扮演自己的角色。一個系統若是為從事超過限度的行為而建構的，則系統內的行為者將會刻意或不經意促使此一系統出現超過限度的行為；一個系統若是為追求永續發展而建構的，則系統內的工業界、政府、環保人士，尤其是經濟學家，將會為追求永續發展做出重要貢獻。

不是：過分悲觀。

也不是：過分樂觀。

而是：要毅然決然據實說出現今的成功與失敗，以及未來的潛力與障礙。

最重要的是：要有勇氣承認和承受眼前的痛苦，同時堅信未

　　　　來會更好。

不是：World3模型或其他任何模型可能產生正確或錯誤的
　　　　結果。

而是：所有的模型，包括我們心中的模型所產生的結果大
　　　　部分是錯誤的，小部分是正確的，而且都失之過於簡
　　　　單。我們應如何對模型進行測試，從而得知這些模型
　　　　的正確與否？我們如何抱持適度懷疑和尊重的態度，
　　　　以模型設計者的身分相互切磋研究？我們彼此之間應
　　　　如何停止再玩「對或錯」的遊戲，而開始設計可用以
　　　　判定我們的模型在與真實世界相較之下是「對或錯」
　　　　的測試方法。

　　上述的最後一項挑戰——對模型進行整理和測試——將我們
帶往認真學習這項主題。

認真學習

　　假如懷抱願景、建立網絡和說出真話等方法並無法化為行
為，則將毫無意義。欲建立一個永續發展的世界，需要**做**的事很
多。我們必須研究出新的耕種方法；必須展開新的經濟活動並重
新規畫舊的作法，以縮小經濟活動的生態足跡；必須讓土地恢復
原狀、保護自然公園、改良能源系統、達成國際協議；必須制訂
某些新法律，並廢除某些舊法律；必須教育兒童以及成人；必須
拍攝影片、演奏音樂、出版書籍、建立電腦網站、對人們提出建
議、領導各種團體、取消補貼、研擬永續發展指標，以及調整價
格以反映完全成本。

　　所有人都會找到他們應扮演的最佳角色。我們除了自我要求外，並不想規定由任何人扮演某一特定角色；但倒是有個建議：不論你採取什麼行動，態度必須謙遜，而且不要將它當作一成不變的事，而應當成在做實驗，當成是學習的過程。

　　人類的無知，其嚴重性超過大部分人願意承認的程度。當全球經濟正在進行空前緊密的整合之際、當全球經濟正在迫近奧妙又複雜的地球極限之際、當我們需要有全新的思維加以因應之際，這種無知尤其明顯。這次，沒有人能充分瞭解狀況，領導人儘管裝出一副極具權威的樣子，也不見得真正瞭解當今的狀況。是故，不應將任何政策強加於全世界。假如你輸不起就不要賭。

　　學習意味著，我們願意放慢腳步、願意嘗試新事物、願意蒐集有關我們的行動造成的效應，包括「此一行動起不了作用」這種重要但卻令人不快的訊息。要學習就會犯錯、就必須說真話、就要勇往直前。學習意味著：有勇氣、有毅力探索新的方法；敞開心胸，對別人探求新方法的作為樂觀其成；在發現可以更直接達成目標的方法時，願意改弦更張。

　　現今世界上的領導人已經沒有從事學習的習慣和自由。不知什麼緣故，我們的政治體制已經演變成選民期望領導人能解決所有問題的奇怪體制。此點使得只有極少數人能成為領導人，而若他們提出的解決之道令人覺得不滿意，很快就會被轟下台。這種荒誕的體制，破壞了人民的領導能力以及領導人的學習能力。

　　現在是我們坦誠道出此一問題的時候了。世界上的領導人並不比任何其他人更瞭解要如何建立一個永續社會，他們之間大部分人甚至於不知道有此必要。欲推動永續革命，每個人必須在某一層次上（從家庭、社會、國家到世界）扮演學習引導者的角色。此外，每個人都應支持我們的領導人，讓他們能勇於承認面

對的不確定狀況、能誠實地進行實驗、能承認錯誤。

　　任何人若沒有耐心和寬恕之心，將無法放手學習。但現今人類已處於超過限度的狀態，因此我們沒有太多時間可講求耐心和寬恕。欲在急迫感與耐心、究責與寬恕之間取得妥適的平衡，需要有憐憫之心、謙虛之心、清楚的頭腦、誠實的態度，以及我們最難說出口而且可能是最稀有的資源——愛心。

發揮愛心

　　工業文化不允許我們談愛，除非是最膚淺的男女私情。任何人若站出來呼籲大家講求手足之情和同胞之愛、對整體人類的愛，和對大自然和供養我們的地球的愛，可能不但不會被當一回事，還遭到訕笑。樂觀者與悲觀者對人類是否能本著愛心從事所有活動，有著不同的看法，此點是兩者之間最大的差別。而在一個有計畫的追求個人主義、競爭力和短期利益的社會裡，悲觀者占了多數。

　　我們認為，個人主義和短視是現今社會體制面臨的最大問題，也是其無法達到永續性的最根本原因。本著愛心和同情心，群策群力，開創未來，才是正途。一個社會若不相信愛心和同情心的價值、不討論和培養這些人類的優良特質，則其擁有的選擇方案將少得可憐。心理學家馬斯洛（Abraham Maslow）曾問道：「人性能讓我們擁有多美好的社會？社會能讓我們擁有多美好的人性[6]？」

　　最重要的是，永續革命必須是能讓人性最好的一面——而非最醜陋的一面——充分顯露的集體變革。許多人早就體會到此種需求、此種機會。舉例而言，凱因斯（John Maynard Keynes）曾

於1932年寫道：

> 匱乏、貧窮、階段之間和國與國之間的經濟鬥爭，只不
> 過是暫時性、可憎的、沒有必要的混亂狀況。因為西方世界
> 已經有對策和技術，可以使此刻正在消耗我們精神和物質力
> 量的經濟問題變成次要問題，我們要做的，只是建立一個組
> 織推動這件事。……
>
> 因此，經濟問題回歸其原本次要地位的日子已不遠
> 了。……我們關注的將是真正重要的問題：生活與人際關係
> 的問題及關於創作、行為與宗教方面的問題[7]。

身為工業界的卓越領導人且經常為文討論成長與極限、經濟
與環境、資源與管理等問題的奧雷利歐‧沛希向來都認為，「新
人本主義」是解決世界問題的出發點。他在1981年說明了此一
觀點：

> 新時代的人本主義必須取代並推翻我們迄今為止認為不
> 可碰觸，但實際上已不合時宜或與我們的目標格格不入的原
> 則和規範；必須促成新價值體系的誕生，以恢復我們的內在
> 平衡；必須使我們產生新的精神、倫理、哲學、社會、政治、
> 美學及藝術動力，以填補我們生命的空虛；必須能恢復我們
> 的愛心、同理心、友善的態度、休戚與共的感覺、犧牲精神
> 和歡樂的心情；還必須使我們瞭解，若此等特質能將我們與
> 其他形態的生命及世界各角落的人們更緊密的連結起來，我
> 們就能獲得更大的益處[8]。

　　一個系統的規畫、目標和資訊流，如果不是為追求優良人生特質而設，則我們在此一系統內將不易發揮愛心、同理心、友善和慷慨之心及休戚與共的精神。但我們仍盡力而為，而且也鼓勵你勉力一試。當你和其他人在變遷中的世界裡遭遇困難時，請耐心以對。應體諒並同情在所難免的抗拒行為，我們每個人內心多多少少都對追求永續發展的努力有所抗拒。找出自己和別人具有的優良人性特質並擇善固執。聆聽憤世嫉俗的話語、對於相信此種言論的人寄予同情，但你自己不要相信這些話。

　　人類若不能本著全球夥伴關係的精神努力縮小生態足跡，則將徒勞無功。假如人們不能學習視自己和其他人都是整體地球社會的一分子，則將無法避免社會的崩毀。我們要關心的，不只是眼前的狀況，還包括遙遠的未來。人類必須講求一項重要的觀念——留給後代子孫一個可讓他們安居樂業的地球。

　　我們在本書中倡議的事項，從提高資源使用效率到懷抱更大的同情心等，能真正落實嗎？世界真能夠使其成長速率回復到極限範圍內並因而得以避免崩毀的命運嗎？我們是否能及時縮小人類生態足跡？這個世界上有足夠的願景、科技、自由、休戚與共的精神、責任感、遠見、金錢、紀律和愛心嗎？

　　我們在本書提出的諸多假設問題中，就屬上述這幾個問題最難回答，雖然有許多人聲稱要設法回答這些問題。連我們——本書的幾位作者——都對相關答案的優劣利弊有不同的意見。許多無知的人，尤其是世界上的領導人，常一派樂觀，直說這些問題無關宏旨，世界並不存在著實質的極限。而許多瞭解狀況的人卻深陷消極的思維中，他們會說，世界早就有許多嚴重的問題，而眼前的問題尤其棘手，卻沒有解決之道。

　　當然，不論是樂觀或悲觀的看法，都是我們心理模型的產

物，事實的真相應該是：**沒有人確知哪種看法是對的。**

　　我們於書中再三提到，世界面臨的不是一個預先注定的未來，而是一個選擇，也就是在不同的心理模型之間所做的選擇。依邏輯推演，不同的選擇會導致不同的設想狀況。第一種心理模型告訴我們，這個世界實際上是不存在任何極限的。我們若選擇此一心理模型，將一如往常般，會鼓勵人類汲汲營營於資源的採掘，而使得人類經濟超越極限的情形益加嚴重，最後終於導致社會的崩毀。

　　另一種心理模型指出，極限確實存在，且距離我們很近；我們已沒有充分的時間可阻止極限的到來；人類不可能講求節制、負起責任，或懷抱憐憫之心；或者，要做出改變已時不我予。上一模型會自我實現，假如世人選擇相信這樣的觀點，事情的發展就會正如所料，最後的結果也是社會的崩毀。

　　第三種心理模型則認為，極限確實存在，且距離我們很近，而我們現今的某些生產活動已超越極限；但要採取因應措施，時間剛好夠用，惟浪費不得。我們擁有的能源、物質、金錢、環境韌性和人性中的美德，仍足以讓我們按計畫縮小人類生態足跡：展開永續革命，使絕大多數的人都能過著更美好的生活。

　　或許第三種設想狀況是錯的。但是我們所瞭解的證據（從各種有關世界狀況的資料到有關地球動態的電腦模型）顯示，我們大可以把它變成對的。是否真能如此，唯有一試才能分曉。

┃附錄一┃
從 World3 模型
變成 World3-03 模型

　　我們在研擬本書內的各種設想狀況時，使用了World3-91電腦模型的更新模型。

　　World3模型最早是建立供1972年《成長的極限》第一版所使用，我們曾於相關的技術報告中對此一模型作了充分的描述[1]。此一模型原本係使用被稱為DYNAMO的電腦模擬語言撰寫而成。1990年，最適合我們用來進行分析工作的新語言STELLA問世，我們在為1992年《超過限度》一書研擬設想狀況時，改用STELLA語言撰寫World3模型，並更新為World3-91。《超過限度》的附錄中對此等改變有所說明[2]。

　　我們在為本書研擬設想狀況時，覺得有必要對World3-91模型做微幅更新。此一新的模型稱為World3-03，詳細內容可查看相關的唯讀光碟片[3]。但我們可在此概要說明World3-91是做了哪些改變而成為World3-03。其中的三項改變是以不同的方法計算科技的成本，一項改變是使人們想望的家庭規模能更充分反映工業產出的成長。其他的改變對模型的行為並不會造成影響，只是使模型的行為更容易為人瞭解。這些改變包括：

● 改變三個部門內新科技的資本成本之決定因素。亦即，於

資源、污染和農業這三個部門內，應該由業經運用的科技
而非現有的科技，來決定資本成本。

- 改變人口部門內的檢查表，俾使人們想望的家庭規模能更
  充分反映高程度的人均工業產出。

- 增加一項稱為人類幸福指數的新變數──也就是全球人類
  生活幸福的平均指標，有關其定義見附錄二。

- 增加一項稱為人類生態足跡的新變數──也就是整體人類
  對地球環境所造成的負擔之指標，其定義見附錄二。

- 改變描繪人口曲線時使用的刻度──以簡化呈現的數值。

- 以一個新的曲線圓顯示 1900-2100 年間人類幸福指數與人
  類生態足跡的變化情形。

　　為了增進讀者的瞭解，我們在此繪製了新模型架構的
STELLA流程圖。此外，我們也對本書的設想狀況所使用的數值
刻度加以說明。至於World3-03模型的完整STELLA方程式表及
其他資料，可查看相關的光碟片。

World3-03 模型內的新架構

　　以下為用來說明新科技（以農產量提升科技為例）運作模式
的STELLA流程圖。此種運作模式也出現於資源與污染部門。

　　當可變糧食比例（人均糧食擁有量／人均糧食需求量）低於
所望水準時，World3 模型即開始發展能提升糧食產量的科技。
當單位工業產出所需資源高於所想望標準時，以及當單位產出製
造的污染超過所想望標準時，也會出現這種新科技應運而生的情
形。

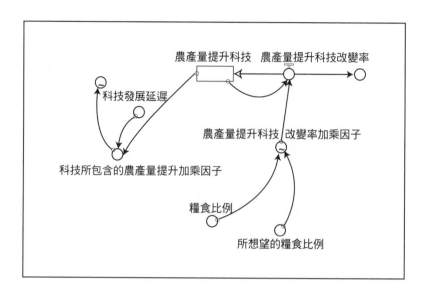

以下為人類幸福指數的STELLA流程圖。其運作邏輯見附錄二的說明。

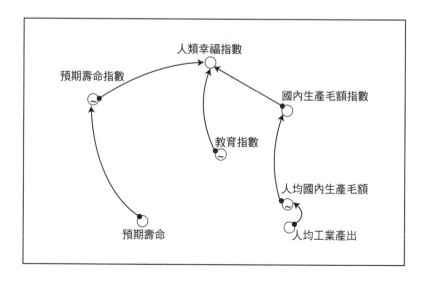

　　以下為人類生態足跡的STELLA流程圖。其運作邏輯見附錄
二的說明。

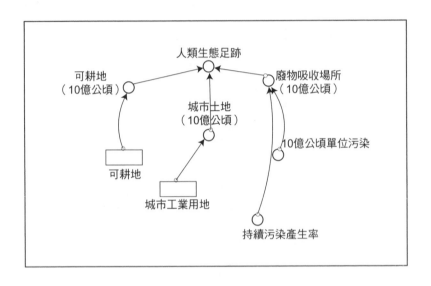

World3-03 模型的設想狀況圖之數值刻度

　　本書內的每一設想狀況都以三個曲線圖呈現World3-03模型
的十一個變數的發展情形。我們沒有在這些圖的垂直軸上標上數
值刻度，因為我們認為每個設想狀況中的各個變數之精確數值並
沒有特別意義。然而，在此我們要讓比較重視技術細節的讀者知
道這些數值。這十一個變數的數值刻度彼此差異極大，但本書內
的十一個設想狀況一以貫之地使用這些數值刻度：

圖1　世界狀態

變數	最低值	最高值
人口	0	12×10^9
糧食總產量	0	6×10^{12}
工業總產量	0	4×10^{12}
持續污染指數	0	40
非再生資源	0	2×10^{12}

圖2　物質生活水準

變數	最低值	最高值
人均糧食擁有量	0	1,000
人均貨品消費量	0	250
人均享有服務	0	1,000
預期壽命	0	90

圖3　人類幸福和生態足跡

變數	最低值	最高值
人類幸福指數	0	1
人類生態足跡指數	0	4

|附錄二|
人類幸福與生態足跡指數

背景資料

「人類幸福」與「人類生態足跡」的概念，有助於我們討論地球人類的未來。這兩種概念以最廣義的觀點，分別描述全球人類的平均生活品質（包括物質與非物質的部分），以及人類對全球資源根基和生態系統環境所造成的整體影響。

這兩個概念都很容易瞭解，卻很難加以精確定義。當我們在研擬代表這兩個概念的數學等式時，由於欠缺充分的時間序列資料，故被迫使用近似估計法。不過，大體上而言，當某些人的生活滿意度增加，而其他人的生活滿意度沒有降低時，就代表人類幸福有所提升；當資源開採量和污染排放量都增加，且土壤侵蝕或生物多樣性遭破壞的情形日益嚴重，而人類對大自然造成的其他不良影響未見減輕時，就代表人類生態足跡正在擴大。

為說明這兩個概念的用法，我們將本書所追求的理想濃縮成一句話：增加人類幸福，並盡可能不讓生態足跡擴大，最起碼不能使其超過地球的承載能力——也就是其面積不能大於地球生態系統能長期承受的程度。

許多分析家投入大量時間和精力，設法想建立這兩個概念的運作指標。人均國內生產毛額經常被當做量度「幸福」的一種簡

單的指標，雖然這種運用方式有很大的缺點。World3模型的前身World2[1]模型所使用的「生活品質指標」，考量了影響人類幸福的四項因素：擁擠程度、糧食、污染和物質消費。但此一指數具有很大的爭議性。

我們在考慮以上因素後，選擇了下述的量化指標，因為這些指標最適合World3數學模型。我們並沒有自行界定新的指標，而是選擇應用比較普遍為人接受的現有指標。

聯合國發展計畫的人類發展指數

我們選用「人類發展指數」來量度人類幸福；聯合國開發計畫署（UNDP）使用此一指標來量度大多數國家人民幸福程度的作法，已行之有年。聯合國的《人類發展報告》（*Human Development Report*）每年都會公布人類發展指數[2]。2001年該報告中對人類發展指數所做的定義如下：

人類發展指數是對人類發展的概要估計，係以下列三項人類發展的基本面向量度一國的平均成就：

● 人民的健康長壽：以出生時的預期壽命為量度標準。
● 知識：以成年人識字率（占2/3比重）和初、中、高等教育的整體就學率（占1/3比重）為量度標準。
● 良好生活水準：以人均國內生產毛額（以美元為單位的購買力平準）為量度標準[3]。

聯合國發展計畫以上述三項指數（預期壽命指數、教育指數

和國內生產毛額指數）的算數平均值計算人類發展指數。

　　預期壽命與教育指數會隨平均壽命、識字率及就學率的增加而呈線性增加，國內生產毛額指數也會隨人均國內生產毛額的增加而增加；不過就後者的情形而言，聯合國發展計畫堅決認為，人均國內生產毛額一旦超過1999年時前東歐國家的水準後，將出現收益遞減的情形[4]。

World3模型中的人類幸福指數

　　我們在World3模型中設定了一項稱為人類幸福指數的變數來量度人類的幸福程度。我們若只使用World3模型中的變數，則人類幸福指數數值將接近聯合國發展計畫的人類發展指數數值。人類幸福指數STELLA流程圖見附錄一；相關的詳細陳述，可查World3-03光碟片。

　　World3模型內人類幸福指數的數值乃為預期壽命、教育與國內生產毛額指數數值的總和除以3所得到的商數。我們算出來的人類幸福指數數值，從1990年的0.2左右上升到2000年的0.7；而於幾個最樂觀的設想狀況中，此一數值於2050年左右達及0.8的最大值。這三個數值分別與1999年獅子山、伊朗及波羅的海諸共和國的人類發展指數數值相同。

　　我們所算出來的1999年人類幸福指數數值，與聯合國發展計畫所算出來的同一年人類發展指數的世界平均值0.71非常接近[5]。

馬希斯・韋科納吉爾的生態足跡

我們應用韋科納吉爾和他的同仁於1990年代發展出來的生態足跡（EF）來量度「人類生態足跡」。韋科納吉爾等人計算了許多國家的生態足跡[6]，並顯示某些國家的生態足跡隨時間的推移而改變的情形。很重要的一點是，他還計算了1961-1999年全球人口的生態足跡及其發展狀況[7]。現今，世界自然基金會每兩年會發布一次有關世界上大部分國家生態足跡的資料[8]。

韋科納吉爾將生態足跡定義為提供現今生活方式所需的土地面積（以公頃為單位）。他將使特定人口（國家、地區、世界）維持特定生活形態所需的農地、放牧地、林地、漁場及填築地的面積加起來。他也計算為了吸收人類使用化石能源而排放的二氧化碳所需的森林面積。其後，他將所有類型的土地都換算成平均生物生產力土地（land of average biological productivity），並使用土地生物生產力（土地產生生物量的能力）的比例因素，來計算「平均公頃數」。韋科納吉爾想擴大他的生態足跡概念，使其包括消除排放物（其他氣體、有毒物質）污染程度所需的土地及人類使用淡水所需的土地，卻不得要領。

一塊地的生物生產力取決於我們所使用的科技。大量使用肥料將可增加作物的產量。因此，使用更多肥料將可縮小生態足跡——除非為了吸收製造肥料時排放的二氧化碳所需的土地面積，大於因為作物產量增加而可減少的耕地面積。由於科技不斷在改變，韋科納吉爾的土地生產力也不斷在改變——也就是生產力與當時所使用的「一般科技」有著並駕齊驅的關係[9]。

因此，當人類使用更廣大的地區以獲取糧食與纖維，或排放更大量的二氧化碳時，生態足跡遂告擴大。而即便排放的二氧化

碳沒有被森林吸收（而是堆積在大氣層中），「足跡」——也就是原本在二氧化碳未堆積在大氣層時必須發揮吸收作用的土地面積——仍然會擴大。此乃為何超過限度的現象是可能發生的；要等到溫室氣體累積過多，迫使人類改變行為以縮小生態足跡，才能扭轉此種趨勢。

World3 模型內的人類生態足跡

我們在 World3 模型中，設定了一個稱為人類生態足跡的指數來量度人類生態足跡。在 World3 模型的數量有限變數之範圍內，人類生態足跡數值接近韋科納吉爾的生態足跡數值。人類生態足跡的 STELLA 流程圖見附錄一；相關的詳細陳述，可查看 World3-03 光碟片。

World3 模型內的人類生態足跡，係下述三類土地面積的總和：用來栽種農作物的可耕地，做為城市—工業—運輸基礎設施之用的城市土地，及吸收污染排放所需的土地。所有這些土地的面積，均以 10 億公頃作為量度單位。

我們將 1970 年的人類生態足跡指數設定為正常值 1，則 1900 年此一指數數值為 0.5，到了 2000 年達到 1.76；而於幾個顯示超過限度與崩毀現象的設想狀況中，此一數值短暫地超過了 3，顯示當時的狀況具有高度的非永續性。從幾個最樂觀的設想狀況中可以看出，我們是可能在 21 世紀的大部分時間裡，將人類生態足跡指數數值維持在 2 以下。具永續性的人類生態足跡指數數值可能在 1.1 左右，我們大約在 1980 年就已經超出此一程度。

註釋

序言

1. Donella H. Meadows, Dennis L. Meadows, Jorgen Randers, and William W. Behrens III, *The Limits to Growth* (New York: Universe Books, 1972). 另外兩本相關的技術書籍為 Dennis L. Meadows et al., *The Dynamics of Growth in a Finite World* (Cambridge, MA: Wright-Allen Press, 1974), 以及 Dennis L. Meadows and Donella H. Meadows, *Toward Global Equilibrium* (Cambridge, MA: Wright-Allen Press, 1973). 第一本書對World3電腦模型作了完整的說明；第二本書有13章，內容討論與此一全球模型有關的諸多輔助研究及次模型。現在這兩本書均由以下的傳播公司發行：Pegasus Communications, One Moody Street, Waltham, MA 02453-5339 (www.pegasuscom.com).

2. Donella H. Meadows, Dennis L. Meadows, and Jorgen Randers, *Beyond the Limits* (Post Mills, VT: Chelsea Green Publishing Company, 1992).

3. 之前還有World1及World2模型。World1是麻省理工學院佛烈斯特教授所研擬的第一個原型模型，其目的在於向羅馬俱樂部說明全球趨勢與問題之相互關係。World2是佛烈斯特最後所決定的模型，相關說明參見Jay W. Forrester, World Dynamics (Cambridge, MA: Wright-Allen Press, 1971). 這本書現在由Pegasus Communications發行。World2模型經過精細的結構改進並擴大量化資料庫後，成為World3模型。佛烈斯特可以說是World3模型及該模型所使用的系統動力模型方法之創造者。

4. 參見*Report of the World Summit on Sustainable Development*, United Nations, A/CONF. 199/20, New York, 2002 (亦可上網查詢www.un.org). 其內容提到「實施計畫」所欲達成的目標；例如，到2015年使缺乏乾

淨用水及衛生設施的人數減半、到2010年減緩生物多樣性的喪失、到2015年將全球漁獲量恢復到具有永續性的最大數量。雖然這些承諾受到相當重視，但在某些非政府組織觀察家的眼中，世界永續發展高峰會不但成就有限，甚至於背棄了十年前里約熱內盧高峰會所做出的承諾。

5. World Commission on Environment and Development, *Our Common Future* (Oxford: Oxford University Press, 1987). 此一委員會因其領導人為挪威前總理 Gro Harlem Brundtland，故普遍被稱做 Brundtland 委員會。我們在《成長的極限》第一版中使用「平衡狀態」(equilibrium) 一詞，而非「永續性」(sustainability) 一詞。

6. The World Bank, *World Bank Atlas-2003,* Washington, DC, 2003, 64-65.

7. Mathis Wackernagel et al., "Tracking the ecological overshoot of the human economy," *Proceedings of the Academy of Science*, 99, no. 14:9266-9271, Washington, DC, 2002. 可上網查詢 www.pnas.org/cgi/doi/10.1073/pnas.142033699.

8. 第一版《成長的極限》的相關數據參見 Meadows et al., *The Dynamics of Growth in a Finite World,* 501 and 57. 這些數據與 Lester Brown et al., *Vital Signs 2000* (New York: W. W. Norton, 2000), 99 內的實際數據相符。

9. 第一版《成長的極限》的相關數據參見 Meadows et al., *The Dynamics of Growth in a Finite World,* 501 and 264. 這些數據顯示從1972年到2000年世界穀物產量將增加67%，與 Brown, *Vital Signs 2000,* 35 所報告的63%非常接近。

第一章　超過限度

1. M. Wackernagel et al., "Ecological Footprints of Nations: How Much Nature Do They Use? How Much Nature Do They Have?"(Xalapa, Mexico: Centro de Estudios para la Sustentabilidad [Center for Sustainability Studies], March 10, 1997). 亦參見 Mathis Wackernagel et al., "Tracking the Ecological Overshoot of the Human Economy," *Proceedings of the Academy of* Science 99, no. 14 (Washington, DC, 2002): 9266-9271. 亦可上

網查詢: www.pnas.org/cgi/doi/10.1073/ pnas.142033699.

2. World Wide Fund for Nature, *Living Planet Report 2002* (Gland, Switzerland: WWF, 2002).

3. 圖中包含所有設想狀況（設想狀況0與10除外）的曲線走勢比較，其所顯示的概為純假設性的世界。

4. U Thant, 1969.

5. "World Scientists' Warning to Humanity," December 1992, 可查詢Union of Concerned Scientists, 26 Church Street, Cambridge, MA 02238. 亦可上網查詢: www.ucsusa.org/ucs/about/page.cfrn?pageID=1009.

6. "Making Sustainable Commitments: An Environmental Strategy for the World Bank" (discussion draft) (Washington, DC: World Bank, April 17, 2001), xii.

7. World Commission on Environment and Development, *Our Common Future* (Oxford: Oxford University Press, 1987), 8.

第二章 驅力：指數成長

1. 有關此一論點之描述，參見Linda Booth-Sweeney and Dennis Meadows, *The Systems Thinking Playbook,* vol. 3 (Durham, NH: University of New Hampshire, 2001), 36-48.

2. 感謝Robert Lattes告訴我們此一有趣的例子。

3. 只有在頻繁地出現「複利增值」的情形下，才能以此一方法概算數量倍增所需時間。舉例而言，依此算法，若每天的增加率為100%，則數量倍增所需時間為0.72天（也就是17小時），惟先決條件是必須維持每小時4.17%的增加率。若每天只出現一次增量情形，則將和第二章中有關花生的例子一樣，數量倍增時間為一天。

4. World Bank, *The Little Data Book 2001* (Washington, DC: World Bank, 2001), 164.

5. United Nations Population Division, *1998 Revision: World Population Estimates and Projections* (New York: United Nations Department of Economic and Social Affairs, 1998).

6. PRB, *1998 Data Sheet.*

7. 國民所得毛額（GNI）為國內生產毛額（GDP）加上國家外貿收益之和；國內生產毛額為國境內貨品與勞務的貨幣總值。

8. 例如參見Partha S. Dasgupta, "Population, Poverty and the Local Environment," *Scientific American,* February 1995, 40; Bryant Robery, Shea O. Rutstein, and Leo Morris, "The Fertility Decline in Developing Countries," *Scientific American,* December 1993, 60; 以及Griffith Feeney, "Fertility Decline in East Asia," *Science* 266 (December 2, 1994), 1518.

9. 詳細資料參見Donella H. Meadows. "Population Sector,"於D. L. Meadows et al., *Dynamics of Growth in a Finite World* (Cambridge, MA: Wright-Allen Press, 1974).

10. 在1970年代初期，偉大的地質學家King Hubbert曾經告訴我們一個有關這種觀念混淆的故事。話說二次大戰期間，英國人在得悉日軍即將攻打馬來半島（世界上橡膠的主要產地）之後，展開了一項大規模行動，將其找得到的所有橡膠，全都運往印度國內某一處安全的儲存場所。當日軍入侵馬來半島時，英國人在印度儲存的橡膠原料總算已足供生產戰爭期間所需的輪胎及其他橡膠製品。但某天夜裡，此一橡膠儲存場所遭祝融之災，全部橡膠原料付之一炬。英國某些經濟學家在得知此一消息時說道：「沒關係，這些橡膠都有保險。」

11. 參見William W Behrens III, Dennis L. Meadows, and Peter M. Milling, "Capital Sector,"於*Dynamics of Growth in a Finite World.*

12. John C. Ryan and Alan Thein Durning, *Stuff: The Secret Lives of Everyday Things* (Seattle: Northwest Environment Watch, 1997), 46.

13. World Bank, *World Development Indicators-2001* (Washington, DC: World Bank, 2001), 4.

14. United Nations Development Program, *Human Development Report 1998* (New York and Oxford: Oxford University Press, 1998), 29.

15. 同上，2.

16. 例如參見Peter Senge, *The Fifth Discipline* (New York: Doubleday, 1990), 385-386.

17. 我們的模型係假設現今世界權力與資源的分配模式維持不變，除非我們採取行動加以改變，故其中隱含了「讓成功者愈成功」的回饋圈。

18. Lester R. Brown, Gary Gardner, and Brian Halweil, "Beyond Malthus: Sixteen Dimensions of the Population Problem," *Worldwatch Paper 143* (Washington, DC: Worldwatch Institute, September 1998).

第三章　限度：源頭和終點

1. Herman Daly, "Toward Some Operational Principles of Sustainable Development," *Ecological Economics* 2 (1990): 1-6. 關於此一議題的進一步闡述，參見 Herman Daly, *Beyond Growth* (Boston: Beacon Press, 1996) 一書的序文。

2. 近來關於「最可能被超越的地球極限」之詳盡、有系統的討論，參見 Lester Brown, *Eco-Economy* (New York: W. W. Norton, 2001), chapters 2 and 3. 關於地球自然極限的廣泛討論及相關資料，參見 World Resources Institute, *World Resources 2000-2001: People and Ecosystems: The Fraying Web of Life* (Oxford: Elsevier Science Ltd., 2002), part 2, "Data Tables."

3. Brown, *Eco-Economy,* chapters 4-12 以有系統的方式提出更多可協助人類加速過渡到永續狀態的方法。

4. Lester R. Brown, "Feeding Nine Billion," 引自 Lester R. Brown et al., *State of the World 1999* (New York: W. W, Norton, 1999), 118.

5. 我們在進行相關計算時，係假設每人每年需要230公斤（506磅）穀物來維持生活。

6. WRI, *World Resources 1998-99*, 155.

7. United Nations Food and Agriculture Organization, *The Sixth World Food Survey* (Rome: FAQ, 1996).

8. P. Pinstrup-Anderson, R. Pandya-Lorch, and M. W Rosengrant, *1997, The World Food Situation: Recent Developments, Emerging Issues, and Long-Term Prospects* (Washington, DC: International Food Policy Research Institute, 1997).

9. Lester R. Brown, Michael Renner, and Brian Halweil, *Vital Signs 1999*

(New York: W. W. Norton, 1999), 146.

10. G. M. Higgins et al., *Potential Population Supporting Capacities of Lands in the Developing World* (Rome: FAQ, 1982). Paul Harrison 在他所撰寫的一份非技術報告 *Land, Food, and People* (Rome: FAQ, 1984) 中對這項技術研究做了概要的敘述。聯合國糧食及農業組織係基於極為樂觀的假設條件而做出「糧食產量可增加十五倍」的估計，此種情形只可能發生於開發中國家，而且是以相當低的產量為基準起算的。該組織並未對工業化國家的農地生產力作過類似的估計。

11. Sara J. Scherr, "Soil Degradation: A Threat to Developing-Country Food Security by 2020?" *IFPRI Discussion Paper* 27 (Washington, DC: IFPRI, February 1999) , 45.

12. 取自海洋的食物甚至比陸地上生產的糧食更有限。未來的「非陸上糧食」生產計畫——如水產養殖、酵母培養等等——都不可能成為主要的糧食來源，主要原因是這些食物的生產過程需要能源及資本，而且這些食物會產生污染。此外，凡是不靠太陽能行光合作用而於陸地上生產的糧食，其永續性甚至將不如現今的糧食體系。起碼迄今為止，人類發展基因改良作物的目的似乎是為了強化其抵抗蟲害或除草劑的能力，以降低昂貴的農業投入，而不是為了增加產量。

13. 關於全球土壤損失狀況的精闢研究，參見 Scherr, "Soil Degradation."

14. United Nations Environment Program, "Farming Systems Principles for Improved Food Production and the Control of Soil Degradation in the Arid, Semi-Arid, and Humid Tropics," 參見 1986 年由印度海德拉巴（Hyderabad）的 International Crops Research Institute for the Semi-Arid Tropics 共同主辦的農業專家會議之紀錄。

15. B. G. Rosanov, V Targulian, and D. S. Qrlov, "Soils," 於 *The Earth as Transformed by Human Action: Global and Regional Changes in the Biosphere Over the Past 30 Years*, edited by B. L. Turner et al. (Cambridge: Cambridge University Press, 1990). 亦參見 Brown, *Eco-Economy*, 62-68.

16. L. R. Qldeman, "The Global Extent of Soil Degradation," 於 *Soil Resilience and Sustainable Land Use*, edited by D. J. Greenland and T. Szaboles

(Wallingford, UK: Commonwealth Agricultural Bureau International, 1994).

17. 本段內的所有數據均引用自 Gary Gardner, "Shrinking Fields: Cropland Loss in a World of Eight Billion," *Worldwatch Paper* 131 (Washington, DC: Worldwatch Institute, 1996).

18. WRI, *World Resources 1998-99*, 157. 據估計，在1945年與1990年之間，土壤品質的惡化已經使全球糧食產量減少17%。

19. 由 Cassman, Ruttan, and Loomis 引自 Charles C. Mann, "Crop Scientists Seek a New Revolution," *Science* 283 (January 15, 1999): 310.

20. 有關所有這些因素及其對未來農業發展可能造成的影響之詳細討論，參見 Rosamond Naylor, "Energy and Resource Constraints on Intensive Agricultural Production," *Annual Reviews of Energy and Environment* 21(1996): 99-123.

21. Janet McConnaughey, "Scientists Seek Ways to Bring Marine Life Back to World's 'Dead Zones,'" *Los Angeles Times*, August 8, 1999.

22. 例如參見 Michael J. Dover and Lee M. Talbot, *To Feed the Earth: Agroecology for Sustainable Development* (Washington, DC: WRI, 1987).

23. 有關「有機」農業、「低投入」農業或「生態」農業之著述可謂汗牛充棟。欲瞭解全球各地此方面的實例，可上網查詢：www.ifoam.org/的 International Federation of Organic Agricultural Movements.

24. David Tilman, "The Greening of the Green Revolution," *Nature* 396 (November 19, 1998): 211; 亦參見 L. E. Drinkwater, P. Wagoner, and M. Sarrantonio, "Legume-Based Cropping Systems Have Reduced Carbon and Nitrogen Losses," *Nature* 396 (November 19, 1998): 262.

25. *FoodReview* No. 24-1. (Washington, DC: Food and Rural Economics Division, US Department of Agriculture, July 2001).

26. 參見 D. H. Meadows, "Poor Monsanto," 於 *Whole Earth Review,* Summer 1999, 104.

27. Sandra Postel, Gretchen C. Daily and Paul R. Ehrlich, "Human Appropriation of Renewable Fresh Water," *Science* 271 (February 9 1996): 785-788. 圖3-5的所有數據均來自此一刊物。

28. 世界上人造水庫的總蓄水量大約為5500立方公里,但其中只有略多於一半的水量實際上能有源源不絕的流量。

29. 1996年時,全球每年藉由海水淡化過程所獲得的淡水量為6.5立方公里,約占全人類用水量的0.1%。海水淡化過程屬於資本及能源高度密集的技術。世界上海水淡化能量最大的十個國家中有七個位於波斯灣地區,因為此一地區淡水來源稀少,非再生化石燃料卻非常便宜。Peter H. Gleick, *The World's Water 1998-99* (Washington, DC: Island Press, 1999), 30.

30. 我們或許可以增建水壩以提高可再生淡水供應量的上限,但現今最容易通達及面積最大的水壩建地都已開發。此外,反對興建水壩的人愈來愈多,因為水壩對農地、人口聚落及野生動植物都會造成影響。參見World Commission on Dams (www.dams.org)的最終報告:*Dams and Development: A New Framework for Decision-Making* (London: Earthscan, 2000).

31. WRI, *World Resources 1998-99*, 188.

32. Gleick, *Water*, 14.

33. 同上,1-2.

34. United Nations Development Program, *Human Development Report 1998* (New York: Oxford University Press, 1998), 210.

35. Gleick, *Water,* 2.

36. UN Comprehensive Assessment of the Freshwater Resources of the World, 1997.

37. 有關此方面的更多事例,參見Sandra Postel, *Pillar of Sand: Can the Irrigation Miracle Last?* (New York: W. W. Norton, 1999).

38. Lester R. Brown, "Water Deficits Growing in Many Countries," *Eco-Economy Update* (Washington, DC: Earth Policy Institute, August 6, 2002), 2-3.

39. 相關的個案研究,參見Maim Falkenmark, "Fresh Waters as a Factor in Strategic Policy and Action," 於 *Global Resources and International Conflict*, edited by Arthur H. Westing (Oxford: Oxford University Press,

1986).

40. 以下的例子及數據係取材自 Postel, *Pillar*, 以及 Paul Hawken, Amory Lovins, and Hunter Lovins, *Natural Capital* (New York: Little, Brown, 1999), chapter 11.

41. 關於世界上森林面積的大小，不同的著述所使用的數據彼此間差異很大。之所以如此，是因為「森林」的定義莫衷一是，加上主要的資源提供者——糧食及農業組織——於其2000年的評估報告中改變了森林的定義。我們於本節內採用的該組織發布的新數據，係取材自 Forest Resource Assessment (FRA) (Rome: FAQ, 2000), www.fao.org/forestry/index.jsp.

42. Dirk Bryant, Daniel Nielsen, and Laura Tangley, *The Last Frontier Forests: Ecosystems and Economies on the Edge* (Washington, DC: WRI, 1997), 1, 9,12.

43. 此一估計值來自 UNEP"s World Conservation Monitoring Center in the UK (www. unep-wcmc.org/forest/world), 包括 IUCN Conservation Categories I-VI 所驢列的森林，此一數值為全球平均值。南方熱帶森林受到保護的百分比大約與北方溫帶森林相同。若以占原有森林覆蓋面積（亦即未遭人類砍伐之前的森林面積）的比率計算，則此一受保護百分比應減半。

44. 參見 Nels Johnson and Bruce Cabarle, "Surviving the Cut: Natural Forest Management in the Humid Tropics" (Washington, DC: WRI, 1993).

45. WCFSD, *Our Forests*, 48.

46. FAQ, Provisional Outlook for Global Forest Products Consumption, Production, and Trade to 2010 (Rome: FAO, 1997).

47. Janet N. Abramovitz and Ashley T. Mattoon, "Reorienting the Forest Products Economy," 於 Brown et al., *State of the World 1999*, 73.

48. Brown et al., *State of the World 1999*, 65.

49. Abramovitz and Mattoon, "Forest Products," 64.

50. World Resources 1998-99: Environmental change and human health (Washington, DC, World Resources Institute, 1998).

51. 這些條列項目取材自 Gretchen C. Daily, editor, *Nature's Services: Societal Dependence on Natural Ecosystems* (Washington, DC: Island Press, 1997), 3-4.

52. 參見 Robert Costanza et al., "The Value of the World's Ecosystem Services and Natural Capital," *Nature* 387 (1997): 253-260. Costanza 和他的同事（保守地）估計，這些大自然所提供的服務每年值33兆美元，而全世界每年的經濟生產毛額為18兆美元。

53. Robert M. May, "How Many Species Inhabit the Earth?" *Scientific American,* October 1992, 42.

54. Joby Warrick, "Mass Extinction Underway, Majority of Biologists Say," *Washington Post,* April 21, 1998, A4.

55. Don Hinrichson, "Coral Reefs in Crisis," *Bioscience,* October 1997.

56. 例如參見 "Extinction: Are Ecologists Crying Wolf?" *Science* 253 (August 16, 1991): 736. 及同一期內的其他文章都顯示，生態學家對物種滅絕的問題甚感憂心。

57. Species Survival Commission, 2000 IUCN Red List of Threatened Species (Gland, Switzerland: International Union for the Conservation of Nature, 2000), 引自 Brown, "Water Deficits," 69.

58. Constance Holden, "Red Alert for Plants," *Science* 280 (April 17, 1998): 385.

59. SSC, IUCN Red List, 1.

60. WWF, *Living Planet Report 2002.*

61. "World Scientists' Warning to Humanity;" December 1992. 這份報告獲得超過一千六百位科學家的簽署，其中含一百零二位諾貝爾獎得主；欲獲取這份報告，可查詢 Union of Concerned Scientists, 26 Church Street, Cambridge, MA 02238.

62. 商業性能源是指市場上販售的能源，但不包括人類使用撿拾的木材、動物糞便燃料及其他生物質量（biomass）所獲得的能源。非商業性能源大部分為再生能源，卻不見得是取之不盡、用之不竭的。據估計，非商業性能源大約占整體能源消耗量的7%。WRI, *World Resources*

1998-99, 332.

63. U.S. Energy Information Administration, *International Energy Outlook 2003,* table Al, "World Total Energy Consumption by Region, Reference Case, 1990-2025 (Quadrillion BTU)," www.eia.doe.gov/oiaf/ieo/.

64. International Energy Agency, *World Energy Outlook 2002* (Vienna: lEA, 2002), www.worldenergyoutlook.org/weo/pubs/we02002 /we02002.asp. 更長期的設想狀況參見 World Energy Council, "Global Energy Scenarios to 2050 and Beyond," 1999, www.worldenergy.org/wec-geis/edc/.

65. Bent Sørensen, "Long-Term Scenarios for Global Energy Demand and Supply," Energy & Environment Group, Roskilde University, January 1999.

66. 以「生產」一詞描述從地底取出化石燃料的過程，是會讓人產生誤解的。事實上，千百萬年來，大自然才是這些燃料的生產者。人類並沒有「生產」這些燃料，而是對其進行挖掘、開發、採收、抽取、開採或取用。然而，生產一詞受到普遍使用，尤其是用於像「蘊藏量／生產量比率」之類的名詞，因此，我們也加以使用。

67. 當然，資本工廠在進行探勘、開採、抽取、運輸及精煉作業時，也必須使用燃料。假如化石燃料的使用沒有其他極限的話，那麼當「獲取燃料的過程所用掉的能源」和「獲得的燃料所含能源」相等時，就是其極限之所在了。參見 Charles A. S. Hall and Cutler J. Cleveland, "Petroleum Drilling and Production in the United States: Yield per Effort and Net Energy Analysis," *Science* 211 (February 6, 1981): 576.

68. 有關此一議題的資訊及大部分的資料均來自 Amory Lovins and the Rocky Mountain Institute. 關於提高運輸、工業及建物能源效率的方法，更詳盡的說明參見 *Scientific American* 263, no. 3 (September 1990).

69. UNDP, *Human Development Indicators 2003,* http://hdr.undp.org/reports/ global/2003/indicator/index.html.

70. 人類現今所使用的化石燃料之總能源流量，大約相當於5太拉瓦（terawatts，即10億千瓦），而太陽源源不絕地傳送至地球表面的能源流量則高達8萬太拉瓦。

71. Lester Brown et al., *Vital Signs 2000* (New York: W. W. Norton, 2000), 58.

這兩個數據均以1998年美元幣值計算。

72. American Wind Energy Association, "Record Growth for Global Wind Power in 2002" (Washington, DC: AWEA, March 3, 2002), 1.

73. Peter Bijur, Global Energy Address to the 17th Congress of the World Energy Council, Houston, September 14, 1998.

74. 以太陽能電力從水中分離出來的氫，可能是前景最看好的能源儲存機制。而且，氫可能成為未來車輛的燃料。可參見Brown, *Eco-Economy*, chapter 5.

75. 對這些可能性所進行的有系統檢視，參見John E. Tilton, editor, *World Metal Demand* (Washington, DC: Resources for the Future, 1990).

76. Organization for Economic Cooperation and Development, *Sustainable Development: Critical Issues* (Paris: OECD, 2001), 278.

77. 此為筆者與挪威Tomra ASA 收回公司（www.tomra.no）的Aleksander Mortensen進行聯繫而得知的事。2001年世界鋁產量大約為2100萬噸。此外，經回收再利用的鋁達220萬噸（www.world-aluminum.org/iai/stats/index.asp）。有關飲料罐之資訊參見www.canadean.com. 有關資源回收的資訊參見www.container-recycling.org.

78. WRI, *Resource Flows: The Material Basis of Industrial Economies* (Washington, DC: WRI, 1997). 本書概述四個工業經濟體的物質密集度降低之情形。

79. 有關世界各國產生廢棄物的概況，參見OECD, *Environmental Data: Compendium 1999* (Paris: OECD, 1999).

80. Earl Cook, "Limits to Exploitation of Nonrenewable Resources," *Science* 20 (February 1976).

81. International Institute for Environment and Development and World Business Council for Sustainable Development, *Breaking New Ground: Mining, Minerals, and Sustainable Development* (London: Earthscan, 2002), 83.

82. 美國、日本、英國、法國、德國、義大利及加拿大。

83. 本節資料取材自：Urs Weber, "The Miracle of the Rhine," *UNESCO Courier*

(June 2000), 及從以下網址查得的資料：International Commission for the Protection of the Rhine, www.iksr.org.

84. Bjørn Lomborg, *The Skeptical Environmentalist: Measuring the Real State of the World* (Cambridge: Cambridge University Press, 2001), 203.

85. 同上，167-176.

86. 同上，205.

87. WCED, *Our Common Future*, 224.

88. 聯合國政府間氣候變化委員會主席 Robert T. Watson 向 2001 年 7 月 19 日召開的「第六屆聯合國氣候變遷架構公約締約國大會」所提出的該委員會第三次評估報告（2001 年氣候變遷）之重要結論。相關資料可查詢 www.ipcc.ch.

89. D. H. Meadows et al., *Limits to Growth* (New York: Universe Books, 1972),79

90. WWF, *Living Planet Report 1999* (Gland, Switzerland: WWF, 1999), 8.

91. R. T. Watson et al., *Climate Change 2001: Synthesis Report, Intergovernmental Panel on Climate Change* (Geneva, Switzerland: IPCC, 2001). 相關資料及許多實例說明可查詢 www.ipcc.ch.

92. 對氣候變遷及其他所有環境問題抱持懷疑態度的人，在說起道理時振振有詞；他們的觀點參見 Lomborg, *Environmentalist.*

93. 查詢以下網址，可得知極具價值的相關資料：Climatic Research Unit at the University of East Anglia, Norwich, UK, www.cru.uea.ac.uk.

94. 例如參見 "Global Warming. Stormy Weather," *Time*, November 13, 2000, 35-40，有歐洲地區至 2050 年的天氣預測。

95. Watson et al., *Climate Change 2001.*

96. 圖中的數據資料是科學家鑽取南極冰層深處的冰核並加以分析所獲得的。極區數千年層層累積的冰層中所含的微小氣泡，保存了自史前時代以來的空氣樣本。以同位素分析法可測定冰核層的年代並獲得有關以往氣候狀況的線索；此外，可直接分析氣泡內二氧化碳與甲烷的含量。

97. Committee on Abrupt Climate Change, *Abrupt Climate Change-Inevitable*

Surprises (Washington, DC: National Academy Press, 2002), 1.

98. 關於這些積極作為的深入探討，參見 Ernst von Weizsäcker, Amory Lovins, and L. Hunter Lovins, *Factor Four: Doubling Wealth, Halving Resource Use* (London: Earthscan, 1997).

99. UNEP, *Global Environmental Outlook 2000* (London: Earthscan, 1999).

100. 我們將 Amory Lovins 最早提出的公式加以修改而得到此一公式。

第四章　World3 模型：有限世界的成長動態

1. Isaac Asimov, *Prelude to Foundation* (New York: Doubleday, 1988), 10.

2. 有關此種做法的例子，參見 Wolfgang Lutz, editor, *The Future Population of the World: What Can We Assume Today?* revised and updated edition (London: Earthscan, 1996).

3. 此一光碟片含 World3 模型的 STELLA© 流程圖、設想狀況1的完整模型，以及一個可用來複製並檢視本書內所有十一個設想狀況細節的界面。有關訂購此一光碟片的方法，可查詢 www.chelseagreen.com.

4. 承載能力的概念原本是用來說明單純的種群／資源體系。舉例而言，我們使用此一概念討論某一牧場在其土地不致遭破壞的情形下，能養活多少牲口。就人口議題而言，承載能力一詞就複雜多了，而且也沒有放諸四海皆準的定義。之所以複雜，是因為人類從環境中取用非常多類型的資源，製造了非常多類型的廢物，而且人類對環境的影響取決於極具多樣性的科技、制度與生活方式。我們對一個系統至少要能持續運作多久才算具有永續性，以及應如何考量其他物種的需求等問題，都尚未有共識。總之，承載能力是種動態的概念，故常常會受天氣、科技的進步、消費形態、氣候及其他因素的影響而改變。在本書中，此一名詞係籠統地指，「於現行環境中，地球在確保整體生產力不致日漸衰退的情形下，可以長時期（至少好幾十年）養活的人口數量」。參見 Joel E. Cohen, *How Many People Can the Earth Support?* (New York: W. W. Norton, 1995).

5. 其他作者發現，此一分類方式有助於思考人類的未來。例如參見 William R. Caton, *Overshoot: The Ecological Basis of Revolutionary*

Change (Chicago: University of Illinois Press, 1982), 251-254.

6. M. Wackernagel et al., "Ecological Footprints of Nations: How Much Nature Do They Use? How Much Nature Do They Have?" (Xalapa, Mexico: Centro de Estudios para la Sustentabiiad [Center for Sustainability Studies], March 10, 1997).

7. 我們只有在設想狀況0及1中，假設大自然原本存在的非再生資源是此一數量的一半。

8. 多氯聯苯有二百零九種，全都是將氯原子置於聯苯分子的兩個聯結苯環上的不同位置而製成的。多氯聯苯是人工合成的化學製品，原本不存在於大自然中。

9. Sören Jensen, *New Scientist* 32 (1966): 612.

10. 關於多氯聯苯對內分泌的阻斷作用之通俗、易懂的說明，參見Theo Colborn, Dianne Dumanoski, and John P. Myers, *Our Stolen Future* (New York: Dutton, 1996), 本書所附參考書目臚列了數百份有關此一議題的科學著述。

11. 蘇聯直到1990年才停止製造氟氯碳化物。

12. J. M. Marquenie and P. J. H. Reijnders, "Global Impact of PCBs with Special Reference to the Arctic," Proceedings of the 8th International Congress of Comite Arctique Internationale, Oslo, September 18-22, 1989 (Lillestrom, Norway: NILU)

13. A. Larson, "Pesticides in Washington State's Ground Water, A Summary Report, 1988-1995," Report 96-303, Washington State Pesticide Monitoring Program, January 1996.

14. 參見 "New Cause of Concern on Global Warming," *New York Times,* February 12, 1991.

15. W. M. Stigliani, "Chemical Time Bombs," *Options* (Laxenburg, Austria: International Institute of Applied Systems Analysis, September 1991), 9.

16. 除本書第五章討論有關臭氧層遭破壞的議題之談判及研究工作，第三章提及全球氣候變遷問題外，國際科學協會理事會（ICSU）及世界氣象組織也針對「全球變遷問題」從事重要的國際研究計畫，如國際地

圈／生物圈計畫（IGBP）、世界氣候研究計畫以及國際人類領域計畫（IHDP）。除此之外，還有許多國家及地區性的研究計畫，如美國的全球變遷研究計畫。

17. 「人均消費品擁有量」一詞，代表每人平均擁有的工業產出中的消費品部分，如汽車、用具以及衣服等等。消費品大約占整體工業產出的40%，其中不包括糧食、服務或投資；後面這些項目必須分開來單獨計算。於本書的模型中，消費品、工業產出及服務均代表以金錢加以度量的實體事物，因為在經濟資料中，金錢乃為唯一的度量標準。於最初的模型中，我們係以1968年美元幣值作為所有度量的標準，而且認為並沒有改變的必要，因為我們所重視的是相對的，而非絕對的度量值。由於經過數十年後，我們已難以說明以1968年美元幣值（大約是2000年美元幣值的四倍多）所量得的數值，故我們在本書是以相對的經濟條件進行討論。

第五章　回頭是岸：臭氧層事件

1. 許多含氯與溴的化合物，如土壤殺蟲劑甲基溴、清洗用溶劑四氯化碳以及滅火劑海龍等，都會對同溫層的臭氧層造成破壞。但最嚴重的威脅來自含有氟、氫及氯等元素的氟氯碳化物。這種化合物成為許多研究的主題以及國際管制措施所針對的目標，因此將成為我們討論的焦點。

2. Arjun Makhijani, Annie Makhijani, and Amanda Bickel, *Saving Our Skins: Technical Potential and Policies for the Elimination of Ozone-Depleting Chlorine Compounds* (Washington, DC: Environmental Policy Institute and the Institute for Energy and Environmental Research, September 1988), 83. 可查詢 Environmental Policy Institute, 218 O Street SE, Washington, DC20003.

3. 同上，77.

4. B. K. Armstrong and A. Kricker, "Epidemiology of Sun Exposure and Skin Cancer," *Cancer Surveys* 26 (1996): 133-153.

5. 例如參見 Robin Russell Jones, "Ozone Depletion and Cancer Risk," *Lancet*

(August 22, 1987), 443; "Skin Cancer in Australia," *Medical Journal of Australia* (May 1, 1989); Alan Atwood, "The Great Cover-up," *Time* (Australia), 27 February 1989; Medwin M. Mintzis, "Skin Cancer: The Price for a Depleted Ozone Layer," *EPA Journal* (December 1986).

6. Osmund Holm-Hansen, E. W Heibling, and Dan Lubin, "Ultraviolet Radiation in Antarctica: Inhibition of Primary Production," *Photochemistry and Photobiology* 58, no. 4 (1993): 567-570.

7. A. H. Teramura and J. H. Sullivan, "How Increased Solar Ultraviolet-B Radiation May Impact Agricultural Productivity," 於 *Coping with Climate Change* (Washington, DC: Climate Institute, 1989), 203.

8. Richard S. Stolarski and Ralph J. Cicerone, "Stratospheric Chlorine: A Possible Sink for Ozone," *Canadian Journal of Chemistry*; 52 (1974): 1610.

9. Mario J. Molina and F. Sherwood Rowland, "Stratospheric Sink for Chlorofluoromethanes: Chlorine Atomic Catalysed Destruction of Ozone," *Nature* 249 (1974): 810. Molina 與 Rowland 因從事此一研究而獲得 1995 年的諾貝爾化學獎。

10. 引自 Richard E. Benedick, *Ozone Diplomacy* (Cambridge, MA: Harvard University Press, 1991), 12.

11. J. C. Farman, B. G. Gardiner, and J. D. Shanklin, "Large Losses of Total Ozone in Antarctica Reveal Seasonal ClO/NO_2 Interaction," *Nature* 315 (1985): 207.

12. 有關科學家對臭氧含量偏低的現象「視而不見」一事，詳見 Paul Brodeur, *Annals of Chemistry*, 71.

13. J. G. Anderson, W. H. Brune, and M. J. Proffitt, "Ozone Destruction by Chlorine Radicals within the Antarctic Vortex: The Spatial and Temporal Evolution of $ClO-O_3$ Anticorrelation Based on in Situ ER-2 Data," *Journal of Geophysical Research* 94 (August 30, 1989): 11, 474.

14. Mario J. Molina, "The Antarctic Ozone Hole," *Oceanus* 31 (Summer 1988).

15. 1980 年雷根當選總統後，杜邦公司立即放棄找尋氟氯碳化物的替代品。

16. 當時美國的首席談判代表Richard Benedick對此一政治程序有充分而清楚的描述，參見R. E. Benedick, *Ozone Diplomacy: New Directions in Safeguarding the Planet*, 2nd ed. (Cambridge, MA, and London: Harvard University Press, 1998).

17. 同上，215.

18. United Nations Environment Program, "Synthesis of the Reports of the Scientific Assessment Panel and Technology and Economic Assessment Panel on the Impact of HCFC and Methyl Bromide Emissions," Nairobi, March 1995, section 4.

19. World Meteorological Organization, "Scientific Assessment of Ozone Depletion: 2002," *Global Ozone Research and Monitoring Project Report 47*, 可上網查詢www.unep.org/ozone.

20. 此時原本負責蒐集此一資料的聯合國環境計畫辦公室，已不再發布相關的時間序列綜整資料，因為各國每年所提出的報告品質參差不齊。參見"Production and Consumption of Ozone Depleting Substances under the Montreal Protocol 1989-2000" (Nairobi: UNEP, 2002), 可上網查詢：www.unep.ch/ozone/. 生產統計數字見第38頁起的表1及表2。

21. F. A. Vogelsberg, "An Industry Perspective: Lessons Learned and the Cost of the CFC Phaseout," 論文發表於International Conference on Ozone Protection Technologies, Washington, DC, October 1996.

22. Richard A. Kerr, "Deep Chill Triggers Record Ozone Hole," *Science* 282 (October 16, 1998): 391.

23. WMO, "Scientific Assessment," xiv and xv.

24. World Resources Institute, *World Resources 1998-99* (New York: Oxford University Press, 1998), 178. 亦參見Tim Beardsley, "Hot Coolants," *Scientific American,* July 1998, 32.

25. Mario J. Molina, "Stratospheric Ozone: Current Concerns," 論文發表於Symposium on Global Environmental Chemistry-Challenges and Initiatives, 198th National Meeting of the American Chemical Society September 10-15, 1989, Miami Beach, Florida.

26. The Industrial Coalition for Ozone Layer Protection, 1440 New York Avenue NW Suite 300, Washington, DC 20005.

27. WMO, "Scientific Assessment," xxxix.

第六章　科技、市場與超過限度

1. 當然，若你假設科技的進步夠快，而且新科技能立即派上用場，則因為生態足跡擴大造成所有問題是可能獲得解決的。我們在第四章的設想狀況0「無限進，無限出」中，所描述的就是這種發展。

2. 市場本身會有暫時超過限度或未達限度的現象；我們在其他論述中曾經以模型描述這種現象。但為求單純起見，我們的World3模型未將短期價格波動的因素納入考量；畢竟就全球數十年的變遷狀況而言，此一因素並不具太大意義。

3. 我們從以下有關科技議題的最精闢著述中，擷取了「以大自然作為控制手段」的看法：C. S. Lewis, "The Abolition of Man," 於Herman Daly, *Toward a Steady-State Economy* (San Francisco: Freeman Press, 1973).

4. 我們是在1970年做了此一假設，而且當時我們在1975模擬年將這些科技當成非連續性措施來運用。到實際的1990年時，其中有些科技已開始正式納入世界經濟體系。因此，我們也對World3 模型中的某些數據做了永久性的調整——例如，大幅降低單位工業產出所使用的資源數量。關於這些數據的更改情形，下述著作的附錄中有詳細的說明：Donella H. Meadows, Dennis L. Meadows, and Jorgen Randers, *Beyond the Limits* (Post Mills, VT: Chelsea Green Publishing Company, 1992).

5. 我們在1970年代初期撰寫的「成長的極限」技術報告中，已經使用此一「調適性科技」的構想。參見Dennis L. Meadows et al., *Dynamics of Growth in a Finite World* (Cambridge, MA: Wright-Allen Press, 1974), 525-537.

6. Lester Brown et al., *Vital Signs 2000* (New York: W. W. Norton, 2000), 53.

7. Brown et al., *Vital Signs 2000, 41.*

8. United Nations Food and Agriculture Organization, "The State of World Fisheries and Aquaculture 2002," www.fao.org/docrep/005/y7300e/

y7300e00.htm.

9.   Lester Brown, *Eco-Economy* (New York: W. W. Norton, 2001), 51-55.

10. 相關資料參見World Wide Fund for Nature Endangered Seas Campaign, 2003, www.panda.org/campaigns/marine/sturgeon.

11. 關於此一現象的精闢分析，參見Garrett Hardin的"The Tragedy of the Commons," *Science,* 162 (1968): 1243-1248.

12. *Audubon* (September-October 1991), 34.

13. *Dagens Naeringsliv* (Norwegain business journal), Oslo (December 9, 2002), 10.

14. 日本記者訪問Paul Ehrlich, 於*Animal Extinctions: What Everyone Should Know,* edited by R. J. Hoage (Washington, DC: Smithsonian Institution Press, 1985), 163.

15. Erling Moxness, "Not Only the Tragedy of the Commons: Misperceptions of Feedback and Policies for Sustainable Development," *System Dynamics Review* 16, no. 4 (Winter 2000): 325-348.

第七章　過渡到一個永續性系統

1.   參見Duane Elgin, *Voluntary Simplicity*, revised edition (New York: Quill, 1998), 以及Joe Dominguez and Vicki Robin, *Your Money or Your Life: Transforming Your Relationship with Money and Achieving Financial Independence* (New York: Penguin USA, 1999).

2.   World Commission on Environment and Development, *Our Common Future* (Oxford: Oxford University Press, 1987).

3.   真正用心思考「應擁有什麼樣的經濟制度，才能維持所期望的永續狀態」的人並不多，赫曼‧戴利即為其一。他後來提出的混合市場與管理機制的策略，頗值得我們深思。例如參見Herman Daly, "Institutions for a Steady-State Economy," 於*Steady State Economics* (Washington, DC: Island Press, 1991).

4.   Aurelio Peccei, *The Human* Quality (New York: Pergamon Press, 1977), 85.

5.   John Stuart Mill, *Principles of Political Economy* (London: John W Parker,

West Strand, 1848).

6. 由World Wide Fund for Nature International, Gland, Switzerland所發行的
一年兩期的 *Living Planet Report* 就是最佳的例子；這份報告提供了有
關全球生物多樣性趨勢及世界各國生態足跡的資料。

7. 參見Paul Hawken, Amory Lovins, and L. Hunter Lovins, *Natural
Capitalism* (Boston: Back Bay Books, 2000).

8. Lewis Mumford, *The Condition of Man* (New York: Harcourt Brace
Jovanovich, 1944), 398-399.

第八章　過渡到永續狀態的方法

1. Donald Worster, editor, *The Ends of the Earth* (Cambridge: Cambridge
University Press, 1988), 11-12.

2. Ralph Waldo Emerson, Lecture on "War," delivered in Boston, March 1838.
Reprinted in *Emerson's Complete Works*, vol. 11 (Boston: Houghton
Muffin, 1887), 177.

3. 舉例而言，本書的作者們所知道和重視的網絡有：Balaton Group (www.
unh.edu/ipssr/Balaton.html), Northeast Organic Farming Association
(NOFA), Center for a New American Dream (CNAD; www.newdream.org),
Greenlist (www.peacestore.us/Public/Greenlist), Greencips (www.
greenclips.com), Northern Forest Alliance (www.northernforestalliance.
org), Land Trust Alliance (www.lta.org), International Simulation and
Gaming Association (ISAGA; www.isaga.info), 及Leadership for
Environment and Development (LEAD).

4. 由正在落實永續發展構想的地區政府所組成的國際組織「地方政府永
續發展理事會」（ICLEI），即扮演了此種中間者的角色。參見www.
iclei.org.

5. R. Buckminster Fuller, *Critical Path* (New York: St. Martin's Press, 1981).

6. Abraham Maslow, *The Farthest Reaches of Human Nature* (New York:
Viking Press, 1971).

7. J. M. Keynes, foreword to *Essays in Persuasion* (New York: Harcourt

Brace, 1932).

8. Aurelio Peccei, *One Hundred Pages for the Future* (New York: Pergamon Press, 1981), 184-185.

附錄一　從 World3 模型變成 World3-03 模型

1. Dennis L. Meadows et al., *Dynamics of Growth in a Finite World* (Cambridge, MA: Wright-Allen Press, 1974).

2. Donella H. Meadows, Dennis L. Meadows, and Jorgen Randers, *Beyond the Limits*, (Post Mills, VT: Chelsea Green Publishing Company, 1992).

3. 欲訂購此一光碟片，可查詢以下網址 www.chelseagreen.com.

附錄二　人類幸福與生態足跡指數

1. Jay W Forrester, *World Dynamics* (Cambridge, MA: Wright-Allen Press, 1971).

2. United Nations Development Program, *Human Development Report 2001* (New York and Oxford: Oxford University Press, 2001).

3. 同上，240.

4. 上述報告239-240頁詳細說明了人類發展指數的計算方式。

5. UNDP, *Human Development Report 2000* (New York and Oxford: Oxford University Press, 2000), 144.

6. Mathis Wackernagel et al., "National Natural Capital Accounting with the Ecological Footprint Concept," *Ecological Economics* 29 (1999): 375-390.

7. Mathis Wackernagel et al., "Tracking the Ecological Overshoot of the Human Economy," *Proceedings of the Academy of Science* 99, no.14 (Washington, DC, 2002): 9266-9271. 亦參見本書作者序，圖p-1。

8. World Wide Fund for Nature, *Living Planet Report 2002* (Gland, Switzerland: WWF, 2002).

9. 上述報告30頁對生態足跡的計算方式有更詳細的說明。